고려전기 중앙관제의 성립

김대식 金大植

부산출생
성균관대학교 사학과 및 동 대학원 졸업(문학석사·박사)
현재 성균관대학교 박물관 학예실장

저서 및 논문

『역주선화봉사고려도경』(공역)
「高麗 成宗代 三省六部制의 導入過程」
「고려초기 使行 기록의 검토-『海外使程廣記』를 중심으로-」
「『海外使程廣記』에 나타난 高麗 光宗代 10省 4部」
「羅末麗初 知識人의 正體性-崔彦撝를 중심으로-」
「智光國師碑에 나타난 高麗의 龍華世界」
「일제강점기 경주지역 문화재의 수리복원사례」
「高麗 光宗代의 對外關係」
「고려 정치제도사의 재검토」
「고려 초기 중앙관제의 성립과 변화」
「고려 行頭·班首의 검토」
「10~12세기 동아시아의 당제 수용」

고려전기 중앙관제의 성립   값 21,000원

2010년 3월 22일 초판 인쇄
2010년 3월 30일 초판 발행

저   자 : 김 대 식
발 행 인 : 한 정 희
발 행 처 : 경인문화사
편   집 : 신 학 태
서울특별시 마포구 마포동 324 - 3
전화 : 718 - 4831~2, 팩스 : 703 - 9711
이메일 : kyunginp@chol.com
홈페이지 : 한국학서적.kr / www.kyunginp.co.kr
등록번호 : 제10 - 18호(1973. 11. 8)

ISBN : 978-89-499-0713-0   94910
ⓒ 2010, Kyung-in Publishing Co, Printed in Korea

고려전기 중앙관제의 성립

김 대 식

景仁文化社

책을 내면서

이 책은 제도사를 전공으로 선택하면서 가진 최초의 의문인 성종 원년에 3성6부제가 아무런 저항 없이 수용된 이유를 규명하기 위해 박사학위논문을 마감한 이후 구상한 8편의 논문을 수정·보완하면서 재편집한 것이다.

정치제도는 정부조직과 관료조직을 포괄하는 것으로 국가를 운영하는 기본적인 골격이다. 정치제도는 시대적 상황과 사회적 요구에 의해 지속적이면서 끊임없이 변화하지만, 그 기본골격이 바뀐다는 것은 상상하기 어렵다. 특히 전근대시기 제도의 변화는 더욱 어렵다. 하지만 성종 원년에 이루어진 3성6부제의 도입은 너무도 혁명적인 변화였다. 즉 한반도에서 '국가'라는 조직이 성립된 이후부터 삼국시대를 거쳐 지속적으로 이어져온 제도가 특정한 한 시점에서 별다른 저항 없이 전혀 다른 성격의 제도로 바뀌었다는 사실은 이해하거나 설명할 수 없는 화두였다. 더욱이 이 때 이루어진 제도는 다소의 변화는 있었지만, 전근대를 관통하는 관제의 기본 골격을 이루었다. 학위논문 주제도 결국은 이 문제의 해결을 위한 방안이었고, 10년간 수·당대에서 요·금·원대까지 알려진 대표적인 전장서典章書를 몽땅 카드로 정리해버린 것도 결국은 이 문제의 해결을 위한 목적이었다.

실제의 답인지 아닌지는 몰라도 해결의 실마리를 찾은 것은 불과 몇 년 전이었다. 10세기 이후 동아시아의 여러 나라들도 고려와 같이 당제를 수용했고, 오대십국시기에는 중국 내에서 조차 각기 다른 형태로 당제를 변용하였던 사실을 확인하였다. 또한 필자가 주장한 광종대 '10성4부'를 인정하는 논문이 발표되면서 논지에 대한 자신감이 생겼다. 시간이 지나면서 의욕이 넘쳐나 태조대 정치세력 내지 고려의 예제禮制까지 다루는 만용을 부리기까지 했다.

학위논문이 끝났을 때, "뗏목에 의지해 강을 건넜으면 뗏목을 버려라"는 어느 분의 말씀을 한 귀로 흘려들었고, 이후 7년 동안이나 뗏목을 짊어지고 산을 오르는 고집을 부렸다. 뗏목을 묶었던 끈조차도 풀어져 뗏목이 아닌 통나무로 인식되어서야 스스로가 뗏목을 들고 있다는 사실을 깨닫게 되었다. 하지만 지금까지도 산을 넘고 나면 다시 강이 있지 않을까 내지 거기는 뗏목조차도 없지 않을까 하는 두려움이 앞선다. 뗏목을 내려 놓으며 많은 사람들에게 죄송스러운 일들을 많이 하게 된 것 같다.

곰곰이 생각해보면, 개별 논문을 발표 때도 그렇고 지금까지도 스스로를 괴롭힌 문제는 '독자성'에 대한 인식문제이다. 당의 중앙관제는 정책기구와 정무기구를 계서화한 조직이다. 『당육전』을 보면 관부와 직장에 대한 명확한 규정이 있고, 『통전』에는 그 연원과 변천과정이 나타나 있다. 그리고 그 주체적인 시행은 『당회요』, 혹은 신당서·구당서를 통해 전방위적 고찰이 가능하다. 반면 고려의 관제는 상당부분이 이름만 있거나 계승관계도 명확하지 않은 것이 대부분이다. 백관지에도 일부 몇몇의 관부만이 직장職掌이 명기되어 있지만, 그 마저도 명확하지 않다. 고려사나 고려사절요, 묘지명까지도 대부분이 주요관부의 핵심 인물에 대한 기록이다. 고려의 관부가 어떠한 업무를 보았고, 어떻게 운영되었는가에 대한 사실을 밝히는 것은 어렵다. 하지만 제도사 연구자의 중요한 과업은 잔존한 일부의 사실을 중국의 기록과의 비교를 통해 보다 많은 사실을 밝혀내야 한다는 것이다. 즉 이러한 과정을 거친 '사실'로서 독자성이라는 문제를 다룬다는 것 자체가 큰 의미를 갖는다고 보여지지 않는다. 당제를 도입한 어떤 나라도 중국과는 정치적·사회적·문화적·지리적 환경이 다르기 때문에 중앙관제를 수용할 때도 원형대로 운영할 수는 없다. 또한 수용하는 나라들 역시 그대로 운영하려고도 하지 않았다. 비슷한 형태의 제도라 하더라도 시행하는 나라마다 운영원리가 다르고, 집권세력 혹은 집권자의 성격에 따라서 시행되는 양상이 달리 나타난다. 전근대 동아시아세계가 수용한 당제도 역시 도입하는 나라마다 그 나라의 역사적·지리적 환경으로 인해 독자적인 모습을 나타난다.

보다 더 어려운 문제는 중국사 내지 중국제도사에 대한 무지無知이다. 다루는 시기가 넓고 자료가 광범위하기 때문에 마치 '기인其人'을 '그 사람'으로 번역하는 것이 너무나 많은 실정이다. 제도사 관련 개설서와 사전은 상당히 많이 나와 있지만, 책의 선정부터 어려움을 겪는다. 더욱이 고려시대와 관련된 중국사의 상식은 대부분이 1950년대 혹은 1960년대의 시각과 견해라는 점이다. 중국사에 대한 체계적인 훈련을 겪어보지 못했고, 관련 지식도 일천하여 정리된 자료조차 이해하기 힘든 실정이었다. 중국사 전공자들의 조언과 협조로 인해 겨우 문맹수준을 벗어날 정도이다. 하지만 약간의 성과가 있다면 당송제도사반과 고려시대 정치제도사반을 비롯한 여러 분들의 지원과 협력으로 인한 결과물일 것이다.

이 책은 그동안 힘들게 지고 산을 올랐던 뗏목을 지금 이 자리에 내려놓은 것이다. 이 때문에 은혜를 입은 여러 선생님들을 거명하기 송구스럽다. 특히 공부를 시작하게 해주신 이장희李韋熙 선생님과 지금까지 모든 길을 열어주신 조동원趙東元 선생님께 더욱 부끄럽고 죄송한 마음에 머리를 숙인다.

끝으로 그 바쁜 일정에도 불구하고 험한 원고를 책으로서의 모양새를 갖추게 해 주신 경인문화사 한정희韓政熙 사장님과 편집부 가족들에게도 감사를 드린다.

2010년 3월
김대식

본문출처 ━━━━━━━━━━

제1장

「고려 정치제도사의 재검토」『역사와 현실』 68, 2008
「고려 초기 중앙관제의 성립과 변화」『역사와 현실』 68, 2008
「10~12세기 동아시아의 당제 수용」『역사와 현실』 73, 2009
「고려 行頭·班首의 검토」『역사와 담론』 53, 2009

제2장

「羅末麗初 知識人의 正體性—崔彦撝를 중심으로—」『新羅史學報』 9, 2007
「高麗 光宗代의 對外關係」『史林』 29, 2008
「『海外使程廣記』에 나타난 高麗 光宗代 10省 4部」『史林』 24, 2005
「고려초기 使行기록의 검토—『해외사정광기』를 중심으로—」『역사와 현실』 58, 2005

목 차

서 론

역사에 관심이 있는 사람도 통사나 시대사 책을 볼 때 '제도사' 부분
이 나오면 자연스럽게 건너뛰기 마련이다. 제도사를 전공하는 극히 일부
의 사람을 제외한 대부분의 역사 연구자들 역시 그러할 것이다. 사실 정
치제도사는 일반인은 물론 연구자들에게도 관심을 끌거나 흥미를 유발
할 수 있는 분야는 아니다. 하지만 정치제도사는 근대 역사학의 출발점
인 동시에 역사연구의 기본적인 도구에 해당하는 기초적인 토대이다. 다
른 분야에 비해 상대적으로 많은 성과를 축적하였지만, 아직도 전인미답
前人未踏의 영역이 산재해 있다.

한국 전근대사 연구의 가장 큰 어려움은 사료의 부족이라고 하지만,
고려 정치제도사는 여기서 거의 몇 안 되는 예외에 속하는 분야이다. 오
히려 연구의 가장 큰 난관은 거대한 '사료의 장벽'이다. 『고려사』와 『고
려사절요』는 물론이고 고려묘지명과 각종 금석문 등 남아있는 사료의
거의 대부분은 어떤 형태로든 제도와 관부·관직과 관련된 자료이다. 사
실 이들 자료는 개별적으로는 별다른 의미를 갖고 있지 않다. 하지만 지
금까지 알려진 모든 자료가 수합·정리되면서 연구의 지평을 새롭게 열
수 있는 단서가 마련되었다. 또한 20세기말에 이미 중국25사 직관職官·
백관지百官志는 물론 『통전通典』·『문헌통고文獻通考』 등의 통지류通志類와
『당회요唐會要』·『오대회요五代會要』 등의 회요류會要類를 비롯한 핵심적
인 전장서典章書의 거의 대부분이 전산화된 텍스트의 형태로 제공되었다.
이를 바탕으로 수 십 명이 수 십 년 동안 지속적으로 정리하여도 가능하
지 못했던 작업들을 불과 7년 만에 정리를 완료할 수 있었다. 이러한 사
료적 지평의 확대로 인해 제도사분야는 새로운 영역의 개척을 향해 나아
갈 수 있게 되었다.

또한 역사의 해석에서 자국사 중심에서 동아시아적 시각으로 전환하
려는 시도가 진행되었다. 이러한 인식은 고려 정치제도사 분야에서 유용

하게 적용될 수 있다. 지금까지 고려의 중국정치제도 수용은 단지 중국 당송의 정치제도를 모방한 것으로 해석하여 왔다. 하지만 10세기 이후 고려를 비롯한 동아시아사회는 보편적 정치제도로서의 당제를 개별사회에 적용시켜 나아갔다. 10세기 이후 중국의 오대와 십국은 물론 북방의 거란, 이후 건립되는 송·서하·금 등 모두는 당제를 수용하였고, 고려 역시도 그러하다. 당제는 동아시아의 보편적인 제도로 자리잡았지만, 그 어떠한 나라도 화석화된 당제를 원형 그대로 수용하지도 않았고, 할 수도 없었다. 북방의 거란·서하·금은 물론이고, 중국 내에서 오대와 십국, 송 등 모두는 각기 사회에 맞게 당제를 수용하여 변형시켰다.

　이 책은 동아시아 각국에 당제가 수용되는 추이 속에서 고려 건국직후의 12관부에서 광종대 10성4부를 거쳐 성종대 당제가 도입되는 양상을 검토한 글들을 묶었다. 동아시아 사회에 속에서 한 축을 담당한 고려의 정치제도를 이해하기 위해서는 동아시아 각국의 관제 수용의 추이에 대한 이해와 비교는 필수불가결한 과제이다. 또한 고려의 관제변화는 후삼국통일과 고려사회 내부의 통합과정의 결과물인 동시에 이들과의 관계의 산물이다. 이에 대한 이해를 위해 고려 초기 정치제도의 형성과정을 동아시아적 관점에서 분석하여 2개의 장으로 구성하였다. 제1장은 동아시아 각국의 중국 정치제도 수용에 대해 검토한다.

　1절에서는 지금까지 진행되어온 고려 정치제도사의 연구 기본 테제인 '독자성獨自性'과 '모방模倣'에 대한 기본적 문제를 검토한다. 고려의 중앙관제는 성종대 도입한 3성6부제를 근간으로 한다. 두루 알듯이 실제로는 중서성과 문하성이 통합된 기구처럼 운영되는 2성6부제였다는 견해가 오래전부터 통설로 자리잡았다. 근년에는 3성이 별도의 기구로 운영되는 '3성6부제'설이 제기되었다. 여기서는 이러한 논의는 1950년대부터 진행된 일본학계의 연구를 바탕으로 한 것이다. 1980년대 이후 일본학계는 물론 중국학계에서도 이러한 당대唐代 중앙관제의 기본골격이 2성6부제

혹은 3성6부제라는 설정은 폐기된다. 그렇다면 그동안 고려사회를 이해하는 근간으로 자리잡은 이러한 견해에 대한 재해석을 위해 당 멸망 이후 동아시아의 정치제도 변화 추이를 통해 새로운 방안을 모색한다.

2절에서는 3성6부제를 포괄하는 당제唐制의 변화變化 추이推移를 살펴본다. 우선 중앙관제의 기본 골격인 3성·6부·9시·5감을 근간으로 한 조직과 운영의 기본 원리를 고찰한다. 그리고 이러한 구조의 제도가 성립되어 운영될 수 있었던 배경을 수隋와 당唐의 정치적 상황을 통해 검토한다. 당제는 성립과 동시에 변화되기 시작해 당왕조의 멸망까지 지속적인 변화를 겪었다. 당의 멸망 이후 북중국 오대五代가 계승하여 변화시킨 제도와 남중국에서 일어난 10국이 채용한 당제와는 상당히 다른 모습을 보인다. 이후 중국을 통일한 송宋의 관제는 당제와는 전혀 다른 양상을 갖는다. 이들의 공통점과 차이점을 통해 당제의 변화추이를 고찰한다.

3절에서는 동아시아 각국이 당제를 수용하는 추이를 검토한다. 북방의 민족들은 고려와 마찬가지로 정치·경제·사회·문화 각부분에서 중국의 영향을 주고받았다. 수당대隋唐代에 형성된 제도는 중국의 제도이지만, 중국이 다른 문화와의 교류를 통해 형성된 보편적이고 국제적인 제도였다. 이 때문에 당의 멸망 이후 성립된 동아시아의 나라들 대부분은 당제를 채용하였다. 중국 내부의 5대10국에서도 각기 다른 수용을 보이듯이, 자연적·사회적 환경이 너무나 다른 동아시아 각국이 각자의 방식으로 당제를 수용한 것은 당연한 결과였다. 그 공통점과 차이점에 대해 검토하고, 고려의 수용양상과도 비교한다.

4절에서는 고려의 중국예제中國禮制 수용에 대해 검토한다. 중국정치제도는 이념적 근거가 『주례周禮』이다. 예제禮制는 정치제도와 함께 중국식 제도의 근간을 이룬다. 당제는 3성6부로 지칭되는 정치제도를 종합한 『당육전唐六典』과 함께 『개원례開元禮』가 짝을 이룬다. 이러한 점에서 당제의 수용을 검토하기 위해서는 『개원례』에 대한 검토가 필요하다. 지금까지 예제에 대한 연구는 전체적인 구성이나 특별한 몇몇 사례 정도가 이루어져 전면적인 검토가 어렵다. 대신 특징적인 사례로 의례 집행의 부분을 담당하는 '행수行首'의 사례를 통해 검토한다. 행수는 개원례의 수용을 보여주는 사례인 동시에 송대에 개원례를 개편한『정화오례신의 政和五禮新儀』에 '반수班首'의 형태로 나타난다. 이를 통해 고려의 예제에 나타난 당제와 송제의 관련성을 살펴본다. 아울러 송제를 수용한 거란의 예제와도 비교하여 고찰한다.

제2장은 고려 건국직후 성립한 12관부의 성격과 함께 광종대 10성4부로의 변화를 후삼국 통일과 이어지는 고려 사회의 정비라는 측면에서 검토한다. 특히 광종대에 주목하여 광종대 개혁을 추진한 요인의 하나로 대외관계의 추이를 살펴본다. 그 결과로서 10성4부제로의 개편, 뒤이어 성종대 3성6부제가 시행되는 과정을 고찰한다.

1절에서는 건국직후에 성립된 관제의 성격에 대해 분석하고, 후삼국 통일과 이후의 정치과정 속에서 제도의 변화 추이를 검토한다. 특히 후삼국통일 이후 변화된 고려사회의 정비는 무장세력이나 공신세력이 아닌 새로운 형태의 관료 지식인들에 의해 이루어졌다. 후삼국통일 이후 고려사회를 주도하는 핵심적 관료세력의 기원을 최치원崔致遠·최승우崔承祐·최언위崔彦撝로 대표되는 도당유학생을 중심으로 검토한다. 광종대의 개혁과 성종대의 개혁은 모두 중국식의 제도를 수용하는 조치가 주를 이루는데, 이러한 바탕에는 고려사회 내부의 지식인 관료 집단의 성립을 전제로 하기 때문이다. 후삼국통일 이후 태조 말년의 체제정비 과정에 이들 지식인 관료의 역할에 대해 살펴본다.

2절에서는 광종대 제도의 정비를 이해하기 위한 전제로서 광종대 대외관계의 추이를 검토한다. 광종대는 고려사회를 뒤흔드는 주요한 개혁이 이루어졌다. 광종 즉위 당시 중국은 5대10국에서 통일을 위한 마지막 용트림을 하고 있었다. 10국 가운데 중부 이남의 장강長江 일대와 회수淮水

일대를 아울렀던 남당南唐이 중국의 패권을 쥐고있었다. 후주後周 세종世宗의 집권 이후 통일의 주도권은 후주로 넘어갔다. 결국 중국의 통일은 후주를 계승한 송宋에 의해 이루어졌다. 광종대의 개혁은 이러한 국제정세의 격변과도 밀접한 관련이 있다. 또한 이때는 전근대 어느 시기보다 중국과의 빈번한 교류가 이루어진 시기이다. 그 교류의 양상을 통해 고려전기 정치제도의 정비와 당제의 수용 추이를 검토한다.

3절에서는 광종대 개혁이 이루어지고 있던 당시 고려를 방문한 장료章僚가 남긴 『해외사정광기海外使程廣記』에 나타난 10성4부를 중심으로 광종대의 정치제도 정비에 대해 검토한다. 10성4부는 건국직후 12관부와 성종 원년 관제개혁 사이의 60년 동안의 간격을 메워줄 주요한 단서이다. 현재까지 이 기록 이외에는 어떠한 단서도 발견되지 않고 있다. 따라서 12관부와 광종대까지의 기록을 종합하여 10성4부의 복원이 필요하다. 특히 광종대는 몇몇 관부의 위상 변화와 함께 통합과 치폐置廢와 관련된 기록이 발견된다. 이를 근거로 10성4부의 복원과 기능과 역할에 대해 검토한다.

4절에서는 성종대 성립된 3성6부의 기능과 성격에 대해 살펴본다. 성종대의 관제에 대한 기본적인 이해를 위해 당제의 전형典型으로 간주되는 『당육전唐六典』과 남당의 관제와 어떠한 공통점과 차이점에 대해 검토한다. 그리고 성종 원년에 성립된 3성6부제를 중국의 관제와 동아시아 각국의 관제와의 비교를 통해 그 특징을 고찰한다. 이어 성종 14년 관제개혁을 원년의 개혁과의 관련성을 중심으로 살펴본다.

이를 통해 태봉과 신라의 제도를 계승한 건국직후의 12관부가 3성6부제로 대표되는 중국식 관제로 통합되는 추이를 검토한다. 한반도의 전통적 관제와 당제와의 융합을 통해 만들어진 새로운 형태의 관제에 대해 주목한다. 이러한 고찰은 고려사회를 동아시아사회의 보편성과 특수성을 통해 이해하고자 하는 시도이다.

제1장
동아시아 각국의 중국 정치제도 수용

제1절 정치제도사 연구의 재검토

1. 재검토의 필요성과 새로운 검토 방법

해방 이후 한국사학계에 주어진 기본 명제는 식민사학의 극복이었다. 여러 분야에서 접근이 시도되었고, 가장 먼저 두드러진 학문적인 성과를 낸 쪽이 고려시기의 중앙관제에 대한 연구였다. 고려 중앙관제의 성립에 대한 논의는 식민사학의 입장에서 정체성론과 배치될 우려가 크기 때문에 그 세례를 가장 덜 받았다. 중앙관제에 대한 연구는 주로 1960년대 후반에서 1970년대 전반에 집중적으로 진행되어 고려의 주요 관부에 대한 검토가 이루어졌다. 연구의 기본 목적은 '독자성獨自性'의 구명이었다. 그 대표적인 견해가 2성6부제이다.

이로 인해 성립된 고려의 중앙관제에 대한 기본적인 이해는 성종대에 당·송의 관제를 모방하여 3성6부제를 도입하였는데, 고려의 3성6부제는 3성에서 중서성과 문하성은 중서문하성이라는 일원적 정치기구로 운영되었으므로 고려 중앙관제는 중서문하성과 상서성의 2성체제로 운영된 2성6부제였다는 것이다.[1] 이 견해는 현재까지 통설로 간주되지만, 근래에 원론적인 3성6부제가 시행되었다는 견해가 제시되었다.[2]

---

1) 邊太燮, 1967,「高麗의 中書門下省에 대하여」『歷史敎育』10 ; 1967,「高麗宰相考」『歷史學報』35·36 ;「高麗時代 中央政治機構의 行政體系」『歷史學報』47 ; 1971,『高麗政治制度史硏究』, 一潮閣.
2) 李貞薰, 1999,「고려전기의 3省制와 政事堂」『韓國史硏究』104 ; 2007,『高麗前期 政治制度 硏究』, 혜안.

당唐의 중앙관제가 3성6부제로 운영되었다는 견해는 1950년대에서 1960년대에 이르는 일본 중국사학계의 시대구분논쟁 과정에서 제기된 '율령체제론律令體制論'의 산물이다. 하지만 당대唐代에서도 율령체가 기능하면서 3성6부제로 운영된 시기는 현종의 개원연간開元年間(713~741) 정도이고, 이 시기 관제정비를 반영한 결과물이 『당육전唐六典』이다. 안사安史의 난亂(755~763) 이후 절도사의 흥기로 인한 번진체제藩鎭體制로 인해 상서도성과 6부의 기능이 붕괴되고, 중서성과 문하성이 통합하여 기능하는 정사당政事堂이 운영되면서 3성6부제는 명목상의 기구로 변질된다. 영외관令外官인 수많은 '사司'가 생겨나 기존의 6부 등의 기능을 대체했다. 당에서 2성6부의 운영방식은 중당시기中唐時期 이후 3성6부제의 일반적인 운영방법이었다. 뿐만 아니라 3성6부가 이름만 있었던 송대에도 2성6부로 불렀다. 즉 2성6부의 운영방식이 고려만의 독자적인 운영원리는 아니다.

더욱이 3성6부제는 율령제를 유지하기 위한 정치제도이다. 3성의 기능이 유지되기 위해서는 율령제가 기능하여야 한다. 당의 율령제는 균전제均田制의 토지제도, 부병제府兵制의 군사제도, 조용조租庸調의 조세제도, 향리제鄕里制의 지방제도를 바탕으로 관료제도와 당률소의唐律疏議 등의 형법체계, 개원례開元禮로 대표되는 국가의례를 포괄한다. 3성6부제는 이를 운영하기 위한 정치제도이다. 안사의 난으로 율령제가 붕괴되자, 3성6부제 역시 같은 운명을 맞는다. 설령 중앙관제의 3성이 기능했다고 하더라도, 율령제가 없는 상황에서 3성6부는 특별한 의미를 가질 수는 없다. 이후 역대왕조에서 3성6부제를 표방했지만, 실제로 기능한 사례는 찾아 볼 수 없다.

따라서 고려가 모방해서 도입한 제도는 율령제를 포괄한 정치제도가

崔貞煥, 2006, 「고려초기의 정치제도와 3省 6部」 『歷史學報』 192 ; 2009, 『새로 본 高麗政治制度研究』, 경북대학교출판부.

아니라 3성6부의 정치기구였다. 더욱이 고려에서 3성6부제를 도입할 시점은 당唐이 멸망한지 80년이나 지난 후였고, 또한 당시 송나라는 3성6부라는 기구 자체를 갖추지 않고 있었다. 그렇다면 고려가 도입한 3성6부제라는 당제는 어떠한 것인지에 대해서는 현재로서는 알 수 없다. 이를 추적하기 위해서는 당제에 대해 검토할 필요가 있다.

당제는 율령 즉 당령에 기반한 제도이다. 당령은 당 고조高祖 무덕 7년(624)의 「무덕령武德令」을 시작으로 주요한 것만 살펴보아도 태종 11년(637) 「정관령貞觀令」, 고종 영휘 2년(651)의 「영휘2년령永徽2年令」, 영휘 4년(653)의 「영휘4년령永徽4年令」, 측천무후 수공 원년(685)의 「수공령垂拱令」, 현종 개원 3년(714)의 「개원3년령開元3年令」, 개원 7년(719)의 「개원7년령開元7年令」, 개원 25년(737) 「개원25년령開元25年令」 등 10여 차례나 개정되었다.[3] 이러한 당령은 후대에 산일散逸되었으나 일본 학자인 니이다 노보루仁井田陞의 『당령습유唐令拾遺』로 그 골격이 복구되면서 세상에 다시 나타났다.[4] 이후 당령은 1997년 이케다 온池內溫이 이를 보완한 『당령습유보唐令拾遺補』를 간행하면서 보다 구체화되었다.[5] 1998년 중국 천일각天一閣에 소장된 북송의 천성령天聖令의 명초본明鈔本에 부기된 개원령開元令 일부가 따이지안궈戴建國에 의해 발견되면서 당령 원래의 모습이 드러냈다. 이 자료는 중국사회과학원 역사연구소의 주도로 검토작업이 진행되어 『천일각장명초본천성령교증天一閣藏明鈔本天聖令校證』으로 간행되었다.[6] 이로서 33개로 추정되는 당령 가운데 「전령田令」, 「부역령賦役令」, 「창고령倉庫令」, 「구목령廐牧令」, 「관시령關市令」, 「의질령醫疾令」, 「옥관령獄官令」, 「영선령營繕令」, 「상장령喪葬令」, 「잡령雜令」 등 10개의 개원령이 복구되었다. 하지만 가장 중요한 「관품령官品令」과 「직원령職員令」 등에

---

3) 滋賀秀三, 2003, 「法典編纂の歷史」 『中國法制史論集(法典と刑罰)』, 創文社.
4) 仁井田陞, 1933, 『唐令拾遺』, 東京大學出版會.
5) 池內溫, 1997, 『唐令拾遺補』, 東京大學出版會.
6) 天一閣博物館, 2006, 『天一閣明鈔本天聖令校證』, 中華書局.

대한 검토는 현재로서는 『당령습유』에 의존할 수밖에 없다.

당제는 당령에 근거한 제도로서 당령의 변화와 함께 정세와 사안에 따라 지속적으로 변화하였다. 특히 관명의 교체를 통해 관제개혁을 살펴볼 수 있는데, 『당회요』의 직관부분만 검토해도 30여 차례의 관제개정이 있었음이 확인된다. 그렇다면 고려에서 모방한 당의 관제가 「무덕령」, 「정관령」, 「개원령」 등 어떤 당령에 따른 것인지, 아니면 어떠한 시기에 개편된 관제 개정을 기본으로 한 것인지는 온전한 당령조차 남아있지 않은 상황에서 이를 알 수 있는 방법은 없다. 또한 이러한 영전令典이 당이 멸망한 907년 이후에도 남아 있다가 고려로 유입되었을 가능성 역시 별로 높아 보이지 않는다.

고려는 성종대에 북송의 추밀원제를 도입하였다. 하지만 원풍관제 이전 북송의 중앙관제는 3성6부의 형식마저 갖추지 않았다. 북송에서 당의 3성6부 형식을 갖춘 관제가 재도입되는 시기는 고려의 문종 32년(1078) 이후에 해당하는 원풍연간元豊年間[1078~1084]이었다. 따라서 고려 성종대 도입한 3성6부제는 송제와 무관한 것이 분명하다.

그렇다면 고려는 어떠한 텍스트를 근거로 하여 중앙관제를 제정하였을까? 가능성이 있는 자료는 당 개원 26년(738) 완성된 『당육전唐六典』, 덕종 정원貞元 17년(801) 완성된 『통전通典』, 후진後晉 출제 개운開運 2년(945) 완성된 『구당서舊唐書』, 송 태조 건륭建隆 2년(961) 완성된 『당회요唐會要』 정도를 상정해 볼 수 있다. 하지만 현재까지 이러한 기본 텍스트와 고려관제와의 관련을 검토한 연구는 시작되지 않고 있다. 그 이유는 이들 자료가 방대한 분량이어서 개인 연구자 단위에서 이를 입수하기도 어려웠고, 이를 읽고 분석하는 것은 현실적으로 거의 불가능했다.

1980년대 중국에서 주요문헌에 대한 교감과 표점을 첨가한 교점본校點本을 간행하면서 연구 환경이 달라졌다. 1980년대 중반 『사기』에서 『청사고』까지 25사 교점본이 완간되고, 이어 1983년 『당률소의』, 1984년

『송형통』, 1988년 『통전』, 1991년 『당회요』, 1992년에 『당육전』 등의 교점본이 간행되었다. 이러한 교점본은 내용이 거의 정확하고, 신활자로 가독성이 높고, 상당히 낮은 가격으로 보급되었다. 1990년대 중반에 이들 교점본이 국내에 대거 유입되면서 연구환경이 크게 달라졌다. 또한 대만의 중앙연구원의 한적전자문헌漢籍電子文獻에서 이들 원문자료가 복사 가능한 형태로 제공되었고, 2000년대부터 사고전서四庫全書와 그밖에 현존하는 주요 자료의 거의 대부분을 망라한 중국기본고적고中國基本古籍庫가 국내 도서관과 연결되었다. 이로써 중국문헌의 거의 대부분을 한자리에서 찾아 볼 수 있는 환경이 마련되었다.

새로운 연구지평에서 고려 정치제도의 재검토는 다음과 같은 방식으로 진행되어야 한다. 첫째, 제도 운영의 '독자성'에 대한 인식문제이다. 당의 중앙관제는 정책기구와 정무기구를 계서화한 조직이다. 이러한 당제는 이후 역대왕조의 기준으로 주변의 여러 나라에 영향을 끼쳤다. 당제를 도입한 어떤 나라도 중국과는 정치적·사회적·문화적·지리적 환경이 다르기 때문에 중앙관제를 수용할 때도 원형대로 운영할 수는 없다. 또한 수용하는 나라들 역시 그대로 운영하려고도 하지 않았다. 현대의 대통령중심제와 의원내각제에서도 시행하는 나라마다 운영원리가 다르고, 집권세력 혹은 집권자의 성격에 따라서 시행되는 양상이 달리 나타난다. 전근대의 제도 역시 도입하는 나라마다 그 나라의 역사적·지리적 환경으로 인해 독자적인 모습을 나타낸다. 어떠한 제도도 독자적으로 운영되지 않을 수 없다.

고려의 경우 성종대 3성6부제를 중심으로 한 중앙관제를 도입할 때부터 당의 3성6부제의 기본 골격은 유지하였지만, 명칭이나 조직구성에서 다른 형식으로 수용하였다. 즉 고려의 3성6부제는 고려에 맞는 형식과 운영방식으로 시행되었다. 이러한 것은 고려가 운영한 정치제도의 '특징'이지 '독자성'은 아니라는 것이다. 따라서 그동안 강조되어온 제도의 독자적 운영론은 더 이상 강조할 필요성이 없다는 것이다.

둘째, 도입導入된 제도의 실체에 대한 문제이다. 고려는 태조 23년 주州와 군郡의 명칭을 중국식 지명으로 바꾸었고, 성종대 3성6부제의 중국식 중앙관제로 개편했다. 이러한 제도의 도입은 당시 중국의 외압에 의한 수용收用이나 이식移植이 아니었다. 태조대의 후진後晉은 후한後漢과 함께 오대의 왕조 가운데 가장 혼란한 시기였고, 성종대는 북송이 979년 태원太原의 북한北漢 정복으로 통일을 완성한 직후로 대내외의 혼란을 수습하기도 힘겨운 시기였다. 후삼국을 통일한 고려는 사회 내부의 필요에 의해 중국식의 지명과 정치제도를 자발적으로 도입했다. 성종대는 건국 후 60여 년 후삼국통일 후 40여 년이 지난 시점이었고, 이러한 때 당제를 수용한 것은 고려사회 내부에서 제도개혁을 위한 사회적인 필요성이 있었기 때문이다.

주지周知하듯이 성종대에 성립된 고려의 3성6부제는 당 멸망 이후 그 어떤 역대왕조의 관제보다 당제의 원형과 가장 유사한 제도이다. 뿐만 아니라 고려가 도입한 관제는 중당시기 이후 변화된 영외관 또한 포함되어 있고, 이후의 정비과정에서 점차 송제의 영향을 받고 있다는 사실이 주목된다. 그런데 여기서 유의하여야 할 점은 고려가 처음에 수용한 중국의 당제는 오대五代시기의 제도와 유사하다는 점이다. 오대시기는 중국 전역에 번진체제에서 독립하여 새로운 왕조를 지향하는 정권들이 난립한 시기이다. 이들 왕조는 군인들이 정권을 쥐었지만, 통치를 위해서는 '사士'계급들을 포섭하여야 했다. 사士계급들은 새로운 형태의 권력구조보다는 이전의 당대唐代 초기의 권력구조를 선호하였다. 사회적 혼란으로 새로운 제도를 만든다는 것이 불가능한 상황에서 '당제唐制로의 복고復古'는 불가피한 상황이었다. 이는 특히 정치제도 부분에서 두드러졌다. 하지만 중당시기 이후 변화된 제도를 200년 이전의 제도로 돌아가 현실에서 적용하는 것은 사실상 불가능했다. 오대시기 각국은 외형적으로 전성기의 당제를 복구하였지만, 실제는 중당시기 이후부터 구축된 영외관令外官의 '사司'체제로 운영되었다. 이러한 경향은 이후 역대왕조에서도 동일한 양상이 보인다. 고려에 도입된 관제를 이해하기 위해서는 이러한 요소에 대한 검토가 선행되어야 한다.

셋째, 당제를 비롯한 중국의 고려제도에 어떠한 양상으로 적용되었고, 실제로 어떻게 운영되었는가에 대한 새로운 접근이 필요하다. 불행하게도 고려 때 제정된 전장서典章書는 하나도 남아있지 않다. 현존하는 자료는『고려사』백관지가 유일하다. 백관지에는 중앙관제의 명칭과 수행업무[職掌], 조직의 구성과 정원 등이 기록되어 있지만 체제와 구성에서 많은 문제점이 있다. 백관지는 구성에서도 계서적인 정리가 이루어져 있지 않고, 수행업무에 해당하는 직장職掌이 극도로 간소하거나 내용자체가 없는 경우가 대부분이다. 또한 초기의 기사는 '국초國初'와 같이 모호한 표현이 많고, 편년상의 차이나 조직 구성 등도 실제의 운영된 사례와 차이를 보이기도 한다. 이로 인해 고려정치제도에 대한 연구는 처음부터 당제를 비롯한 중국의 제도와 백관지의 비교 검토를 바탕으로 실제 운영 사례를 통해 중앙관제의 구성과 운영원리를 구명하고자 하였다. 그 결과, 관제의 구성과 운영원리에 대한 기본적인 골격을 갖추었다.

하지만 초기 연구의 전제인 당제에 대한 이해가 중국사 연구에서 완전히 바뀌었다. 그 기본적인 이해는 당의 중앙관제를 대표하는 3성6부제가 당 현종때 완성되지만, 현종대 안사의 난 이후에 그 원래의 의미를 상실했고, 이후 전혀 다른 제도로 변질되었다는 점이다.[7] 상서성은 시감寺監과 새로 만들어지는 사司로 직무를 이관했고, 중서성과 문하성은 정사당政事堂으로 기능이 통합되었다. 또한 3성6부제의 의미는 3성의 장관

---

7) 礪波護, 1970,「唐律體制とその崩壊」『中國中世史研究 — 六朝隋唐の社會と文化 — 』, 東海大學出版會.
　横山裕南, 1970,「唐の官僚制と宦官 — 中世的側近政治の終焉序說 — 」『中國中世史研究 — 六朝隋唐の社會と文化 — 』, 東海大學出版會.

을 재상으로 하는 구조이지만, 중서령中書令·시중侍中·상서령尙書令은 명
목상의 재상이고 실제의 재상은 평장사平章事·참지정사參知政事 등의 직
함을 가진 관인官人이 재상의 기능을 하는 구조로 변질되었다. 즉 중당시
기부터 3성6부제는 정치기구로서 조직과 구성은 존재하지만, 실제로는
기능하지 않는 이름뿐인 제도로 이해된다.8)

당제에 대한 새로운 이해는 이미 정설로서 개설서에 반영될 정도로 보
편성을 인정받고 있다. 이와 함께 국내에서 『역주당률소의譯註唐律疏議』,
『역주당육전譯註唐六典』 등이 역주 번역본까지 간행되어 자료의 지평은
더욱 넓어졌다. 이로 인해 한국사는 민족의 주체성 내지 자긍심을 위한
자국사自國史에서 최소한 동아시아적 관점에서 접근할 필요성이 부각되
었다. 고려시대사 역시 동아시아사적 관점이 필요하고, 특히 고려시기 제
도사 연구의 새로운 접근은 동아시아사의 측면에서 진행할 수밖에 없다.

또한 『고려사』·『고려사절요』는 물론 고려묘지명과 선사비 등의 금석
문 자료의 거의 대부분이 전산화되어 정리되었다. 이를 통해 각 관부의
특성과 기능을 제시하는 수준의 연구에서 개별 관직의 임명된 사례 전체
를 통한 분석이 가능해졌다. 즉 고려시기 관제의 실제 운영을 통해 제도
의 운영과 기능을 구명할 수 있는 방법이 마련되었다.9)

---

8) 礪波護, 1961,「三司使の成立について」『史林』44-4.
　　周藤吉之, 1965,「北宋の三司の性格」『法政大學』18.
　　遲景德, 1972,「宋元豊改制前之宰相機關與三司」『宋史硏究集』 7, 宋史硏究
　　會, 臺灣.
　　宮崎市定, 1954,「宋元時代の法制と裁判機構」『東方學報』24.
　　仁井田陞, 1959,「宋代以後における刑法上の基本問題」『中國法制史硏究 - 刑
　　法 - 』, 東京大學出版會.
9) 이상과 같은 여건에서 새로운 방법을 통한 연구는 한 개인이 감당할 수 있는 것이
　　아니다. 이러한 문제의식을 같이하는 연구자들이 1998년부터 '당송제도사반'이라
　　는 이름으로 모여 연구사정리와 자료에 대한 검토와 정리작업을 수행하였다.
　　2006년 '고려시대 정치제도사반'으로 개칭하고 고려시대 정치제도를 통시대로 정
　　리하기 시작하였다. 2007년 9월 '高麗初期 政治制度의 形成'이라는 주제로 권영

2. 당 멸망 이후 동아시아의 정치제도 변화

근대 이전의 동아시아 사회는 여타의 다른 지역과 비교할 수 없을 정도로 정교한 관제官制를 가지고 있었다.[10] 중국의 관제는 『주례周禮』의 육관六官으로부터 기원하여 한대漢代의 3공9경三公九卿, 남북조시기를 거쳐 수隋에 의해 정비되어 당唐에 이르러 3성을 근간으로 한 제도로 정형화되었다. 이를 흔히 '당제唐制'라 부르는데,[11] 그 전형을 3성·6부·9시·

국·김대식·박재우·신수정의 연구발표가 있었고, 이는 『역사와 현실』의 특집으로 게재되었다(고려시대정치제도사반, 2008, 「고려초기 정치제도의 형성」 『역사와 현실』 68). 이어 2008년 11월 '高麗前期 政治制度의 整備'라는 주제로 권영국·김대식·류주희·박재우·신수정의 연구발표가 있었고, 이 또한 특집으로 게재되었다(고려시대정치제도사반, 2009, 「고려전기 정치제도의 정비」 『역사와 현실』 73). 또한 2009년 11월에 '高麗前期 兼職制의 運營'이라는 주제로 권영국·김대식·류주희·박재우의 연구발표가 있었고, 역시 특집으로 게재될 예정이다.

10) 官制라는 용어는 職官制度의 준말로 律令에 입각하여 편제된 관료기구인 官職과 함께 官寮가 올라갈 단계[官階]와 그 운영방식[職掌]을 포괄하는 개념이다. 상명하복과 위계에 따른 관료기구를 의미하는 서양의 절대주의시대의 官僚制(bureaucracy)와는 구별하여 사용한다.

11) '唐制'는 唐代에 제정된 官制를 지칭하지만 동양사학계에서 일반적으로 『唐六典』을 전형으로 하는 唐代의 중앙관제를 지칭하는 용어로 사용된다. 한국사학계는 6典體制와 3省·6部制[邊太燮, 1970, 「高麗時代 中央政治機構의 行政體系」 『歷史學報』 47 ; 1981, 「高麗初期의 政治制度」 『韓㳂劤停年紀念論叢』], 3省體制[李基白, 『韓國史新論』], 6典制[金大植, 2004, 『高麗前期 中央官制의 成立과 六典制의 影響』] 등의 용어로 사용한다. 이러한 용어가 동양사 연구에서 사용된 사례를 살펴보면 다음과 같다.
   '3省·6部制'는 邊太燮 외에도 일본의 講談社에서 간행한 개설서인 『中國の歷史』 등에서 사용된 사례가 있다. 3성6부제는 당의 중앙정치기구의 핵심인 정무기구를 나타내는 단어이므로 唐制 전체를 나타내지 않는 범위에서 사용하여도 무방하다고 판단된다.
   '3省體制'라는 용어는 동양사 연구에서 사용된 용례가 발견되지 않는다. 이러한 '體制'라는 용어는 일본 법제사에서 '律令制에 입각한 사회'라는 것을 지칭하는 용어로 사용된 것을 차용한 것으로 보인다. 이 용어는 制度(institution)를 體制(constitution/system)라는 범주의 개념으로 이해될 수 있는 여지가 있는 개념이다.

5감을 기본 골격으로 한 『당육전』을 모범으로 간주한다.[12] 하지만 당제는 당나라가 존속하는 동안 10여 차례나 바뀔 정도로 끊임없이 지속적으로 변화한 제도를 말한다. 이러한 당제를 주목하는 이유는 당이 멸망한 10세기 이후 동아시아의 보편적 관제의 전형典型으로 자리잡았기 때문이다.

동아시아 사회는 사막·고원·평원·산악지역 등의 다양한 지리적 여건과 한대에서 아열대에 이르는 기후를 비롯한 다양한 자연적 조건을 가지고 있다. 중국 주변의 나라들은 각기 다른 정치·경제·사회·문화를 가지고 있었다. 하지만 중국은 진·한과 수·당의 통일 왕조가 성립되면서 막강한 경제력과 군사력을 보유하는 한편으로 주변의 문물을 수용하여 거대한 문화적 용광로로서 문화적 번성을 이룩하였다. 중국은 이를 바탕으로 스스로가 세계의 중심임을 자부하는 '중화中華'라는 관념의 세계관을 표방하면서 동아시아의 맹주를 자임하게 되었다. 중국은 정치·군사·경제·문화 등 각 방면에서 주변의 나라들에 대한 영향력을 확대하려 하였다.[13] 그 바탕에는 시간[曆]과 공간, 뿐만 아니라 율령律令에 의한 지배질서인 율령체제가 있었다. 이러한 중국식 세계 질서는 전근대 동아시아 세계의 표준으로서 동아시아 각국에 자연스럽게 전파되었다. 주변국들

따라서 3省制라는 용어는 가능하지만, 3省體制라는 용어의 사용은 지양해야 할 것으로 보인다.

6典制라는 용어는 史料에서 唐六典制度[『宋史』卷166 職官6]와 唐六典制[『明史』卷134 藝文 職官類], 唐之六典制[『張邦寄集』卷4]가 발견되고, 錢穆의 『中國歷代政治之得失』에서 '尙書6部制'라는 용어를 사용한 사례가 확인된다. 하지만 일반적으로 사용되는 용어는 아니다. 따라서 본고는 동양학계의 일반적인 개념어인 '唐制'를 기본으로 하고, 당의 핵심적인 중앙관제를 지칭할 경우 '3省·6部制'로 사용한다.

12) 奧村旭三, 1993, 「大唐六典」『中國法制史 - 基本資料の研究 -』, 東京大學出版會.

13) 左伯富, 1970, 「東アジア世界の展開 - 總說 -」『岩波講座世界歷史』9, 岩波書店.

은 중국의 각종문물을 적극적으로 수입했고, 나아가 그 제도와 체제를 수용하여 중국식 제도를 모방하였다.

10세기 초에 결정적인 변화가 일어났다. 중국적 천하天下의 상징으로 여겨졌던 당제국이 멸망한 것이다. 물론 당은 8세기 말부터 혼란에 빠져들어 9세기 내내 국내적인 분열이 지속되고, 이로 인해 대외적 영향력이 축소되었지만 멸망 이전까지 당제국이 가진 관념적 권위는 완전히 사라지지 않았다. 하지만 당의 멸망으로 '중화中華'의 권위를 대표하는 세력이 사라진 상황에서 이를 대체할 권위와 힘을 가진 세력이 존재하지 않았지만, 흥기하는 새로운 세력들은 대부분 자신이 이러한 권위를 계승한다고 표방하였다. 이로 인해 동아시아 세계는 새로운 국변의 변화를 맞는다. 즉 당제국 멸망 이후 일어난 동아시아 각국의 건국세력은 모두 스스로가 새로운 천하의 중심인 천자天子이고, 새로운 건국한 나라를 천자국으로 표방하였다.

당 멸망 이후 화북지역에서 일어난 5대의 왕조는 당의 정당한 계승자임을 자부하였다. 또한 중국 각지의 절도사들이 건국한 10국 역시 계승자임을 표방하였다. 이러한 방식은 중국에서만 일어난 현상이 아니었다. 중국 북방의 거란의 요遼, 위그루의 서하西夏, 여진의 금金, 그리고 남방의 베트남왕조와 동방의 고려 등 10세기 이후 동아시아에서 건국한 나라들은 모두 건국과 함께 스스로 황제임을 자임하고, 연호를 반포하고 조종朝宗의 묘호를 제정했다. 즉 당대唐代에 확립된 '중화'로 대표되는 동아시아적 세계질서는 10세기 이후 중국만이 가진 고유의 관념이나 제도가 아니라 중국적인 세계관을 지향하는 세력이라는 의미로 변화되었다. 이로 인해 중국적 천하관天下觀은 10세기 이후 동아시아 세계 어디에서나 사용되는 보편적인 관념으로 바뀌었다.14)

---

14) 중국적인 세계관은 사상적으로 儒學을 근본 배경으로 儀禮라는 형식을 통해 표현되고, 官制를 통해 조직화된다. '中華'의 이념은 하늘의 대행자인 皇帝는 天子

10세기 이후 동아시아 사회는 이러한 중국적 천하관의 확산과 함께 이를 뒷받침할 제도적 장치로서 당제를 적극적으로 수용하였다. 동아시아 각국에 수용된 당제는 고정된 하나의 제도를 의미하는 것이 아니라 당제국 내내 수많은 변화를 겪어 5대10국과 송으로 승습承襲되는 당대唐代에 확립된 제도를 포괄한다. 또한 동아시아 각국은 각자의 고유한 제도와 각기 다른 사회적 여건을 가지고 있어 각기 다른 사회적 발전단계와 정치적 상황이 달랐다. 이러한 여건에서 각국이 수용한 제도가 달랐으며 제도에 대한 여건도 다를 수밖에 없었다. 따라서 수용한 나라들 모두는 각자의 현실에서 명분상이건 실제로 적용되었던 간에 자국의 눈높이에 맞추어 각자에 맞는 당제를 수용하였다.15) 이러한 추세를 당제의 확산으로 불러야 할 것이다.

당제의 확산에 대한 이해는 10세기 이후 동아시아 사회의 보편성과 특수성을 구명하는 주요 단초이다. 하지만 지금까지 동아시아사회에 대한 이해는 '중화제국中華帝國'의 종속되는 사회로 파악하였다. 또한 이러한 당제의 확산은 각국이 중국적 세계관에 포섭되는 과정으로 인식하고 있다. 이로 인해 고려사를 비롯한 동아시아의 제도사 연구는 법제사적 측면에서 『당육전』을 중심으로 한 정치구조에 대한 연구를 바탕으로 각

로서 하늘 아래 모든 시간과 공간을 지배한다는 것을 보여주는 절차로서 宗廟·社稷(圓丘)의 天祭의 의례를 행하고, 年號·曆의 반포를 통해 시간의 지배를 통해 표현된다. 실제의 정치는 천자가 정치·경제·사회·문화 전반의 사항들을 官制라는 지배기구 시스템을 통해 이루어지는 것이다. 중국적 세계관을 확립하고 광활한 영역과 다양한 민족들을 지배하기 위한 포괄적이면서도 세밀한 지배시스템이 요구되었다. 秦·漢 이후 수많은 시행착오를 거쳐 隋·唐代에 이르러 정리된 것이 『당육전』으로 대표되는 唐初의 관제였다.

15) 10세기 이후 동아시아의 문화수용의 단면을 보여주는 사례로 契丹을 건국한 耶律阿保機와 西夏의 李元昊, 女眞의 阿骨打는 漢字를 변형한 독자적인 문자를 제정하여 반포했다는 점을 들 수 있다. 이들 문자는 대부분 공문서나 기념비, 화폐 등에 한자와 병용하여 사용하였는데, 서하문자는 법률, 儒家와 佛經 등의 번역서 간행뿐만 아니라 西夏語의 문법체제 정리까지 이를 정도였다.

국의 특징적 고유관제와의 비교에 초점을 맞추어 진행되었다. 따라서 동아시아 각국이 당제를 수용할 수밖에 없었던 사회적 배경은 어떠하며, 어떠한 형식의 제도를 수용하였으며, 그 사회적 영향이 어떠하였는가에 대한 점은 동아시아사의 이해를 위해 필수불가결한 주제이다. 동아시아사의 당제 수용에 대한 고찰은 정치제도사적 측면 외에도 경제사, 사회사, 사상사적 측면 등 다양한 영역에서 포괄적인 접근이 필요하다. 하지만 오대사五代史·십국사十國史·요사遼史·서하사西夏史·금사金史·베트남사 등에 대한 연구성과는 극히 일부에 불과하다. 특히 십국사와 서하사, 베트남사 등의 부분은 더욱 심한 형편이다. 또한 사회사나 경제사 분야에 대한 연구는 거의 이루어지지 않은 상황이다. 동아시아사의 포괄적인 접근은 이러한 연구성과를 바탕으로 하기 때문에 이 방면의 연구성과와 함께 이루어질 수 있을 것이다.

이 글은 10세기 이후 동아시아 사회가 공통적으로 중국식의 관제를 수용한다는 점에 주목하여, 10~12세기 동아시아 국가들이 권력기구의 핵심인 3성6부제를 수용하는 추이를 통해 그 의미를 살펴보고자 한다. 이를 위해 우선 당의 중앙관제가 가지고 있는 구조적인 특징과 함께 권력구조상의 특성, 그리고 그 이념적 근거에 대해 고찰한다.

다음으로 당의 멸망 이후 중국 내에서의 변화양상을 검토한다. 5대10국시기 당제는 크게 2가지 양상의 변화를 겪는데, 당말의 관제를 계승한 5대와 이를 이은 송宋의 관제와 새로 건국한 10국은 각기 다른 방식으로 당제를 계승한다. 분열된 중국 안에 성립된 각각의 사회가 갖는 구조적인 특성과 권력구조상의 특징을 검토함으로써 중국내의 당제 변화 추이를 살펴본다.

또한 10세기 이후에 성립된 거란과 여진, 고려에 당제가 수용되는 양상과 함께, 수용된 당제가 갖는 구조적인 특성과 권력구조상의 특징, 그리고 이들 나라들 사이의 상호영향에 대해 살펴본다. 이를 통해 10세기 이후 동아시아 사회에 당제의 확산이 갖는 의미와 고려의 관제정비가 갖는 성격에 대한 새로운 이해 방안을 제시하고자 한다.

특히 고려는 건국 직후 태봉과 신라의 관제를 계승한 독자적인 12관부의 정치제도로 출발하였다. 이후 성종대에 기존의 관제와 성격이 다른 당제에 입각한 3성6부제를 무리없이 도입하였다. 이 때는 당이 멸망한지 거의 80년이 지났고 북송이 건국한지도 20년이 지난 시점이었다. 당시 북송은 중국 제도사에서 가장 복잡한 관제를 운영한 사회였다. 그동안 광종대에서 성종대의 연구는 일정 정도 축적되어 있고, 고려 중앙관제의 독자적 운영 문제는 재론의 여지가 없다. 따라서 동아시아의 당제 확산이라는 점에 주목하면서 국초의 독자적인 중앙관제가 성종대에 새로 수용된 중국제도[唐制] 속에 용해되어 흡수되는 과정을 검토한다. 그 대략은 다음과 같다. 첫째, 태조대에 성립된 고려의 중앙정치기구는 건국직후 인사개편에 보이는 12개의 관부 외에도 원봉성·내의성·예부·예빈성 등 최소한 16개 이상의 관부로 구성되어 있었다. 그 기능면에서 광평성·내봉성·내의성 등의 정무기구, 순군부·병부·내군 등의 군사기구, 창부·도항사·물장성·내천부·진각성 등의 재정기구, 의형대·백서성 외에도 예부[春部]·예빈성 등의 외교를 담당하는 기구로 나누어져 있었다.

둘째, 광종대 중앙관제에 대해 검토하면, 태조대의 관부는 업무의 상당부분이 중복되었던 것으로 보인다. 이는 후삼국통일 이후 춘부의 업무가 예빈성으로 대체된 사례 등을 통해 확인된다. 당시 고려사회는 변화된 사회에 맞는 기구의 효율적인 재배치를 필요하였다. 그 결과 태조대의 16개 이상의 관부가 광종대는 10성4부제로 통폐합되었다. 광종의 10성4부제로의 정비는 당제를 수용하기 위한 사전 조치로 파악된다. 태조대의 광평성·내봉성·내의성이 광종대에 내의성·내봉성·광평성으로 서열이 변화된 것은 단순히 관부의 서열 변화만을 의미하는 것이 아니라 그 내부의 기능에서도 3성제를 전망하는 변화가 있었을 것으로 판단된다. 하지만 그 배경에는 과거제를 필두로 관제개편, 공복의 제정 등이 시행되었기 때문으로 보인다. 이러한 개혁은 이후 3성6부제를 도입하게 한 기반이 된 것이다.

셋째, 고려가 3성6부제를 시행할 수 있었던 근거 자료에 주목하였다. 대표적인 전상서典章書로『당육전』을 들 수 있지만, 이는 정부의 공식자료로서 중당시기로부터 오대, 혹은 북송초까지 실제로 반포되었다고 보기 어렵다. 하지만 당육전의 내용을 거의 포괄하고 있는『통전』은 사찬서로서 널리 보급된 자료이다. 또한 당말 이후 오대시기에 성립된 유일한 율령인 남당의『승원산정조』를 주목할 필요가 있다. 당시 모든 나라들은 당의 재건을 지향하며, 당제로의 복구를 기본으로 정책방향으로 삼았다. 물론 변화된 사회에 맞는 제도가 아니어서 실제로 운영되는 제도와는 달랐지만 그 지향성은 분명했다. 이러한 의미에서『승원산정조』는 그 대표적인 사례이다. 광종대 진행된 활발한 대외교류를 통해 이러한 제도가 도입되었을 개연성은 충분하다. 성종대 도입된 3성6부제와 남당관제와 비교해보면 보다 분명해진다. 대표적으로 당의 홍려시에 해당하는 객성사客省司가 고려의 객성客省으로 도입되었고, 전시과에 보이는 선휘원宣徽院과 인진사引進使 등도 남당의 관제와의 관련이 있음을 알 수 있다. 고려초의 정치제도 정비는 당 멸망 이후 동아시아의 정치제도 변화의 범주에서 이해하여야 그 성격이 명확해진다.

제2절 唐制의 변화 추이

1. 당제의 기본구조와 성격

당제는 통상적으로 3성·6부·9시·5감의 구조를 가진 제도로 이해된다.『당육전』에 따르면, 당의 중앙관부는 3사·3공·6성·9시·1대·5감·16위·2군, 동궁관과 제왕부·공주읍사 등으로 편제되어 있다.[16]

당의 핵심적 기구인 3성·6부는 정책기구인 3성과 정무기구인 6부로 나뉜다. 정책기구인 3성은 조칙을 기안하는 중서성과 이를 검토하는 문하성, 그리고 실무행정을 담당하는 6부를 총괄하는 상서성을 말한다.[17] 그 수장인 중서령中書令과 시중侍中, 상서령尙書令은 황제와 함께 국가의 정책 결정에 참여하는 재상이 된다.[18]

당제의 구조적인 특성은 중앙정치기구의 핵심인 3성이 황제가 조칙을 반포하기 위한 절차를 진행하는 행정체계의 중핵을 이룬다는 점에 있다. 당의 행정체계는 황제의 조서를 통해 이루어지는데, 중서성에서 초안을

---

16) 이러한 당의 중앙관부 가운데 3師와 3公은 贈諡職이 주로 임명된 관직이었고, 6省 가운데 秘書省·殿中省·內侍省의 3성은 內三省이라하여 황제의 시봉관서를 말한다. 그밖에 9寺에 刑律을 관장하는 대리시와 5監에 교육을 담당하는 國子監을 제외하고는 9寺·5監의 대부분이 황제의 시봉관서이다. 당육전에 등재된 중앙관부는 정무기구인 3省·6部 외에 특수한 몇 개의 관부를 제외하고는 대부분이 황제와 관련된 관부였다.

17) 唐制가 이러한 독특한 권력구조인 3省制를 가지게 된 연원은 다음과 같다. 3省은 秦漢代 9卿의 하나로 황제의 시종기관인 少府에 연원한다. 尙書令·侍中은 소부 소속의 加官이었고, 中書令은 尙書令 아래의 掾屬인 中書謁者·中書謁者令으로 尙書令職을 대행하였다. 尙書省·中書省·門下省의 三省이 나타난 것은 魏晋代에 이르러서이다. 6部는 周禮에 의거한 관부로 漢 成帝때 五曹尙書, 後漢 武帝 때 六曹尙書라는 명칭으로 나타나고, 魏晋代부터 3省의 정비로 尙書省에 소속된 관부가 되었다. 남북조시기의 복잡하고 혼란한 관제는 北齊에 이르러 3省·6部의 모습으로 정비가 이루어진다. 북제를 이은 北周는『周禮』에 입각한 六官制로 복귀한다. 그 뒤를 이은 隋는 北齊의 제도에 漢·魏의 관명을 채용한 새로운 형태의 3省·6部制로 복귀하였다(宮崎市定, 1956,『九品官人法の硏究』, 同朋舍).

18) 상서령은 당태종이 즉위 전에 역임한 관직이었고, 이 때문에 당태종 이후부터 좌우복야를 상서성의 장관으로서 재상으로 간주하여, 재상은 中書省의 中書令, 門下省의 侍中, 尙書省의 左·右僕射 등 '4輔'를 지칭하게 되었다. 또한 삼성의 장관이 아닌 타관에 參知政事·同中書門下三品·平章事 등의 직함을 주어진 경우 재상으로 인정되어 당말에는 최대 17명의 재상이 임명되기도 하였다(錢大群·艾永明, 1996,『唐代行政法律硏究』, 江蘇人民出版社).

기안하고, 이를 문하성에서 심사한 후 황제에게 올려 이를 상서성에서 시행하는 구조로 이루어져 있다. 그 핵심은 기안[出令] − 검토[封駁] − 시행[執行]의 행정체계 권한을 3성이 갖는다는 점이다.[19]

3성을 중심으로 한 행정체계는 신료집단 간의 상호견제가 이루어지는 동시에 황제가 신하들의 동의 없이는 마음대로 조칙을 내릴 수 없는 구조였다.[20] 즉 신료집단이 군주권을 견제할 수 있는 구조임을 말한다. 이처럼 조칙을 매개로 한 권력구조는 이전의 귀족과는 달리 문벌뿐만 아니라 뛰어난 실무 능력을 갖춘 관료를 요구하게 되었다.

특히 기안·검토·시행의 권한을 분리한 구조는 개별 업무를 합리적으로 전문화한 것으로 이상적인 행정체계이다. 이러한 체계는 개별 부분의 전문성과 함께 역할과 권한의 합리적 배분을 전제한다. 하지만 여기서 전문성의 결여되거나 권한 배분이 편중될 경우에는 비효율적인 구조로 혼란을 야기할 수 있다. 특히 3성제는 문하성의 검토[封駁權]가 강화될 경우 행정의 공백이 장기화될 수밖에 없는 구조적 약점을 가지고 있다. 당의 정부는 이러한 문제점을 해결하기 위해 중서성과 문하성의 업무 조정을 위한 정사당政事堂을 운영하였다.

하지만 정사당이 상설적으로 운영되면서, 3성의 핵심인 중서성과 문하성의 운영에 근본적인 변화가 일어나기 시작한다. 개원 11년(723)에 정사당이 중서문하로 개편되고 예하에 이방吏房·추기방樞機房·병방兵房·호방戶房·형례방刑禮房이 상설적으로 운영되었다. 이로 인해 중서성과 문하성 분립의 원래 목적인 상호견제 기능은 거의 사라졌다. 또한 당나라 초기서부터 3성의 장관인 중서령中書令·시중侍中·좌복야左僕射·우복야右僕射의 4보輔 이외에 참지정사參知政事·동중서문하삼품同中書門下三品·평장사平章事 등의 명칭을 가진 임시재상이 늘어나면서 재상제의 성격이 변

---

19) 陳仲安·王素, 1993, 『漢唐職官制度硏究』, 中華書局, 6쪽.
20) 谷川道雄, 1971, 『隋唐帝國形成史論』, 筑摩書房, 350〜351쪽.

화된다.[21] 이후 재상직의 남발은 신료들의 권한을 더욱 분산시켜 3성의 구조를 형해화形骸化하는 데 결정적인 역할을 담당하였다. 이로 인해 신권의 약화와 황제권의 강화 추세는 가속화되었다.

3성·6부제가 갖는 권력구조 상의 특징은 이전의 황제-승상[宰相]의 구조에서 황제-3성[官府]의 구조로 변화한 점이다. 이러한 구조상의 변화는 수의 건국과정에서 건국을 주도한 관롱關隴세력의 이해가 반영된 결과였다. 이들 건국의 주도세력은 집단지도체제의 유지를 위해 특정인 [宰相]이 아닌 귀족집단에게 권력을 배분하기 위해 1명의 승상이 아닌 분립된 3개의 관부로 권력을 분산한 3성이라는 기구를 중심으로 한 관제를 채택하였다. 이로 인해 집단지도체제의 성격을 갖는 3성이 권력구조의 핵심으로 위치하게 되었다.[22] 하지만 이러한 권력구조는 수隋 문제文帝가 권력을 신료들에 대폭 이양함으로써 신료들의 권한에 압도당했던 반면 양제煬帝가 신권을 무력화시켜 독재권력을 행사하면서 원활히 운영되지 못했다.

당의 건국주도세력은 수대와 연결되는 동일한 세력집단으로 신권이나 군주권으로 편중되면서 일어나는 현실적 위협을 체험하였다. 이들은 수대의 역사적인 경험을 통해 이러한 위험을 제거할 현실적인 방안을 마련하였는데, 이는 상호견제가 유기적으로 작동하는 제도를 채택하고자 하였다. 이는 재상[丞相] 1인이 국정논의와 행정업무 전반을 총괄하는 것이 아니라, 3성의 장관이 재상으로서 집단적으로 국정에 참여하는 방식의 제도를 말한다. 이는 군주의 국정주도권을 인정하는 동시에 군주권에 대한 신료들의 집단적 대응이 이루어지는 구조이다. 이를 통해 군주권의 강화와 함께 신료의 견제권이 보장되는 권력구조를 확립시켰다.[23]

---

21) 左·右僕射는 貞觀末부터 당연직 재상이 아니라, 同中書門下平章事나 參知機務가 부가되어야만 재상이 될 수 있었다(『通典』 卷22 職官4 僕射).

22) 布目潮渢, 1974,「隋の南北統一」『中國の歷史-隋唐帝國-』, 講談社, 14~15쪽.

당태종은 이러한 권력구조를 유교적 통치이념을 도입하여 이념화하였다. 당태종의 유교적 통치이념은 유교적 '덕치德治'를 지향하였고, 당태종은 스스로가 주요정무를 처리할 때 반드시 방현령·위징 등의 신료들의 의견을 수용하였다. 이는 군주가 국정을 주도하지만 신료들의 합리적인 의견을 수용하여야 한다는 것을 의미한다. 이후 당태종의 치세를 '정관의 치[貞觀之治]'로 부르고, 그가 신료들과 나눈 대담을 모은 『정관정요貞觀政要』는 덕치 즉 유교적 통치이념의 상징처럼 미화된다. 당의 3성6부제는 단순한 전장제도典章制度만을 의미하는 것이 아니라 『정관정요』와 함께 유교적 통치이념을 상징하는 제도로 인식되었다.

현실의 제도로서의 당제는 이러한 이상이 항상 관철되는 제도는 아니었다. 정사당의 설치와 운영에서 보이듯이, 당제는 실제의 운영 과정에서 권력의 역학관계로 인해 상호견제기능이 점차 약화되어 가는 방향으로 나아갔다. 안사의 난 이후 당제는 권력을 군주권으로 집중시키는 방향으로 변화되어 갔다.

2. 당제의 중국내 변화 과정

5대10국시기에 이르면 당제는 2가지의 형태로 변화한다. 당을 계승한 후량·후당·후진·후한·후주의 5대는 초기의 당제와는 확연히 구별되는 당말의 관제를 계승했다. 후주를 계승한 송宋에 이르면, 당제는 초기의 관제와는 전혀 다른 형태의 제도로 변화한다. 한편 절도사체제에서 독립한 10국은 5대와는 달리 초기의 당제를 기초로 당말의 관제를 가미한 형태의 관제를 채용했다. 중국 내에서 당제는 이와 같이 다른 양상의 변화과정을 겪는다.

---

23) 唐進·鄭川水, 1993, 『中國國家機構史』遼寧人民出版社, 153쪽.

당 중기 이후에 이르면 정사당의 5방에서 추밀원이 상설기구로 독립하는 등 3성을 근간으로 이루어진 당제는 운영의 기본구조가 변형되기 시작한다. 5대시기에 이르면 중서성과 문하성이 중서문하[兩省]라는 이름의 통합된 단일기구로 운영되면서 3성 분립의 행정체계가 사실상 붕괴되었고, 신료들 상호간의 견제라는 당제의 기본전제가 무명무실하게 되었다.24)

5대시기의 실제적인 지배자는 절도사였고, 그 지배구조인 중앙관제 역시 절도사체제에 조응하는 것일 수밖에 없다.25) 5대의 중앙관부는 명목상 3성·6부제였으나, 실제는 황제를 중심으로 기밀과 군정을 총괄하는 추밀원樞密院,26) 재정을 담당하는 삼사三司, 인사와 기타 민정을 담당하는 독립기구인 중서문하中書門下 등의 영외관令外官을 중심으로 운영되는 구조였다.

당말에 설치된 영외관은 5대에 이르면 기존의 관부를 대체하여 갔

24) 후기에 이르면 중서문하가 가지고 있었던 軍機와 出納의 권한의 상당 부분이 樞密院으로 넘어가게 되고, 재정의 주요 부분이 三司로 이관되었다. 이에 따라 중서문하의 관장업무가 인사[吏]·재판[刑]·의례[禮] 부분으로 축소되었다. 황제의 측근기구인 樞密院의 부상과 견제의 주요부분을 담당했던 3省의 몰락은 신료들의 황제권에 대한 견제장치가 사라지게 된 것을 의미한다.

25) 당말 중국 전역에 걸쳐 30명 내외의 절도사가 할거했고, 五代에 이르러 지배영역이 화북으로 한정된 상황에서도 後梁 28명, 後唐 39명, 後晉 38명, 後漢 36명, 後周 38명의 절도사가 있었다. 절도사는 觀察使를 겸하여 군사·재정권 뿐만 아니라 민정까지 장악함으로 강력한 권력을 독점한 존재였다(周藤吉之, 1974,「五代十國の推移と節度使體制」『中國の歷史 - 五代·宋 -』, 講談社, 30쪽).

26) 추밀원은 당말에는 주로 宦官이었던데 반해 五代에서는 學士職 이나 文官이 임명되기도 하였으나 주로 武將이 임명되었다. 명칭은 後梁에서 崇政院 등으로 몇 차례 바뀌기도 하였으나 송대까지 樞密院으로 이어졌다. 추밀원은 황제 측근의 근시직으로 機密과 軍政과 관련된 권한을 행사하며 재상의 역할을 담당하는 한편으로 中書門下省의 인사권에 관여하거나 三司의 재정권까지 관여할 정도로 막강한 권력을 가지고 있었다. 이처럼 唐制는 새로운 형태의 官府에 의해 대체되어 갔다(杜文玉, 2006,『五代十國制度研究』, 人民出版社, 122~126쪽).

다.[27] 핵심 권력기구인 추밀원·삼사 외에도 궁정의 무관과 연회, 내외의 진봉물을 관장하는 선휘원宣徽院과 대외교섭을 담당하는 객성客省 등이 대표적인 영외관이었다.[28]

5대는 3성·6부제가 무력화되면서 당제의 이상인 권력의 상호견제가 사라지고 이를 대신하여 황제 혹은 절도사의 전제적 권력에 의한 지배가 관철되는 권력구조가 자리잡은 시기였다. 이러한 전제적 지배구조는 상시적인 전시 상황인 당시의 시대적 상황의 산물이었다.

후주를 계승한 송은 중국을 재통일하는 것과 동시에 절도사를 해체시켜 갔다. 송은 기존의 3성6부 등의 관제를 명목상으로만 존속시키는 대신 당말·5대의 대표적인 영외관인 추밀원, 중서문하, 삼사를 공식적인 기구로 만들어 모든 권력이 황제에 집중시킨 전제적 지배체제를 구조화하였다.

원풍관제元豊官制 이전까지의 송 관제는 이전부터 법제화된 관직체계인 위계位階에 따른 관부와 직제가 실재하지 않는 구조였다. 대신 관부명에 '판判', '지知', '구당勾當', '관구管勾', '권權', '직直', '제거提擧', '제점提點', '제할提轄', '검서檢書' 등의 한정사限定詞를 붙여 직명을 표시하고, 여기에 전학사殿學士, 제각학사諸閣學士, 직학사直學士, 대제待制, 직각直閣 등 가직加職을 통해 위계를 구분하는 방식으로 운영되었다. 이러한 방식은 당시의 사람들도 정확한 위계를 구별할 수 없었을 정도로 중국 제도사에서 가장 복잡한 구조의 관제였다.[29]

5대의 관제는 당말의 제도를 계승하여 형식상으로 3성6부제가 잔존해 있었지만, 실제의 운영은 황제를 정점으로 추밀이 군사권을 맡고, 삼사가 재정권을 갖고, 중서문하가 인사권 등의 일반행정을 담당하는 구조였다. 이후 송대에 이르면 3성6부제에서 완전히 탈피하여 이들 관부는

---

27) 율령에 근거하지 않은 관직이라는 의미로 加職의 형태로 임명되었다.

28) 周藤吉之, 1974, 「五代十國の推移と節度使體制」 『中國の歷史 – 五代·宋 –』, 講談社, 42～43쪽.

29) 龔延明, 1997, 「宋代官制總論」 『宋代官制辭典』, 中華書局, 5～6쪽.

황제의 직할 하에 공식적인 기구로 정착되었다. 당제는 5대에서 송으로 이어지면서 당제의 이상인 권력의 상호견제에서 황제의 독재권을 중심으로 중앙집권화 한 정치구조인 송제宋制로 변모되었다.

당의 멸망 이후 건국한 10국은 명분상으로 당의 계승을 내세웠으나 실제로는 절도사로서 독립하여 새로 건설한 나라들이다.[30] 사료의 부족과 축적된 연구가 적어 정확한 구조는 알 수 없지만,[31] 대체로 다음과 같이 3가지의 특징이 찾아진다. 첫째, 3성6부제의 도입이다. 10개의 나라들 사이에서 다소의 편차는 보이지만, 3성·6부·9시·5감·1대 등 3성6부제의 기본 골격을 갖추고 이를 중심으로 관제를 운영하였다. 10국은 각기 천자국天子國임을 내세워 황제라 자칭하고 연호를 반포하고 3성제에 입각한 관제를 편성하였다. 이러한 3성제의 도입은 건국 초의 상황이 상호견제와 집단지배체제의 필요성이 제기된 당나라 초기와 유사했고, 또한 건국의 명분을 유교적 통치이념의 명분을 내세우기 위한 목적에 의한 것이었다고 보여진다.

둘째, 다수의 재상직宰相職 운영이다. 오·남당·전촉·초·오월·북한은 대승상·대사도·좌우승상·대사마·재상 등 수 이전의 승상을 비롯한 다양한 명칭의 재상직을 설치하였다. 또한 이들 국가는 동중서문하이품·

---

30) 10국은 양자강 하구의 杭州 부근의 吳越, 淮水에서 長江 중하류 일대를 아우르는 吳와 이를 계승한 南唐, 河南省에서 湖南省 長沙 일대를 차지한 楚, 福建省 일대의 閩, 廣東省 일대의 南漢, 湖北省 강릉 부근의 荊南, 四川省 일대의 前蜀, 後漢의 晉陽 부근에서 독립한 北漢 등을 말한다. 이들은 황하유역에서 唐을 계승한 中原의 五代와는 지리·기후·풍습 등의 여건이 상당히 달랐다.

31) 十國은 宋과의 전쟁을 통해 점령당하여 했기 때문에 五代十國時期의 역사를 정리한 史書가 『五代史』라고 지칭되듯이 10국의 역사는 正史에서도 누락되었을 정도로 중국사에서도 망각되었다. 하지만 1990년대부터 중국의 南方工程에 의해 연구성과들이 축적되고 있고, 2004년 五代와 10國 관련자료 51종을 校點한 『五代史書彙編』 10권이 간행되었는데, 여기에 10국과 관련된 『九國志』·『十國春秋』·『南唐書』 등 27종의 십국관련 자료를 포함하고 있다. 그밖에 『吳越備史』 등의 적지 않은 자료가 남아있다.

동평장사·참지정사 등도 설치하였다.32) 10국은 5대·송과는 달리 많은 수의 재상을 운영하는 당말의 구조를 그대로 계승한 것으로 볼 수 있다. 또한 다수의 재상직의 존재는 10국의 재상직 운영이 당말에 운영된 집단 지배체제와 유사한 형태로 운영되었음을 알려준다.

셋째, 영외관令外官의 도입이다. 오월을 제외한 10국의 오·남당·전촉·후촉·초·민·북한은 추밀원제를 변형하여 도입하고 있다.33) 또한 오·남당·전촉·후촉·민·북한은 선휘원사·선휘남원사·선휘북원사·내선휘원사·선휘사의 명칭으로 선휘원제를 도입하였다.34) 그밖에도 삼사와 객성 등의 사례도 발견된다. 특히 추밀원과 선휘원은 당말에 절도사체제에서 운영된 군정과 관련된 기구였다. 10국은 상시적인 전쟁 상황에 놓여 있어 3성을 유지함과 동시에 당말 군정기구를 수용하여 병용할 수밖에 없었던 것으로 보인다.

10국은 절도사를 극복하고 새로운 왕조를 건설하는 입장에 있었기 때문에 당을 그대로 이어받은 5대와는 다른 방식의 국체를 설정하여야 했다. 또한 절도사체제의 극복을 위해 당말의 영외관체제와도 다른 새로운 형태의 관제를 도입하야 했다. 이상의 조건을 만족시킬 수 있는 가장 현실적인 방안으로 당 초기의 3성6부제였다. 하지만 현실 정치구조인 영외관제를 완전히 극복할 수도 없었다. 이로 인해 10국의 관제는 3성6부제의 골격에 당말의 영외관을 수용하는 방식을 취한 것으로 보인다.

10국의 3성6부제 채용은 이들 국가들의 현실적 여건이 수당이 3성6부를 도입한 것과 유사한 권력기반의 상황이었기 때문일 것이다. 또한 이들의 당제 도입은 유교적 통치이념을 통해 건국초 대민지배를 보다 효율적으로 하기 위한 목적 때문이었다. 그 사례로 10국의 하나인 남당은

---

32) 陳茂同, 1988, 『歷代職官沿革史』, 華東師範大學出版社, 308쪽.
33) 內樞使·承宣院使·樞密院使·光政院使·內樞密使·判樞密院·知權樞密院·簽書點檢司事·知承宣院·左右機要司·樞密直學士 등이 보인다.
34) 『十國春秋』 卷114.

5대10국시기에 당 초기의 3성6부제와 가장 유사한 형식의 당제를 도입하고 있다.[35] 당시 최대 강국인 남당의 관제는 대외교류의 당사자인 거란과 고려의 관제제정에도 영향을 주었을 것으로 보인다.

〈표 1〉 10세기 이후 중국의 3성제 변화

國名		中書省	門下省	尚書省
五代	後梁	兩省	兩省	都省/ 左右丞→左右司侍郎
	後唐	兩省	兩省	都省/ 左右司侍郎→左右丞 都省/ 左右丞→左右司侍郎
	後晉	兩省	兩省	
十國	吳	中書省(中書令)	門下省(侍中)	左右僕射·左右司·六部·屬司
	南唐	中書省(中書令)	門下省(侍中)	尚書令·左右僕射·左右司·六部·屬司
	前蜀	中書省(中書令)	門下省(侍中)	左右僕射·六部
	後蜀	中書省(中書令)	門下省(侍中)	左右僕射·六部·屬司
	南漢	中書省(中書令)	門下省(侍中)	尚書·左右僕射·左右丞·六部
	楚			尚書·僕射·吏部/兵部
	吳越			尚書左右僕射·左右丞·六部
	閩	中書省(中書令)	門下省	左右僕射·六部
	北漢	中書省(中書令)	門下省	尚書左右僕射·六部
宋	北宋	中書門下	中書門下	尚書令·左右僕射·左右司 十房: 吏房·戶房·禮房·兵房·刑房·工房·開折房·都知雜房·催驅房·制敕庫房
	元豐官制	中書省(中書令)	門下省(侍中)	尚書令·左右僕射·左右司·六部·屬司

당제는 〈표 1〉에 보이듯이 10세기 이후 중국 내에서 다양한 변화를 겪었지만, 송나라 신종의 원풍관제로 복구된 사례와 같이 그 이념적 위상을 유지하였다. 그 가운데 정치제도는 시대와 사회적 환경에 맞게 상시적으로 변화한다. 당제는 5대·10국과 송대는 물론 중국 역대왕조 관

---

35) 남당은 건국의 명분이 당의 계승이었기 때문에 唐初의 관제제정의 형식과 같이 율령을 반포하고 이에 입각하여 당제를 복원했다(金大植, 2008, 「고려 초기 중앙 관제의 성립과 변화」『역사와 현실』68, 49~53쪽).

제의 전형으로 채택되어 각각의 상황에 맞게 변용되었다.

제3절 동아시아 각국의 당제 수용

1. 거란·여진의 당제 수용

요[契丹]와 금[女眞]은 동북방에서 건국하여 중국과는 민족·언어·풍습이 전혀 달랐고, 각기 독자적인 문자를 만들 정도로 독자성을 강하게 인식한 나라였다. 하지만 이들은 건국 이전부터 한자·불교 등 중국문화권의 범주에 속해 있었다. 이들은 부족의 통합을 이룬 직후부터 황제라 자칭하며 연호를 제정하는 등 중국적 세계관을 표방하였다. 더욱이 중국식의 의례를 광범위하게 시행함과 동시에 당제를 적극적으로 수용하였다. 또한 『정관정요』를 새로 만든 자신의 문자로 번역하거나 통치를 위한 경연의 기본교재로 삼을 정도로 유교적 통치이념에 집착하였다.[36]

이들은 중원을 점령한 이후 자신들의 부족을 통치하기 위한 관제와 함께 한족의 지배를 위한 중국식의 관제인 당제를 수용하는 등 지배의 대상에 따라 각기 다른 관제를 운영하는 2원적인 지배를 실시하였다. 하지만 거란과 여진은 기본적으로 3성6부제를 모범으로 한 당제를 수용하였으나 그들의 체제에 맞는 구조로 변형하여 운영하였다.

거란[kitai]은 10세기 초에 8부의 하나인 질라부迭剌部의 하부조직인 하리익霞瀨益의 야율아보기耶律阿保機가 등장하여 907년 무렵에 거란부족을

---

36) 遼의 天祚帝는 항상 『貞觀政要』를 읽었고(『遼史』 卷30 本紀30), 穆宗 때 『貞觀政要』를 번역했다(『遼史』 卷103 列傳33). 金의 熙宗은 항상 『貞觀政要』를 읽었고(『金史』 卷4 本紀4), 益政院의 經筵의 과목 가운데 『貞觀政要』가 있다(『金史』 卷56 百官2).

통합하면서 일어났다. 야율아보기는 916년에 이르러 스스로 황제라 칭
하고 신책神册이라는 연호를 반포하였다. 거란은 중원을 확보하면서 중
국인의 지배를 위한 남면관南面官을 제정함과 동시에 거란인의 통치를
위해 북면관北面官을 제정하였다.

거란 중앙관부의 가장 큰 특징은 통치의 대상에 따라 기구를 북·남으
로 분할한 데 있다. 관제의 구성은 크게 북면관과 남면관으로 나누는데,
북면관은 거란족을 대상으로 한 관제이고, 남면관은 한족을 대상으로 한
관제였다.

거란의 중앙관부인 북면관은 크게 북면조관北面朝官과 북면6부로 나뉘
었다. 그 중 핵심 중앙관부인 북면조관은 군사업무를 맡은 추밀원, 일반
행정을 담당한 재상부宰相府, 부족의 군민을 다스리는 대왕부大王府, 진봉
을 담당하는 선휘원 등으로 구성되었다. 그 업무는 당말·오대의 관제와
유사하고, 운영 역시 그러하였던 것으로 보인다.[37]

북면관도 북·남의 2원적으로 분할된 구성이었다. 핵심 기관인 추밀원
은 거란북추밀원과 거란남추밀원, 재상부는 북재상부와 남재상부, 대왕
부는 북대왕부와 남대왕부, 선휘원은 선휘북원과 선휘남원으로 나뉜다.
이러한 2원적 구성은 거란족 내의 부족을 지역별로 2개로 나누어 통치
하기 위한 목적 때문이었다.[38]

이처럼 거란의 중앙관부는 당말의 관제를 수용하여 거란의 방식으로
재편한 것이다. 거란의 관부가 당말의 관제와 유사성을 갖는 것은 건국

---

37)『遼史』百官志에 따르면 '북면6부'는 北樞密院을 兵部, 南樞密院을 吏部, 北·
   南大王院을 戶部, 宣徽北·南院을 工部, 夷離畢院을 刑部, 敵烈麻都司을 禮府
   로 비정한다. 하지만 이들 관부는 실제로 6부의 구조로 보기보다는 唐末의 관제
   의 영향을 받은 관부로 이해된다. 島田正郎은 宣徽院의 사례를 들어 北面六部의
   오류를 지적하였다(1963,「遼朝宣徽院攷」『法律論叢』37-2).
38) 島田正郎, 1970,「遼朝宰相攷」『法律論叢』40-3 ; 1978『遼朝官制の研究』, 創
   文社, 65쪽.

당시 거란이 절도사의 지배영역에 속해 있었기 때문으로 여겨진다. 이러한 관제는 거란의 군민일치의 유목부족의 성격과 유사한 구조였다. 이 때문에 무리 없이 수용이 가능하였을 것이다.

남면관은 어사대만이 감찰부監察府로 명칭을 달리할 뿐 중서성·문하성·상서성의 3성과 6부·9시·5감의 명칭이 당제와 같음을 알 수 있다. 거란의 남면관제는 기본적으로 한족의 효과적인 지배를 위한 목적으로 설치된 제도였다. 이처럼 거란은 자신도 당말의 관제를 수용하고 있는 상황에서 한족의 통치를 위해 3성6부제를 복구하여 시행하였다. 또한 거란은 천자국으로서 유교적 통치의 이상인 『정관정요』를 정치이념으로 표방하였다. 이는 동아시아세계의 지배자가 거란이라는 사실을 한족들에게 보여주려는 의도로 보인다. 거란이 유교적 통치이념을 지향한다는 사실을 대내외에 보여주는 가장 효과적인 방법이 3성6부제의 시행이었던 것이다.

하지만 거란은 남면의 관부배치를 3성·6부·1대·9시·5감을 동일선상으로 배열한 것에서도 보이듯이 당제의 구조와 운영에 대한 깊은 이해는 없었다. 당제가 갖는 치밀하고 복합적인 기능을 이해하기도 어려웠을 뿐만 아니라 이해하였다고 해도 이를 격식에 맞추어 운영하기는 불가능하였다. 이러한 관부는 단지 한족 관리를 등용하여 한족을 통치하기에 적합한 정도의 기본적 기능만을 갖춘 것이었던 것으로 파악된다.

생여진生女眞의 수장인 아골타阿骨打는 1114년 가을 거란에 대한 공격을 개시하여 숙여진과 발해인을 항복시키며 1115년 정월에 여진을 통합하여 대금大金이라는 국호를 세우고 수국收國이라는 연호를 반포했다. 동시에 부족적 군사제도인 맹안모극제猛安謀克制를 행정기능을 갖춘 제도로 정비하였다. 이러한 관제는 여진족만을 위한 군사·행정적인 제도였다.

여진의 중앙관제는 건국 직후인 천보 7년(1117)에 3성6부제를 수용하여 성립되었다. 이후 세종 말년인 명창 원년(1190) 3성제를 폐지하고 상

서성 1성만이 기능하는 구조로 정비하였다.[39)]

여진관제는 중서성과 문하성 없이 상서성만이 존재하는 구조적 특징을 갖는다. 국정은 상서성의 장관인 상서령과 좌·우승평장정사가 재상, 좌·우승참지정사가 부재상이 되어 이들을 중심으로 운영되었다. 아래에 6부의 행정기구와 추밀원樞密院·간원諫院의 2원院과 사농사司農司·삼사三司의 2사司, 어사대, 태상시·대리시의 2시寺, 선휘원, 비서감·국자감·태부감·소부감·군기감의 5감監과 위위사衛尉司 등 기타의 중앙관부가 설치되어 운영되었다.

여진관제의 특징을 살펴보면, 첫째 중앙집권적인 중앙관부의 운영이다. 여진의 관제는 거란이 한족의 통치를 위해 3성6부제를 수용했던 것과는 달리 중앙정치기구 자체를 상서성을 중심으로 한 중앙집권적인 단일한 중앙관부체제였다. 지방에 맹안모극제가 시행되고 있었지만, 이는 여진부족이 거주하는 지역만을 대상으로 한 군사적인 조직이었다.

둘째, 중앙관부의 병렬적 편제이다. 중앙관부는 재상관부인 상서성 아래로 6부와 시·감·사·원 등이 계서적 구분없이 병렬적으로 나열된 구조라는 점이다. 이러한 형식은 거란의 남면관제와 유사하지만, 거란의 남면관제가 당제를 위주로 구성된 반면 여진관제는 당제와 송제를 함께 수용하여 나열하는 방식을 채택하였다.

셋째, 원칙이 모호한 관제의 조합이다. 여진의 관제도입 방식은 고려와 거란처럼 고유의 명칭으로 바꾼 사례가 많지 않았던 반면, 3성6부제, 영외관, 원풍관제 가운데 필요한 것들을 선택하여 조합해 수용하였다는

---

39)『金史』百官志에 따르면 여진의 중국식 관제는 건국 天輔 7년(1117)에 樞密院을 설치했고, 거란을 복속한 天會 4년(1126)에 尙書省을 설치했다는 기사가 있다. 그 다음 기사에 正隆 元年(1156)에 中書門下省을 폐지하고 尙書省을 설치하였다는 상반된 기사가 보인다. 中書門下省의 폐지는 世宗 말년인 明昌 元年(1190)의 기사로 밝혀졌다(三上次男, 1970,『金史研究 - 金代政治制度の研究 -』, 中央公論美術出版, 65~66쪽).

점이다. 여진은 건국 이전 주변의 고려, 거란, 송 등 여러나라들이 각자
의 방식으로 당제를 선택적으로 채용한 사례를 자신의 관제에 적용시킨
것이다.

넷째, 유교적 통치이념을 지향했다는 점이다. 여진의 익정원益政院은
내정內庭에 설치한 고문기구로 내상內相이라 불리웠다. 그 대표적인 기능
이 경연이었다. 익정원의 경연 과목은 『상서』·『통감』·『정관정요』였다.
이러한 3대 과목은 모두 유가의 통치이념과 관련되어있다.[40] 특히 『정
관정요』는 앞서 거란의 예와 같이 여진이 지향한 천자의 관념을 반영한
것으로 보인다.

〈표 2〉 북방민족의 3성제 수용

시기		中書省	門下省	尙書省
遼	太祖	政事省(政事令)	門下省	尙書令·左右僕射·左右丞·左右司·六部
	興宗重熙十三年	中書省(中書令)	門下省	漢人樞密院兼尙書省 吏·兵·刑(承旨) 戶·工(主事)
金	天會四年	中書省	門下省(侍中)	尙書令·左右丞相·平章政事 左右丞·左右司·六部
	正隆元年	罷中書門下省		
西夏	韡都六年(1062)	酩腮<西夏語>	門下省	各部(尙書·侍郎)

북방민족의 당제 수용의 양상은 <표 2>와 같이 3성제의 적용 사례
를 통해 살펴볼 수 있다. 요·금·서하 모두 3성을 동북방에서 일어난 유
목민족으로 새로운 나라를 건설하면서 당제인 3성제를 수용하였다. 하
지만 요의 경우, 한족을 위한 남면관제는 3성의 명칭을 존속시켰으나 3
성6부제의 운영은 이루어지지 않았다. 금의 경우, 처음에는 3성제를 시
행하였으나 중서성과 문하성을 폐지하고 상서성만으로 운영하였다. 서

40) 『金史』 卷56, 百官2.

하의 경우 중서성만 고유의 명칭 명시醋腮라는 이름으로 존속시켰으나, 실제로는 상서성 기구의 일부만을 수용하였다.

여진과 거란은 앞선 나라를 계승한 것이 아니라 새로 제도를 만들어야 했기 때문에 당시 존재하는 가장 적합한 제도를 수용할 수밖에 없는 상황이었다. 이로 인해 거란은 거란족의 통치에 당말의 관제를 적용하고, 한족의 통치에 3성6부제를 수용하여 운영하였다. 여진은 당제를 수용하여 자신들의 방식으로 재구성한 중앙통치기구를 만들었다. 각기 방식은 다르지만, 당제를 적극적으로 수용한 것은 당제가 권력구조상의 합리적 운영이 가능한 체제를 갖고 있었고, 유교적 통치이념을 가장 적절히 구현한 제도로 별다른 저항 없이 수용이 가능했기 때문이다.

2. 고려의 당제 수용

고려는 성종대 당제의 수용 이전까지 60년 동안 건국 직후에 성립된 관제를 그 기본 골격으로 한 관제를 유지하였다. 고려가 건국할 무렵에 성립한 10국과 거란은 물론 12세기에 성립하는 여진에 이르기까지 주변의 나라들은 건국 직후에 새로운 관제를 제정했다. 반면 고려는 건국, 후삼국의 통일, 광종의 개혁이라는 격변을 겪었지만 건국직후의 중앙관제를 지속적으로 유지하였다.

중국의 5대10국은 당제의 유산을 이어받았고, 거란·여진은 백지에서 새로 시작된 나라였기 때문에 당제의 수용이 용이할 수 있었다. 하지만 고려는 기본적으로 한반도 내에서 오래 기간 존재해 온 전통의 관제가 있었다는 점이다. 고려 건국초의 관제는 기본적으로 골품제를 전제로 하여 형성된 신라관제의 변형이었다. 따라서 후삼국통일로서 기존의 지배질서인 골품제가 해체되어 근본적인 변화가 불가피하였다. 당시 고려는 새로운 사회에 걸맞는 관제의 제정이 필요로 했다.

당제 수용의 근본적 요인은 골품제 해체로 대표되는 사회지배층의 변화이다. 골품제의 해체는 국왕과 신료 모두에게 정치적 운신의 폭을 넓혀주었다. 후삼국통일에 기여한 훈신을 비롯한 지방 세력은 중앙 정치에 참여할 기회가 주어지게 되었고, 국왕 역시 골품제의 제약 없이 왕권을 행사할 수 있었다. 신료의 정치적 입지가 전대에 비해 신장됨과 동시에 왕의 권한 역시 확대되었다. 하지만 이를 상호견제 할 장치가 사라진 상황이었다.[41] 이후에도 광종대의 전제정치와 경종대의 혼란과 같은 충돌은 언제나 재현될 수 있었다. 직계가 아닌 성종의 즉위는 광종대의 전제적專制的 권력에 의한 독단적인 권력의 전횡과 경종대 국왕이 주도권을 잡지 못해 극심한 혼란의 결과였다. 당시 정황은 최승로의 지적과 같이 국왕이 정치의 주체가 되어야 하는 동시에 신권과의 긴밀한 협조라는 타협이 필요한 상황이었다. 즉 어느 한쪽의 독주가 아닌 상호견제의 안정적인 체제를 갖추어야 했다.[42]

고려의 당제 수용은 이러한 광종·경종대의 정치적 변동을 배경으로 한다. 성종대 고려에 필요한 제도는 국왕에게 국정주도권을 부여함과 동시에 이를 견제할 수 있어야 하며, 또한 신료들 상호간의 견제가 가능한 관제였다. 당제는 『정관정요』로 표상되는 이상적인 통치규범의 실현을 이념으로 한 제도였다. 성종대 고려의 당제수용은 이러한 당시 지배계급의 합의에 따른 것이었다.

고려 성종대에 도입한 3성6부제는 기본적으로 당제에 입각한 제도였다. 하지만 고려의 3성제는 중서성과 문하성이 결합된 내사문하성(중서문하성)의 구조를 가진 2성제였다. 기구의 형태는 3省이 병립하면서도 중서성과 문하성이 결합된 송제의 중서문하성의 구조와 유사하지만, 운영방

---

41) 朴宰佑, 2008, 「고려 초기의 대간 제도」 『역사와 현실』 68, 98쪽.
42) 河炫綱, 1975, 「高麗初期 崔承老의 政治思想 研究」 『梨大史苑』 12, 20쪽.

식은 당 중기의 중서문하와 유사한 구조였다.[43] 여기에 추밀원 등의 관제는 송의 제도를 도입한 것이다. 이처럼 고려의 당제 수용은 중국의 5대·10국·거란·여진 등과는 구조와 도입의 방식이 달랐다.

고려의 당제수용 방식에서 특이점은 다음과 같다. 우선 관부의 명칭을 중국에서 사용하지 않는 독특한 용어를 사용했다는 점이다.[44] 일부의 관명을 달리하는 부르는 사례는 보편적인 현상이지만, 고려는 명칭을 전면적으로 개조했다. 이는 중국식 관제의 전면적 도입이 가져올 사회적 파장을 줄이기 위한 조처였다고 보여진다.

다음으로 재상제 운영의 특이성이다. 3성의 장관을 재상으로 하는 구조가 아니라 다수의 재상으로 운영되었다는 점이다. 내사성의 장관인 내사령은 몇차례 임명된 사례는 있지만 실제 수상은 문하시중이었다. 문하시랑평장사와 중서시랑평장사와 같이 시랑평장사와 참지정사가 당연직의 재상이었다. 또한 독자적인 재상직인 정당문학과 함께 당대에 특정한 시기 재상으로 사용된 지문하성사가 당연직의 재상에 포함되었다. 여기에 재상직의 직제상 총수가 9명에 달했다.[45] 이러한 다수의 재상 운영은 당말·5대의 관제 운영방식과 유사하다. 하지만 고려에서 다수의 재상직을 유지하게 된 원인은 성종대가 당나라 초기의 정국과 유사한 정치적 타협이 요구되는 상황으로 집단지도체제 형식의 관제운영이 불가피했기 때문이었다.

또한 당제의 수용은 신라말부터 도입된 유교적 정치이념에 대한 이해가 높아진 결과였다. 고려의 중국적 천하관에 대한 인식은 동아시아의

---

43) 신수정, 2008, 「고려 초기 재상관부의 성립과변화」 『역사와 현실』 68, 82~85쪽.
44) 성종 원년 설치된 3省6部制는 內史門下省의 內史令과 門下侍中, 內史侍郎平章事, 門下侍郎平章事, 그리고 御事都省의 選官御事, 兵官御事·民官御事·刑官御事·禮官御事이다. 이들 명칭은 중국의 어떠한 문헌에서도 발견되지 않는 고려만의 독특한 표현이지만, 그 관부가 어떤 것인가를 분명히 알 수 있다.
45) 邊太燮, 1971, 「高麗의 中書門下省에 대하여」 『高麗政治制度史研究』, 一潮閣. 39쪽.

일반적인 국가들과 유사하다. 고려는 여타의 동아시아 국가들과 마찬가지로 칭제, 연호의 반포, 조종의 묘호를 사용하였다. 성종은 즉위 직후부터 원구를 설치해 천제를 지내고 종묘를 정비하는 한편, 지방관제로서 당 태종이 시행하였던 10도제까지 도입하였다. 이러한 정책방향을 주도한 최승로는 당태종의 『정관정요』를 고려의 역할 모델로 삼았음이 분명하다. 이러한 유교적 정치이념은 고려만의 특이성이 아니라 10세기 이후 성립된 동아시아 국가들이 가진 공통된 통치이념이었다.

10세기 이후 성립된 동아시아의 여러 나라들은 각기 다른 지리적·기후 등의 자연조건, 민족·언어와 함께 사회적 구성과 생산구조 등 너무나 다른 사회적 여건을 가지고 있었다. 이에 따라 각기 다른 목적과 방식이 적용되었지만, 이들 나라들은 공통적으로 당제를 수용하였다. 이는 당제가 갖는 효율적 운영체제를 갖는 합리적인 구조의 이상적인 행정체계라는 점과 군주권과 신권의 상호견제의 기능을 갖춘 보편성을 갖는 제도였기 때문이다. 10세기에 이르면 유교적 정치이념은 동아시아 사회의 공통된 통치이념으로 자리잡았다. 당제는 당이 멸망한 10세기부터 동아시아에 확산되었고, 성종대의 관제정비 역시 이러한 추세의 반영이었다.

당제는 3성·6부·9시·5감의 구조를 가진 제도로서 기안 - 검토 - 시행의 행정체계를 갖춘 구조적인 특성을 가지고 있다. 따라서 이러한 행정체계는 신료집단 간의 상호견제가 이루어지는 동시에 실무 능력을 갖춘 관료를 요구하는 제도였다. 당제는 수·당의 통일과 건국의 역사적 과정 속에서 신권과 군주권의 타협으로 형성된 권력구조로서 유교적 통치이념을 전제로 확립된 제도이다.

10세기 이후 동아시아 사회는 중국적 천하관의 확산과 함께 이를 뒷받침할 제도적 장치로서 당제를 적극적으로 수용하였다. 이글은 동아시아의 국가들이 권력기구의 핵심인 3성6부제를 수용하는 추이를 통해 동아시아의 보편성과 특수성을 찾으려는 시도이다. 동아시아 각국은 각자의 고유한 제도와 각기 다른 사회적 여건을 가지고 있어 수용되는 양상이 각기 다른 사회적 발전단계와 정치적 상황에 따라 달랐다.

당제는 중국 내의 5대10국에서 각기 다른 양상의 변화를 겪는데, 당 말의 관제를 계승한 5대와 이를 이은 송, 그리고 새로 건국한 10국은 각기 다른 방식으로 당제를 계승한다. 5대시기에 이르면 중서성과 문하성이 중서문하 혹은 양성이라는 이름의 통합된 단일기구로 운영되면서 3성 분립의 행정체계가 사실상 붕괴되었다. 당의 계승을 내세워 건국한 10국은 각기 황제라 자칭하고 연호를 반포하고 3성제에 입각한 관제를 편성하였다. 10국의 다수는 3성·6부·9시·5감·1대 등 3성6부제의 기본 골격을 갖추고 이를 중심으로 관제를 운영하였다. 10국은 5대와 송과는 달리 많은 수의 재상을 운영하는 당말의 구조를 그대로 계승하였다.

10세기 이후에 성립된 거란과 여진은 기본적으로 3성6부제를 수용하였으나 각기 다른 구조의 관제를 제정하여 운영하였다. 거란 중앙관부의 가장 큰 특징은 통치의 대상에 따라 기구를 북과 남으로 분할했는데, 거란족을 대상으로 한 북면관과 한족을 대상으로 한 남면관으로 나누었다. 특히 남면관은 중서성·문하성·상서성의 3성과 6부·9시·5감으로 당제의 형식을 취하고 있으나, 구조와 운영에 있어서는 모든 기구가 일원적으로 운영는 체제였다.

여진관제는 중서성과 문하성이 초기에 설치되었다가 폐지된 이후 상서성만이 존재했다. 여진의 관제는 거란이 한족의 통치를 위해 3성6부제를 수용했던 것과는 달리 중앙정치기구 자체를 상서성을 중심으로 한 중앙집권적인 단일한 중앙관부체제였다. 이는 여진의 금이 성립될 당시 참조할 수 있었던 관제는 거란·송·고려의 제도였고, 이에 대한 영향이 있었던 것으로 보인다.

고려 국초의 관제는 기본적으로 골품제를 전제로 하여 형성된 신라관제의 변형이었다. 이러한 관제는 후삼국통일로 기존의 지배질서인 골품제가 해체된 이후 새로운 사회에 걸맞는 관제의 제정을 필요로 하고 있었다. 광종·경종대의 정치적 변동은 국왕과 신료 모두에게 커다란 희생이 됨을 고려사회에 인식시켰다. 즉 성종대 고려에 필요한 제도는 국왕에게 국정주도권을 부여함과 동시에 이를 견제할 수 있어야 하며, 또한 신료들 상호간의 견제가 가능한 관제였다. 고려의 당제 수용은 당나라 초기의 정국과 유사한 상황으로 집단지도체제 형식의 관제운영이 불가피했기 때문이다. 고려는 여타의 동아시아 국가들과 마찬가지로 칭제, 연호의 반포, 조종의 묘호를 사용하였다. 당제는 당이 멸망한 10세기부터 동아시아에 확산되어 동아시아 사회의 공통된 통치이념으로 자리잡았고, 성종대의 관제정비는 이러한 추세 속에서 이루어졌다.

제4절 고려의 중국 禮制 수용

한국 고중세사연구의 가장 큰 어려움은 문헌사료文獻史料의 절대적인 부족이다. 이를 극복하기 위해 금석문金石文의 수집·정리와 중국과 일본의 자료 수집을 통한 사료의 발굴작업이 지속적으로 진행되고 있다.[46] 하지만 너무나 잘 아는『고려사高麗史』에 적지 않은 분량과 비교적 자세한 내용을 담고 있고, 또한 고려사회의 특성이 가장 잘 반영된 자료로 인식되는 자료가『고려사』예지禮志이다.『고려사』예지의 경우, 당의『대당개원례大唐開元禮』와 송의『정화오례신의政和五禮新儀』등 거의 완전한 예전禮典이 존재하고 있어 그 내용과 절차에 대한 면밀한 분석이 가능하다.

고려의 예제禮制와 관련된 연구는 예지禮志의 개괄적인 소개,[47] 상정

---

46) 趙東元, 1997,「韓國 金石文 研究의 現況과 課題」『國史館論叢』78.
47) 黃元九, 1968,「高麗史 禮志의 編年的 考察」『李弘稙回甲論文集』.
　　李範稷, 1981,「高麗史 禮志의 分析」『韓㳓劤博士 停年紀念論文集』.

고금례詳定古今禮·주관육익周官六翼의 편찬과 관련된 연구,[48] 의례儀禮에 등장하는 잡기雜技의 분석,[49] 왕의 복식에 대한 고찰,[50] 입송고려사入宋高麗使의 조공의례朝貢儀禮에 대한 검토 등에 불과한 실정이다.[51]

동아시아사회는 유럽과 같이 '법에 의한 지배'를 근간으로 한 사회가 아니라 '예禮에 근거한 자기규율自己規律'의 사회였다.[52] 주지周知하듯이 고려를 비롯한 전근대사회에서 예제禮制는 국가 운영의 주요 수단으로 사용되었다. 의례儀禮는 기본적으로 官制의 조직과 운영이 실제적으로 반영하고 있다. 따라서 예제禮制에 대한 제도사적 접근이 필요하다.

『고려사』 예지禮志에 의례儀禮의 집행을 맡은 '행두行頭'와 '반수班首'가 있다. 그 중 행두는 백관지百官志에 '입본품행두立本品行頭'라는 형태로 표현되어 나타나지만, 반수에 대한 규정은 나타나지 않는다. 그 중 행두行頭와 관련해서 '본품행두本品行頭'의 기능과 역할, 운영과 변화를 고찰한 의미 있는 연구가 있다.[53] 하지만 이러한 검토는 행두行頭 자체를 밝힌 연구는 아니다.

고려의 예제에서 의례의 집행에 관여하는 '행두'와 '반수'라는 직職은 고려의 예제에 당의 『대당개원례大唐開元禮』와 송의 『정화오례신의政和五

李範稷, 1983, 「高麗史 禮志「吉禮」의 검토」 『金哲埈博士 華甲紀念論叢』.

李範稷, 1983, 「高麗史 禮志「軍禮·賓禮」의 검토」 『明知史學』 1.

48) 許興植, 1981, 「金祉의 選粹集·周官六翼과 그 價値」 『奎章閣』 4.

金塘澤, 1992, 「詳定古今禮文의 편찬시기와 그 의도」 『湖南文化研究』 21.

金海榮, 1994, 「詳定古今禮와 高麗期의 祀典」 『國史館論叢』 55.

金仁顯, 2001, 「金祉의 周官六翼 편찬과 그 성격」 『역사와 현실』 40.

金澈雄, 2003, 「『詳定古今禮』의 편찬 시기와 내용」 『東洋學』 33, 檀國大.

49) 윤아영, 2004, 「燃燈會 小會日과 大會日의 의식형태 및 백희잡기에 관한 연구 - 『高麗史』 禮志의 上元燃燈會 기록에 의하여-」 『溫知論叢』 11.

50) 김문숙, 2008, 「『高麗史』「禮志」를 통해 본 王의 官服」 『東方學』 14.

51) 김성규, 2001, 「入宋高麗使의 朝貢 儀禮와 그 주변」 『全北史學』 24.

52) 滋賀秀三, 2003, 『中國法制史論集』, 創文社. 7~11쪽.

53) 李鎭漢, 2004, 「고려시대 본품항두」 『역사와 현실』 54.

李鎭漢, 2007, 「高麗時代 本品行頭制의 運營과 變化」 『韓國史學報』 26.

禮新儀』를 수용하는 양상과 함께 고려의 독자적인 의례를 살펴볼 수 있는 단초이다. 이를 위해 본 검토는 우선 행두직行頭職이 사용된 사례를 통해 고려에서 '행두'라는 용어가 어떠한 의미로 사용되었으며, 중국의 문헌에서의 기원起源과는 의미변천을 찾아보고자 한다. 다음으로 『고려사』 예지와 『개원례』 모두에서 행두에 해당하는 사례를 찾아 행두직의 의미와 당唐 예제禮制가 고려 예제에 끼친 영향에 대해 검토한다.

또한 『고려사』 예지 서문에 밝혔듯이 예종睿宗·의종대毅宗代 예제의 개편이 있다. 당시 중국의 북송은 혁명적인 예제개편인 『정화오례신의』를 반포되어 시행하고 있었다. 이러한 변화에 주목하여 『정화오례신의』의 반수班首가 고려의 의례에 도입된 사례를 검토한다. 또한 행두와 반수의 사례를 통해 수용된 『개원례』와 『정화오례신의』가 고려의 예제에서 어떻게 적용되고 기능하였는가를 고찰한다.

1. 行頭와 班首의 기원

주지周知하듯이 성종成宗은 환구圜丘·적전籍田·태묘太廟·사직社稷 등의 중국식 예제禮制를 도입하였다. 이후 예제는 예종대睿宗代 의례儀禮의 개편改編, 의종대毅宗代 상정고금례詳定古今禮 등으로 정비되었다. 『고려사』의 찬자가 예지禮志의 서문序文에도 밝혔듯이 성종대成宗代는 물론 예종대睿宗代의 자료도 전혀 전하지 않고, 의종대毅宗代의 것도 10분의 1·2정도만이 전해질 뿐이다.[54] 이처럼 『고려사』의 예지는 12권으로 지志 가운데 가장 많지만, 다른 분야와 마찬가지로 예제禮制 역시 출발점은 중국의 예제와 비교가 가능한 부분으로부터 시작될 수밖에 없다. 그러한 사례 가운데 하나가 행두行頭이다.

---

54) 『高麗使』 卷59, 志13 禮1 序.

행두行頭는 글자의 뜻으로 '행렬行列의 우두머리' 정도로 이해된다. 우리나라의 문헌에서 행두行頭라는 용어는 『고려사高麗史』에 43건, 『고려사절요高麗史節要』에 1건으로 고려시대의 문헌에서 44건이 확인된다. 그밖에 고려 이전이나 이후의 시대는 물론, 『고려묘지명高麗墓誌銘』이나 여타의 금석문, 문집 등 고려시대의 다른 문헌에서도 확인된 예는 없다. 여기서 『고려사절요』의 기사는 『고려사』 세가의 내용과 같기 때문에 실제 '행두' 관련기사는 모두 43건이다.

'행두'와 관련된 기사를 분석하면, 그 용례는 내용상으로 3가지 정도로 분류할 수 있다. 첫 번째는 국가의례를 담당하는 직임이라는 의미이다. 행두의 사례 가운데 가장 많은 사례로 『고려사』 예지禮志에 보이는 31건이다. 예지에 나오는 행두는 '행두진보치사行頭進步致辭·행두진보치사퇴복위行頭進步致辭退復位·행두진보복위行頭進步復位·행두진보퇴복위行頭進步退復位·행두진보배무배行頭進步拜舞拜·행두진보자갈行頭進步自喝' 등과 같이 의례의 과정에 명기된 직임으로 나타난다. 이러한 '행두'직職은 국가의례의 집행과정에 명기되어 있어 의례를 집행하기 위해서는 반드시 임명되어야 하는 직임이었다. 이처럼 행두는 의례에 과정에서의 행行을 대표하는 우두머리로서 진행에 직접 참여하는 직임이었다.

실제 행두직을 수행한 사례도 보인다. 의종毅宗 23년 정월正月 무오삭戊午朔에 조하朝賀를 받은 의종은 신료들이 올린 표문을 보고 기뻐하여 행두인 직한림원 전치유田致儒를 내시內侍에 속하게 했다는 기사이다.[55] 여기서 정월 무오일은 정월 초하루이고 이날의 조하朝賀는 원정의元正儀 즉 원정동지절일조하의元正冬至節日朝賀儀를 말한다. 특히 의례儀禮집행의 담당자인 행두行頭인 직한림원 전치유를 포상했다는 내용은 행두직이 의례 때에 사용되는 직임임을 알려준다.

---

55) 『高麗史』 卷19, 世家19 毅宗3 毅宗 23年 正月 ; 『高麗史節要』 卷11, 毅宗 23年 正月.

둘째는 행두직의 임명규정이다. 백관지百官志에 직문하直門下·좌우간
의대부左右諫議大夫·기거주起居注·삼사원三司員·중추원中樞院·어사대御史
臺·지합문사知閤門事·제학사직諸學士職 등을 '입본품행두立本品行頭'로 했
다는 규정이 있다. 이는 의례를 담당할 때만 사용되는 임시 직임인 행두
를 담당할 수 있는 관직을 명확히 하기 위해 '본품의 행두'로 규정한 것
이다. 행두에 임명된 관직들은 권력기구와 주요정무기구를 포괄한 청요
직淸要職에 속한다. 이처럼 행두직은 단순히 의례를 집행하는 담당자가
아니라 고려의 핵심적인 관직자들만이 담당할 수 있는 직임이었다.

셋째는 내시內侍의 행두원行頭員이라는 용례이다. 정4품正四品의 지합
문知閤門, 내시행두원內侍行頭員, 다방시랑茶房侍郎 이상은 조삼皂衫에 홍정
紅鞓을 띠라는 규정이다.56) 이는 의종대毅宗代 제정된 의례상정儀禮詳定의
세부조항 가운데 하나로 '내시행두원內侍行頭員'인데, 이는 다른 사례와
달리 내시內侍 가운데 행두行頭를 담당하는 사람이라는 의미로 파악된다.
내시행두원은 의례상정儀禮詳定에 나오는 규정으로 의례儀禮를 담당하는
내시內侍의 행두원行頭員이라는 의미이다. 이처럼 현재까지 『고려사』에
확인되는 행두行頭의 사례 43건 모두는 직접 혹은 간접적으로 의례儀禮
와 관련되어 있음을 알 수 있다.

행두行頭라는 용어는 관제官制와 예제禮制의 경우와 마찬가지로 중국
에서 도입되었다. 중국의 여러 문헌에서 행두의 용례를 찾아보면, 대체
로 2가지 형태로 사용되었다. 첫째는 의례儀禮를 준비하는 하급관서의
우두머리라는 뜻으로, 의례儀禮 혹은 예제禮制와 관련된 직임이다. 『주례
周禮』를 집주集注한 정현鄭玄은 『주례周禮』의 사장肆長을 당시 후한대後漢
代에 사용하던 행두行頭와 유사한 것으로 규정했다.57) 『주례』에서 사장

---

56) 『高麗史』 卷72, 志2 輿服1 冠服 公服.
57) 『周禮』 地官司徒第2 肆長. "頭釋曰此肆長 謂一肆立一長 使之檢校一肆之事
若今行頭者也"

肆長은 천관天官·지관地官·춘관春官 등의 하급부서인 사肆의 장長을 말한다. 『주례』에 나타난 사肆는 업무상으로 조금의 차이가 있다. 천관天官 내재內宰 소속의 사肆는 제사에 필요한 물품들을 준비하는 기구이고,[58] 지관地官 대사도大司徒 소속의 사肆는 오제五帝 제사에 필요한 우생牛牲 등을 준비를 맡은 직임이었고,[59] 춘관春官 대종백大宗伯 소속의 사肆는 제례祭禮의 준비와 관련된 관서였다.[60] 이처럼 행두行頭는 주대周代에 의례儀禮를 맡은 사肆의 장長과 유사한 업무를 맡은 관원임을 알 수 있다. 하지만 행두行頭라는 용어가 의례儀禮 혹은 예제制禮와 관련하여 설명한 것은 『주례집주周禮集注』가 유일하다.

둘째는 무장武將 혹은 사졸士卒 일행의 우두머리라는 의미이다. 춘추말-전국초에 편찬된 『국어國語』는 행두行頭를 사졸士卒 일행의 우두머리[長]인 무장武將의 의미로 기술하고 있다.[61] 『사기史記』는 행두行頭를 100명으로 구성된 1대隊를 이끄는 대대부隊大夫로 설명하고 있고,[62] 『통속편通俗編』은 행렬行列의 장長 즉 행장行長이라고 표현하고 있다.[63] 중국 문헌의 대부분은 행두行頭를 사졸士卒 일행의 우두머리 혹은 무장武將의 뜻으로 표현하고 있다.

이처럼 행두行頭가 예제禮制의 용례로 보이는 것은 『고려사』와 『주례』이다.[64] 당대唐代에 완성된 『당육전唐六典』이 기본적으로 『주례』를 모범

---

58) 『周禮』 天官冢宰第1 內宰. "肆陳其貨賄出其度量淳 制祭之以陰禮"
59) 『周禮』 地官司徒第2 大司徒. "祀五帝奉牛牲羞其肆"
60) 『周禮』 春官宗伯第3 大宗伯. "吉禮 以肆獻祼享先王以饋食享先王以祠春享先王以禴夏享先王以嘗秋享先王以烝冬享先王"
61) 『國語』 卷19, 吳語. "陳士卒百人 以爲徹行百行 行頭皆官帥"
62) 『史記』 卷102, 列傳 第42 馮唐. "閭閻卒百人 爲徹行 行頭皆官師 賈逵云 百人 爲一隊也 官師隊大夫也"
63) 『通俗編』 卷8. "行頭皆官帥 按 此謂 行列之長 亦稱行長 周禮弁師疏 伍伯者 謂宿衛者之行長"
64) 성종대 李陽의 封事에서 왕후가 『周禮』에 獻種儀를 행하자는 내용이 있다(『高麗史』 卷3, 世家3 成宗 7年 2月).

으로 했고, 고려는 성종대 관제官制의 도입導入에서 『주례』의 천관天官·
지관地官·춘관春官 등과 같이 선관選官·병관兵官·민관民官의 '관官'명을
쓰면서도 그 기본적인 골격으로 당唐의 3성6부제를 채용하였다. 행두 역
시 이러한 양상을 보인다.

2. 『開元禮』와 『政和五禮新儀』의 수용과 그 영향

1) 『開元禮』의 受容과 行頭

고려의 예제禮制에 대해 『고려사』 예지禮志의 찬자撰者들도 어떠한 구
조라는 명확한 규정을 내리지 못하고 『상정고금례詳定古今禮』와 『주례육
익周禮六翼』, 『식목편록式目編綠』, 『번국예의蕃國禮儀』 등을 참조하여 길례
吉禮·흉례凶禮·군례軍禮·빈례賓禮·가례嘉禮의 오례五禮 순으로 편찬한다고
하였다.65) 고려의 예제禮制에 대한 설명은 서긍徐兢이 『고려도경高麗圖經』
에서 '송宋의 관제官制를 살펴보고 『개원례開元禮』를 참조했으나 명칭과
실상이 맞지 않고 청탁이 혼동되어 한갓 형식에 불과할 뿐이다'라는 정
도이다.66) 분명한 사실은 인종仁宗 원년(1123)의 시점에서 고려 예제禮制
에 『개원례』의 내용이 상당부분 포함되어 있다는 점이다.

현재 전하는 『고려사』 예지는 그 일부만이 전해질뿐이지만 그 가운데
『개원례』의 영향을 가장 잘 살펴볼 수 있는 사례는 다음과 같다.

> A-1 …典膳郎酌酒 行頭摺笏執盞. 詣太子前. 跪授左庶子 左庶子受盞 置
> 於王太子前. 行頭執笏 東向跪稱 臣某等稽首言 … (『高麗史』 嘉禮
> 王太子節日受宮官賀幷會儀)67)

---

65) 『高麗使』 卷59, 志13 禮1 序.
66) 『宣和奉使高麗圖經』 卷8, 人物. "仰稽本朝 而以開元禮參之 然而名實不稱 淸
　　濁混淆"

A-2 …典膳郞酌酒一爵授 爲首者摺笏受爵. 通事舍人引爲首者 詣皇太子
座前. 東面授左庶子 左庶子受爵 進置皇太子前. 爲首者執笏 通事
舍人引爲首者退 東面跪稱 某官臣某等稽首言 … (『大唐開元禮』嘉
禮 皇太子元正冬至受宮臣朝賀)[68]

A-1은 『고려사』 예지의 가례嘉禮 가운데 왕태자王太子가 절일節日에
궁관宮官으로부터 하례를 받는 의례이고, A-2는 『대당개원례大唐開元禮』 가
례嘉禮 가운데 황태자皇太子가 원정元正과 동지冬至에 궁신宮臣으로부터 조하
朝賀를 받는 의례이다. 왕태자王太子나 황태자皇太子가 궁관宮官 혹은 궁신宮
臣으로부터 하례를 받는 의례라는 점은 같지만, A-1은 절일節日의 의례인
반면 A-2는 정월 초하루와 동지의 의례라는 점에서 차이점이 있다.

A-1과 A-2는 기본적으로 같은 형식의 의례이지만, A-2가 황태자皇太
子 A-1이 왕태자王太子의 의례이기 때문에 작爵을 잔盞으로, 진홀摺笏 후
에 통사사인인위수자通事舍人引爲首者와 통사사인인위수자퇴通事舍人引爲首
者退의 구절을 삭제하는 방식으로 격格에 맞추어 의례를 축약한 것으로
판단된다. 또한 구체적인 부분에서는 전선랑작주典膳郞酌酒 다음의 일작
수一爵授를 삭제하고 좌전座前을 전前으로, 동면東面을 궤跪로, 진치進置를
치어置於로, 동면東面을 동향東向으로, 모관신모某官臣某을 신모臣某으로
바꾸었다. 이와 같이 다소의 차이는 있지만 A-1은 A-2를 근간으로 한
것임을 알 수 있다. 이는 성종대成宗代의 의례와 예종대睿宗代의 의례와
관련된 자료가 남아있지 그 실체는 알 수 없지만, 예종대睿宗代 이전의
의례는 A-1과 같은 형식으로 짐작된다.

이 자료에서 주목할 점은 A-1의 행두行頭가 A-2의 위수자爲首者와 대
응하는 용어라는 사실이다. 즉 행두行頭와 위수자爲首者가 동의어라는 점

---

67) 『高麗史』 卷67, 志21 禮9 嘉禮 王太子節日受宮官賀幷會儀.
68) 『大唐開元禮』 卷113, 嘉禮 皇太子元正冬至受宮臣朝賀 ; 『通典』 卷128, 禮88
開元禮纂類23 嘉禮7 皇太子元正冬至受宮臣朝賀.

이다. 그런데 『대당개원례』에는 위수자爲首者와 같은 의미로 사용되는 행수行首라는 용어가 있다. 그 사례는 다음과 같다.

> B-1. … 舍人引諸王 爲首者一人進 詣奉慰位 … 又舍人次引百官文武行首一人進 詣奉慰位…(『大唐開元禮』 凶禮 訃奏·除服)[69]
>
> B-2. …典謁 引諸王 爲首者一人進 舍人接引詣奉慰位 … 又典謁次引諸從官文武行首一人進 舍人接引詣奉慰位 …(『大唐開元禮』 凶禮 臨喪)[70]

B-1은 『개원례』 흉례凶禮 부주訃奏의 제복除服에 '舍人引○○爲首者一人進 詣奉慰位'가 있고, 같은 의례에 '又舍人次引○○行首一人進 詣奉慰位'가 이어진다. B-2는 『개원례』 흉례 임상臨喪에도 '典謁引○○ 爲首者一人進 舍人接引詣奉慰位'와 '又典謁次引○○行首一人進 舍人接引詣奉慰位'가 이어진다. 사인舍人이 전알典謁로 바뀌고, '사인접인舍人接引'이라는 형식이 추가되었을 뿐 기본적인 형식은 같다. 이와 같이 위수자爲首者는 행수行首와 같은 의미임을 알 수 있다.

앞서 살펴보았듯이 A-2의 위수자爲首者가 A-1의 행두行頭와 대응하는 용어로 보았을 때, B-1과 B-2의 행수行首 역시 A-1의 행두行頭와 대응함을 알 수 있다. 즉 『고려사』의 행두行頭는 위수자爲首者의 의미를 가진 행수行首와 동의어임로 보아도 무방할 것이다.

하지만 『개원례』에서도 위수자爲首者가 행수行首와 완전히 동일한 용어는 아닌 것으로 보인다.

> C-1. … 舍人引群臣爲首者一人 …(『大唐開元禮』 嘉禮 皇太子元正冬至

---

69) 『大唐開元禮』 卷133, 凶禮 訃奏·除服 ; 『通典』 卷135, 禮95 開元禮纂類30 凶禮2 訃奏·除服.

70) 『大唐開元禮』 卷133, 凶禮 臨喪 ; 『通典』 卷135, 禮95 開元禮纂類30 凶禮2 臨喪.

受宮臣朝賀)[71]

C-2. … 典謁引諸王爲首者一人進 …(『大唐開元禮』凶禮 臨喪)[72]

C-3. … 答制先定行首一人跪奏 舍人爲奏 …(『大唐開元禮』嘉禮 朝集使
引見)[73]

위수자爲首者는 『개원례』에서 55건件 정도가 찾아지는데, A-2의 사례
외에는 대부분이 C-1과 C-2처럼 '○○爲首者'와 같이 특정한 대상을 지
칭하는 것으로 표현한다. 여기서 위수자爲首者가 지칭하는 C-1의 군신群
臣과 C-2의 제왕諸王은 범주가 명확하지는 않다.

반면 행수行首는 『개원례』에서 16건件 정도를 찾을 수 있는데, A-2와
같이 특정 범주를 지칭하지 않는 C-3 정도가 확인된다. 그밖의 대부분은
아래와 같이 '引○○行首一人'과 같은 형식이다.

D-1. … 又舍人次引百官文武行首一人進 詣奉慰位 …(『大唐開元禮』凶
禮 訃奏·除服)[74]

D-2. … 舍人引文武官行首一人 …(『大唐開元禮』凶禮 爲諸王妃擧哀)[75]

D-3. … 典謁次引諸從官文武行首一人進 舍人接引詣奉慰位 …(『大唐開
元禮』凶禮 臨喪)[76]

D-4. … 司儀引諸官行首一人升 …(『大唐開元禮』凶禮 會喪)[77]

D-5. … 司賓引六宮行首一人升 …(『大唐開元禮』凶禮 成服·除服)[78]

71) 『大唐開元禮』卷113, 嘉禮 皇太子元正冬至受宮臣朝賀 ;『通典』卷128, 禮88
開元禮纂類23 嘉禮7 皇太子元正冬至受宮臣朝賀.

72) 『大唐開元禮』卷133, 凶禮 臨喪 ;『通典』卷135 禮95 開元禮纂類30 凶禮2 臨喪.

73) 『大唐開元禮』卷109, 嘉禮 朝集使引見 ;『通典』卷125, 禮85 開元禮纂類20
嘉禮4 朝集使引見.

74) 『大唐開元禮』卷133, 凶禮 訃奏·除服 ;『通典』卷135, 禮95 開元禮纂類30 凶
禮2 訃奏·除服.

75) 『大唐開元禮』卷133, 凶禮 爲諸王妃擧哀 ;『通典』卷135, 禮95 開元禮纂類30
凶禮2 爲諸王妃擧哀.

76) 『大唐開元禮』卷133, 凶禮 臨喪 ;『通典』卷135 禮95 開元禮纂類30 凶禮2 臨喪.

77) 『大唐開元禮』卷133, 凶禮 會喪 ;『通典』卷135 禮95 開元禮纂類30 凶禮2 會喪.

78) 『大唐開元禮』卷134, 凶禮 成服·除服 ;『通典』卷136 禮96 開元禮纂類31 凶

D-6. … 舍人引宮臣行首一人進詣奉慰位 …(『大唐開元禮』 凶禮 東宮擧哀)79)

D-7. … 通事舍人引從官行首一人進詣奉慰位 …(『大唐開元禮』 凶禮 臨喪)80)

D-8. … 良娣以下在女侍者引良娣行首一人升 …(『大唐開元禮』 凶禮 東宮妃聞喪·除喪)81)

D-1에서 D-4까지는 백관문무百官文武·문무관文武官·제종관문무諸從官文武·제관諸官과 같은 사례로 C-1과 C-2의 '○○爲首者'와 유사하다. D-5에서 D-8까지의 육궁六宮·궁신宮臣·종관從官·양제良娣와 같은 사례는 행수行首가 위수자爲首者보다 범주를 명확히 하는 표현임을 알 수 있다.

『개원례』의 행수行首는 육궁六宮·궁신宮臣·종관從官·양제良娣나 백관문무百官文武·문무관文武官·제종관문무諸從官文武·제관諸官 혹은 군신群臣·제왕諸王을 대표하여 의례를 담당하는 '일인一人'이라는 표현이다.

〈표 3〉 위수자·행수·행두 사례

| | 『大唐開元禮』 | | 『高麗史』 禮志 |
	爲首者	行首	行頭
吉禮	2	0	0
嘉禮	45	1	28
賓禮	0	0	0
軍禮	0	0	1
凶禮	8	15	2
소계	55	16	31
합계	71		31

禮3 成服·除服.

79) 『大唐開元禮』 卷134, 凶禮 東宮擧哀 ; 『通典』 卷136 禮96 開元禮纂類31 凶禮3 東宮擧哀.

80) 『大唐開元禮』 卷134, 凶禮 臨喪 ; 『通典』 卷136 禮96 開元禮纂類31 凶禮3 臨喪.

81) 『大唐開元禮』 卷135, 凶禮 東宮妃聞喪·除喪 ; 『通典』 卷137 禮97 開元禮纂類32 凶禮4 東宮妃聞喪·除喪.

『개원례』에서 위수자爲首者와 행수行首의 차이점은 <표 3>과 같이 위수자는 전체 55건 가운데 45건이 가례嘉禮에서 사용되었고, 행수行首는 대부분이 흉례에 사용되고 있음을 알 수 있다. 이는 앞서 A-1과 A-2의 비교와 같이 고려에서 행두行頭의 용례가 가례嘉禮에서 가장 많이 나오는 것도 『개원례』의 수용에서 나온 결과일 것이다.

그렇다면 고려에서는 당연히 위수자爲首者 혹은 행수行首라는 용어를 사용하여야 할 것이다. 하지만 고려의 예제에서 이들 용어를 쓰는 대신 행두行頭를 사용하였다. 다음의 사례에서 그 이유를 살펴보자.

> E-1. … 次閤門班近階橫行北向東上立行頭自喝 再拜 行頭奏聖躬萬福奏
> 山呼再拜 行頭進步退復位奏山呼再拜 (『高麗史』 嘉禮 仲冬八關會
> 儀)82)
> E-2. 仲冬八關會出御看樂殿衛仗. 毅宗朝詳定 … 中禁班領指諭二人分左
> 右放角錦衣束帶佩刀 行首二人衣紫甲佩刀執旗 班士二十人衣紫甲
> 先排六人執彈弓十四人佩刀 都知班領指諭二人分左右放角錦衣束帶
> 佩刀. 行首二人放角錦衣束帶佩刀執旗(『高麗史』 興服 八關衛仗)83)

E-1은 중동팔관회의仲冬八關會儀로서 팔관회의 의례이고, E-2 중동팔관회출어간악전위장仲冬八關會出御看樂殿衛仗으로 의종毅宗 때 상정詳定한 직장職掌과 정원定員 규정이다. 이 두 가지 모두는 팔관회와 관련된 규정이다. E-2의 행수行首는 의장대儀仗隊에서 호위護衛를 담당하는 하급 무사이다. 이 때문에 의례의 집행직과 하급무관직과 구별하는 용어를 사용할 수밖에 없었을 것이다.

행두行頭라는 용어를 사용하게 된 것은 우선 앞서 살펴보았듯이 행두行頭가 『주례집주周禮集注』에서 전고典故를 찾을 수 있는 용어이기 때문으로 보인다. 의례의 집행을 위한 직위로서 사용하기에 적합한 용어인

---

82) 『高麗史』 卷69, 志23 禮11 嘉禮雜儀 仲冬八關會儀.
83) 『高麗史』 卷72, 志26 興服1 儀衛 八關衛仗.

것이다. 또한 신라의 '두품頭品'에서 보이듯이 '수首'보다는 '두頭'가 보
다 비중이 있는 용어로 인식되었을 것으로 보인다.

2) 北宋代『政和五禮新儀』의 시행과 그 영향

『개원례開元禮』는 『주례周禮』·『의례儀禮』·『태상인혁례太常因革禮』·『정
화오례신의政和五禮新儀』와 함께 5대 예서禮書로 불린다. 『개원례』는 『주
례』와 함께 가장 큰 권위를 가진다. 하지만 당말唐末·오대五代를 거쳐 북
송대北宋代에 이르면 『개원례』는 사회경제적 발전과 함께 성리학性理學의
대두로 인한 사상적 변화로 인해 실제적인 의미를 상실한다. 그 결과 구
양수歐陽修에 의해 『태상인혁례太常因革禮』 100권이 영종대英宗代에 편찬
된다.[84] 하지만 간행 직후 구양수의 실각과 신법파의 대두로 『태상인혁
례』는 빛을 보지 못했다. 이후 신종神宗의 원풍년간元豊年間과 휘종徽宗의
정화년간政和年間에 『태상인혁례』에 대한 개수改修작업이 진행되었으나
결국은 남송대南宋代인 고종高宗 소흥년간紹興年間에 2차례의 개수작업을
거쳐 『소흥태상인혁례紹興太常因革禮』로 정리되었다.[85]

한편 성리학적性理學的 이념理念이 반영된 새로운 형태의 예서禮書인 『정
화오례신의政和五禮新儀』가 정화政和 원년(1111) 정월正月에 간행·반포되
고, 정화 3년(1113)부터 시행되었다.[86] 『정화오례신의』는 『개원례』의 체
제인 길례吉禮·가례嘉禮·빈례賓禮·군례軍禮·흉례凶禮의 순서가 아니라 『주
례』의 길례吉禮·흉례凶禮·군례軍禮·빈례賓禮·가례嘉禮를 따랐다.[87] 이처

---

84) 『續資治通鑑長編』卷206, 治平 2年(1065) 9月 ;『宋史』卷204, 志第157 藝文3
   歐陽修『太常因革禮』一百卷.
85) 『宋史』卷26, 本紀26 高宗3 紹興 元年(1131) 11月 辛丑 續編『紹興太常因革
   禮』;『宋史』卷29, 本紀第29 高宗6 紹興 9年(1139) 12月 甲寅 命續編『紹興
   因革禮』.
86) 『宋史』卷21, 本紀21 徽宗3 政和 3年 4月 庚戌 班五禮新儀 ;『宋史』卷204, 志
   第157 藝文3 政和五禮新儀二百四十卷 鄭居中·白時中·慕容彦逢·强淵明等撰.

럼 새로운 예제는 외형적으로는 복고적 성향을 반영하였다. 『정화오례
신의』의 시행은 중국 내부뿐만 아니라 동아시아사회 전체의 기본적인
예제와 의례의 변화를 의미한다. 고려 역시 이러한 변화에 따른 예제의
개편이 이루어졌는데, 그 대표적인 사례가 예종 11년(1116) 예제 개편이
었다.[88]

『정화오례신의』는 수백년간의 사회경제적 변화를 겪으면서 이전과는
거의 대부분이 변화된 새로운 형태의 탈바꿈한 예제이다. 이 때문에 『개
원례』와 거의 대부분이 달라졌다고 할 정도이다. 하지만 의례 가운데서
가장 바꾸기 어려운 것은 절일節日과 상례喪禮이다. 가례 가운데 변화가
가장 적은 원정元正과 동지冬至와 관련된 의례이다. 하지만 『정화의』는
이 부분까지도 상당부분 변화되었지만, 원정元正의 하의賀儀에 사용하는
'元正首祚 景福惟新 伏惟○○○與時同休'라는 치사致辭부분은 공통되
게 나타난다.

> F-1. 承傳, 皇太子再拜 舍人引皇太子詣西階 初行樂作 至階樂止. 舍人引
> 皇太子升 進當御座前 北面跪賀稱 "元正首祚 景福惟新 伏惟陛下
> 與時同休". 俛伏興. 舍人引降 樂作 復位 樂止. 皇太子再拜(『大唐開
> 元禮』 嘉禮 皇帝元正冬至皇太子賀儀)[89]
>
> F-2. 承傳曰再拜. 三公以下皆再拜 皇太子答拜 班首少前稱賀云 "元正首
> 祚 景福惟新 伏惟皇太子殿下與時同休". 賀訖少退復位 左庶子前承
> 令詣群臣前答云 元正首祚與公等均慶 典儀曰再拜 班首以下皆再拜
> 皇太子答拜(『政和五禮新儀』 嘉禮 皇太子元正冬至受群臣賀)[90]
>
> F-3. 舍人喝 群臣上下皆再拜 王太子答拜 班首一人進步致辭 元正則云
> "元正首祚 景福惟新 伏惟王太子殿下與時同休". 退復位. 再拜 王太

---

87) 『周禮』 春官宗伯 第3, 大宗伯 吉禮·凶禮·軍禮·賓禮·嘉禮.

88) 『高麗史』 卷59, 志13 禮1 序.

89) 『大唐開元禮』 卷95, 嘉禮 皇帝元正冬至皇太子賀儀 ; 『通典』 卷123, 禮83 開
元禮纂類18 嘉禮2 皇帝皇后元正冬至皇太子賀儀.

90) 『政和五禮新儀』 卷193, 嘉禮 冊皇太子儀下 皇太子元正冬至受群臣賀 ; 『宋史』
卷117 禮志70 禮20 賓禮2 皇太子元正冬至受群臣賀儀 政和新儀.

子莟拜. 左庶子前承令詣 班首之左宣令云(『高麗史』嘉禮 王太子元
正冬至受群官賀儀)[91]

　F-1의 '원정수조元正首祚'라는 대목은 『개원례』에서는 황제皇帝가 황
태자皇太子로부터 받는 원정元正의 치사致辭이다.[92] F-2의 '원정수조'는 『정
화오례신의』에 황태자皇太子가 군신群臣으로부터 받는 치사이고, F-3은 『고
려사』에 왕태자王太子가 군관群官으로부터 받는 치사의 규정이다. 이것은
당대唐代의 원정元正 때 황태자가 황제에 대한 치사의례致辭儀禮가 북송北
宋과 고려에서는 신료들이 태자에게 하는 치사의례로 바뀌었다는 것을
말한다. F-1은 당대唐代 치사의致辭儀의 집행자는 황태자이고, F-2와 F-3
에서는 집행자가 군신群臣·군관群官의 대표인 반수班首이다.

　『통전通典』의제령儀制令에 따르면 2품 무반武班으로 좌우금오위左右金
吾衛 등 16위衛 상장군上將軍 등을 반수班首로 한다는 규정이 있다.[93] 반
수班首는 반서班敍의 수석首席을 말한다. 여기서 반서班敍는 조반朝班의 순
서로 군신群臣이 제왕을 조견朝見할 때 분반分班하여 줄을 서던 순서를 말
한다. 분반分班의 기준은 반위班位·관위官位·계위階位에 따랐고, 그 우두
머리를 반수班首·반두班頭·반주班主 등으로 불렀다. 이들 가운데 반수班首
만이 제도상의 용어로 사용되었는데, 용례의 대부분은 의례儀禮 등의 예
제禮制와 관련이 있다. F-3의 사례는 고려가 송의 『정화오례신의』의 반
수班首를 수용한 것을 알려준다.

　『정화오례신의』에 태자 의례가 격상된 것은 송대 황제권의 강화에 따
른 의례의 변화와 함께 '원풍신관제元豐新官制(1082~1276)'로 불리는 북송
대의 광범위한 관제개혁이 반영된 결과로 보인다. 주지周知하듯이 송대

---

91) 『高麗史』卷67, 志21 禮9 嘉禮 王太子元正冬至受群官賀儀.
92) 冬至 때는 '天正長至'라고 한다.
93) 『通典』卷75, 禮35 沿革35 賓禮2 天子朝位 儀制令. "敕旨 二品武班 宜以左右
　　金吾等十六衛上將軍 依次爲班首"

관료조직은 동반東班·서반西班·횡반橫班으로 구성되고,94) 그 운용은 관官과 직職, 차견差遣으로 구분되는 방식이었다.95) 신종神宗 원풍 5년(1082)의 원풍기록격元豊寄祿格은 29계階의 관계官階를 18개의 관계官階로 줄여 이에 의해 봉록과 위계를 구분하게 하는 제도였다. 이와 함께 철종哲宗 원우元祐 3년(1088) 기록관개편寄祿官改編, 휘종徽宗의 숭녕崇寧 3년(1104)과 정화政和 2년(1112)의 개편으로 이어져 원풍관제 이전의 '관官'은 기록관寄祿官으로 바뀌었고, 차견差遣과 직職은 직사관職事官으로 개편되었다. 이러한 변화를 예제禮制에 반영한 것이 『정화오례신의政和五禮新儀』이기 때문이다.

당대唐代 『개원례』에서 예제禮制 용어로 사용된 행수行首는 오대五代 이후 상당히 다른 의미로 변화된다. 그 사례를 살펴보자.

G-1. 五年 宿衛殿直行首王隱劉紹趙鸞等謀作亂事覺被誅(『新五代史』 東漢)96)

G-2. 廣順中 歷東西班行首 內殿直都知鐵騎都虞候(『宋史』石守信列傳)97)

G-3. 太祖爲元帥 補元帥府押牙 充四鎭通贊官行首兼右長直都指揮使(『舊五代史』 寇彦卿列傳)98)

G-4. 有副指揮使·行首·副行首·招箭班(『宋史』 職官)99)

당대唐代에 의례를 담당할 때 사용하는 직임이었던 행수行首는 오대五代 이후에는 다른 의미의 용어로 변화한다. 대체로 2가지 용례로 나타나는데, 첫째 용례는 남반직南班職의 행수行首이다. G-1은 오대五代 후한後漢

---

94) 橫班은 閣門·客省·四方館 등 典掌하는 官職을 말한다.

95) 元豊官制 이전의 官은 爵과 유사한 뜻으로 위계의 순위를 말하며 이에 따라 봉급의 호봉과 의 기준이 되었고, 職은 館職으로 學士職 등 문학에 뛰어난 인물이 겸대하는 淸要職과 유사한 뜻으로 사용되었고, 差遣은 실제 맡은 직무인 實職을 의미한다.

96) 『新五代史』卷70, 東漢 世家10.

97) 『宋史』卷250, 列傳9 石守信.

98) 『舊五代史』卷20, 梁書20 列傳10 寇彦卿.

99) 『宋史』卷171, 職官 志124.

의 숙위전직행수宿衛殿直行首인 왕은王隱·유소劉紹·조란趙鸞 등이 난亂을 일으키려다 사전에 발각되었다는 기사이다. 여기서 오대五代의 전직殿直은 전전승지殿前承旨와 같은 남반직의 관직이다.100) 전전승지殿前承旨는 고려에서 액정국掖庭局 9품의 관직으로 남반南班들이 초입사初入仕하는 관직이었다.101) G-2는 동서반東西班 남반직南班職의 행수行首를 말하는데, 이러한 형태의 행수는 송대 객성행수客省行首, 합문행수閤門行首, 오원행수五院行首·부행수副行首, 내시행수內侍行首 등 상당히 많은 용례가 있다. 송대宋代 이후 중국의 문헌 등에 나오는 행수行首 용례 가운데 가장 많은 부분이 이에 속한다.

둘째 용례는 무반직武班職의 행수이다. G-3은 후량後梁의 태조太祖가 원수元帥로 원수부압아元帥府押牙를 보임하고, 사진통찬관행수四鎭通贊官行首 겸우장직도지휘사兼右長直都指揮使를 더했다는 기사이다. 여기서 사진통찬관행수四鎭通贊官行首의 행수行首는 주요 군사거점인 4진鎭의 무관직인 통찬관通贊官의 우두머리라는 뜻이다. G-4는 우두머리라는 의미가 아니라 부지휘사副指揮使 아래의 무반武班의 직명職名으로 행수行首와 부행수副行首로 사용된 용례이다. 이와 같은 경우는 송대宋代 이후 중국뿐만 아니라 고려·요遼·금金·원元 등에서 일반적으로 사용되었다.102)

이와 같이 행수行首는 오대五代 이후 의례儀禮나 예제禮制에는 사용되지 않는 용어로 바뀌었다. 오대시기부터 이를 대체하여 반수班首가 사용되었다. 그 용례를 검토해 보자.

H-1. 太祖武皇帝室 其日合集兩省·御史臺五品以上 尙書省四品以上官
於太廟序立俟行告禮畢 中書省班首一人升階(『五代會要』 後唐 太

---

100) 『舊五代史』 卷149, 百官 改制 晉天福 5年 4月.
101) 『高麗史』 卷77, 百官2 掖庭局.
102) 『高麗史』·『高麗史節要』·『高麗墓誌銘』 등에도 牽龍行首, 御牽龍行首, 御殿
行首, 左右寶馬陪指諭行首, 大殿寶馬陪行首 등의 용례가 확인된다.

祖皇后曹氏)103)

H-2. 次中書門下 就北向位再拜訖 禮官贊皇太子再拜訖 中書門下班首一
人前進賀訖復位再拜 皇太子答賀訖又再拜 皇太子揖中書門下訖相
次退 通事舍人禮官贊皇太子再拜 師傅等少避位訖 師傅爲班首者一
人 進賀訖復位再拜(『五代會要』後唐 皇太子親王見三師禮)104)

　　주목할 점은 오대五代의 예제禮制에서 처음 사용되는 반수班首라는 용
어는 『개원례』의 위수자爲首者 혹은 행수行首보다 그 구체적인 대상 범주
를 확실히 지정했다는 점이다. 앞서 행수의 용례가 D-5에서 D-8까지와
같이 육궁六宮·궁신宮臣·종관從官·양제良娣로 넓은 범주였던 반면, 반수
는 H-1에서 중서성中書省, H-2에서 중서문하中書門下, 사부師傅와 같이 구
체적인 관부나 관직을 지정했다는 점이다. 그리고 이들 관부나 관직은
행수와는 달리 국가의 최고 관부나 관직이라는 점도 달라진 점이다.
　　또한 사료의 부족으로 정확한 내역을 알 수 없지만, H-1과 H-2는 『개
원례』의 길례吉禮와 가례嘉禮에 해당하지만 의례의 대상이나 내용과 형
식이 상당부분 변화했다. 하지만 H-1와 H-2 모두 ‘○○班首一人’으로
『개원례』의 ‘○○行首一人’과 유사한 형식이고, 진행의 방식 역시 기본
적으로 『개원례』의 형식을 따르고 있다. 오대五代의 의례는 집행직인 행
수가 반수로 바뀌고, 의례의 대상과 형식이 상당부분 바뀌었지만 기본적
으로 『개원례』를 변형한 것이었다. 고려의 예제 역시 F-3의 반수일인班
首一人과 같이 오대와 유사한 적용 방식을 취했던 것으로 보인다.

3. 고려 禮制의 변화

　　10세기 이후 원元의 등장 이전까지 중국의 통일제국의 부재로 동아시

---

103) 『五代會要』卷1, 皇后 後唐太祖皇后曹氏.
104) 『五代會要』卷4, 皇太子親王見三師禮 後唐長興 4年 7月.

아세계는 다원화된 질서를 유지하였다. 북송北宋은 군사軍事·정치政治 분
야에서 상당히 미약했지만, 반면 사회경제적인 발전과 문화적 분야에서
동아시아 사회에 끼친 영향력은 오히려 커져있었다. 거란의 요遼와 여진
의 금金은 북송北宋과 대립적인 관계에 있었지만, 공통적으로 중국식 제
도를 적극적으로 수용하였다. 이러한 양상은 중국식 사상과 관념의 결정
체인 예제의 수용에서도 나타난다. 요遼와 금金 모두는 그들 사회에 적합
한 방식으로 중국식 예제를 변형하여 수용하였다. 하지만 기본적인 형식
과 내용은 북송대의 예제였다. <표 4>는 예지禮志에 나타난 '반수班首'
의 사례를 정리한 것이다.

〈표 4〉 반수의 사용 사례

	政和五禮新儀 班首	宋史 禮志 班首	遼史 禮志 班首	金史 禮志 班首
吉禮	60	1	2	10
嘉禮	127	29	25	23
賓禮	98	10	5	0
軍禮	18	3	0	0
凶禮	5	8	1	0
합계	308	51	33	33

『송사宋史』·『요사遼史』·『금사金史』는 모두 원대元代에 탈탈脫脫 등에
의해 편찬된 중국의 정사正史이다. 방대한 분량의 『송사宋史』도 마찬가지
지만, 『요사遼史』와 『금사金史』는 내용상으로 상당히 부실하다. 그 중 특
히 지志 부분의 부실이 더욱 심각하다. 『요사』와 『금사』는 비교할 수 있
는 자료가 적어 그 정확한 실태파악이 어렵지만, 『송사』의 예지는 『정화
오례신의』와 같은 자료가 있어 비교가 가능하다. 길례吉禮는 반수班首가
『정화오례신의』가 60건이나 나오는데 반해 『송사』 예지禮志는 단 1건에
불과하고, 가례嘉禮는 127건과 29건, 빈례賓禮는 98건과 10건으로 상당

한 차이가 있음을 알 수 있다. 흉례凶禮의 경우는 반대로『정화의』가 5건
인데 반해『송사』예지에는 8건이나 나타난다.

『요사』와『금사』예지 역시『송사』와『정화오례신의』의 사례와 유사
한 정도로 축약된 내용으로 파악된다. 요와 금은 모두 33건의 반수班首
가 찾아지는데, 가례는 요와 금이 비슷하고, 길례는 금, 빈례는 요가 많
다.『정화의』와『송사』가 전체 308건과 51건임을 감안하면 요예제遼禮制
와 금예제金禮制의 내용은 약 5~6배 정도였을 것으로 추정할 수 있을
것이다.

앞서 고려의 예제는『개원례』를 수용한 사례와『정화오례신의』를 수
용한 사례를 검토하였다. 이를 정리하면 <표 5>와 같다.

〈표 5〉 고려의 행수·반수 수용

	大唐開元禮		政和五禮新儀	高麗史 禮志	
	爲首者	行首	班首	行頭	班首
吉禮	2	0	60	0	1
嘉禮	45	1	127	28	12
賓禮	0	0	98	0	0
軍禮	0	0	18	1	0
凶禮	8	15	5	2	0
소계	55	16	308	31	13
합계	71		308	44	

『개원례』에서 위수자爲首者와 행수行首가 사용된 사례와『정화오례신
의』에서 반수班首가 사용된 사례를 <표 5>에서 확인할 수 있다.『개원
례』와『정화오례신의』는 구조와 내용에서 너무 차이가 나기 때문에 객
관적인 비교는 어렵다. 하지만 의례의 집행자인 위수자爲首者와 행수行首
는 오대五代 이후 반수班首로 대체되었고, 내용상으로 같은 의례를 처리
한다는 점에서 전체적인 추이의 파악은 가능할 것이다.『개원례』에서
위수자爲首者와 행수行首가 모두 합쳐도 71건이지만,『정화오례신의』의

반수班首는 308건으로 4배가 넘는다. 『개원례』의 길례는 2건에 불과했지만, 『정화오례신의』는 60건이나 사용되었고, 가례 역시 46건에서 127건으로 3배에 가깝다. 『개원례』의 빈례와 군례에서 사용 사례는 단 1건도 없지만, 『정화오례신의』는 빈례 98건, 군례 18건이나 된다. 반면 『개원례』의 흉례는 위수자爲首者가 8건, 행수行首가 15건인데 반해, 『정화오례신의』의 사례는 5건에 불과하다.

<표 5>에서 당대唐代 의례에서 위수자나 행수가 필요한 의례는 가례·흉례·길례 정도였지만, 송대에 이르면 반수班首가 필요한 의례가 오례五禮 모두로 확대었음을 보여준다. 하지만 흉례에서는 반수班首의 규모가 축소되었음을 알 수 있다.

〈표 6〉 『고려사』 예지의 행두·반수

	行頭	班首
吉禮	·	中祀文宣王廟
嘉禮	元會儀 王太子元正冬至受群官賀儀 王太子節日受宮官賀幷會儀 新雪賀儀 宥旨賀儀 一月三朝儀 親祀圓丘後齋宮受賀儀 東堂監試放牓儀 儀鳳門宣赦書儀 親祀圓丘後肆赦儀 上元燃燈會儀 仲冬八關會儀	王太子稱名立府儀 元正冬至節日朝賀儀 王太子元正冬至受群官賀儀 王太子節日受宮官賀幷會儀 大觀殿宴群臣儀 儀鳳門宣赦書儀 仲冬八關會儀
軍禮	救日月食儀	·
凶禮	陳慰儀 重刑奏對儀	·

고려가 예제를 수용하는 양상은 <표 5>를 통해 살펴볼 수 있다. 앞

서『개원례』의 위수爲首者·행수行首를 행두行頭로 수용한 사례를 검토했다.『정화오례신의』를 수용한 사례 13건 가운데 길례는 1건에 불과하고 나머지 12건은 가례이다. 고려의 반수班首 사용 사례는 <표 4> 금金의 사례와 유사하지만, 반수班首만으로는 금金의 경우가 3배에 가깝고, 모두 합한 경우는 고려가 1.5배 많다. 여기서 주목할 점은 당시 거란과 여진이 송례를 수용하여 일원화한데 비해 고려가 구조와 내용에서 상당한 차이를 보이는『개원례』와『정화오례신의』를 모두 수용하였다는 점이다.

고려의 의례儀禮에서 행두行頭와 반수班首가 사용된 사례는 <표 6>과 같다.『개원례』를 수용한 사례는 행두行頭에서 왕태자원정동지수군관하의王太子元正冬至受群官賀儀, 왕태자절일수궁관하병회의王太子節日受宮官賀并會儀, 친사원구후재궁수하의親祀圓丘後齋宮受賀儀, 친사원구후사사의親祀圓丘後肆赦儀 등이다. 왕태자원정동지수군관하의王太子元正冬至受群官賀儀와 왕태자절일수궁관하병회의王太子節日受宮官賀并會儀는『개원례』와 거의 유사하지만, 친사원구후재궁수하의親祀圓丘後齋宮受賀儀와 친사원구후사사의親祀圓丘後肆赦儀는 이름은 유사하지만 형식과 내용에서 상당한 차이가 있다.

『정화오례신의』를 수용한 사례는 중사문선왕묘中祀文宣王廟, 왕태자칭명립부의王太子稱名立府儀, 왕태자원정동지수군관하의王太子元正冬至受群官賀儀, 왕태자절일수궁관하병회의王太子節日受宮官賀并會儀, 원정동지절일조하의元正冬至節日朝賀儀, 대관전연군신의大觀殿宴群臣儀, 의봉문선사서의儀鳳門宣赦書儀이다. 그 가운데 왕태자원정동지수군관하의王太子元正冬至受群官賀儀를 제외하고는『정화오례신의』와 의례명儀禮名은 비슷하지만 형식과 내용의 거의 대부분이 같지 않다.

그리고 중국 한대漢代의 원회의元會儀를 채용한 사례를 제외하고는 대부분이 중국의 의례와 같지 않다. 행두行頭가 사용된 가례로서 신설하의新雪賀儀, 유지하의宥旨賀儀, 일월삼조의一月三朝儀, 동당감시방방의東堂監試放牓儀, 의봉문선사서의儀鳳門宣赦書儀, 상원연등회의上元燃燈會儀, 중동팔관회의仲冬八關會儀는 고려의 독자적인 의례이다. 그리고 군례軍禮의 구일월식의救日月食儀, 흉례의 진위의陳慰儀, 중형주대의重刑奏對儀 역시 독자적인 의례이다. 『속례통고續禮通考』 등의 중국의 주요 예서禮書는 '흘합문횡행재배訖閤門橫行再拜 행두진보복위行頭進步復位 배읍퇴拜揖退'로 행두行頭의 용례가 사용된 진위의陳慰儀를 고려의 독자적인 의례의 대표적 사례로 파악하고 있었다.105)

또한 <표 6>에서 행두行頭와 반수班首가 동시에 사용된 왕태자원정동지수군관하의王太子元正冬至受群官賀儀와 왕태자절일수궁관하병회의王太子節日受宮官賀幷會儀와 중동팔관회의仲冬八關會儀이다.

I-1. 舍人喝: "群臣上下皆再拜!" 王太子荅拜. 班首一人進步致辭. 元正則云: "元正首祚景福惟新伏惟王太子殿下與時同休" 冬至則云: "天正長至伏惟殿下與時同休" 退復位. 再拜王太子答拜. 左庶子前承令詣班首之左宣令云 … 舍人喝 持牋員再拜 行頭進步致辭 退復位又再拜(『高麗史』 嘉禮 王太子元正冬至受群官賀儀)106)

I-2. 王太子荅拜 行頭進步致辭又再拜 … 舍人喝 持牋員再拜 行頭進步致辭退復位又再拜 … 舍人喝 臣寮再拜 行頭進步致辭復位又再拜 … 舍人引行頭就西階升詣尊所 宮官進茶酒訖典膳郎酌酒 行頭搢笏執盞詣太子前 跪授左庶子左庶子受盞置於王太子前 行頭執笏東向跪稱 … 舍人喝: "持牋員再拜 行頭進步致辭又再拜 … 通事舍人承令至班首之右西向稱放賀群官揖退. 舍人引持牋員入庭行禮如常儀(『高麗史』 嘉禮 王太子節日受宮官賀幷會儀)107)

I-3. 次閤門班近階橫行北向東上立行頭自喝: "再拜 … 舍人喝: "再拜行頭奏聖躬萬福奏山呼再拜 行頭進步退復位奏山呼再拜 … 王坐殿後聞辭獻壽傳宣賜坐 並如小會儀 唯奏聞辭不稱朝賀 而稱起居班首奏聖再拜後無進步拜舞拜持表員隨群官進退爲異.…一刻頃王坐殿閤門引宰臣升階執禮官自上階承引就位喝: "宰臣再拜 班首進步致辭謝

105) 『續禮通考』 卷117, 異俗禮上 高麗. "祇候引宰臣出 次引兩班出 訖閤門橫行再拜 行頭進步復位拜揖退"

106) 『高麗史』 卷67, 志21 禮9 嘉禮 王太子元正冬至受群官賀儀.

107) 『高麗史』 卷67, 志21 禮9 嘉禮 王太子節日受宮官賀幷會儀.

喚退復位再拜舞蹈又再拜!"(『高麗史』嘉禮 仲冬八關會儀)108)

I-1은 앞서 검토한 『개원례』를 계승한 『정화오례신의』를 수용한 F-3의 사례이다. '반수班首'가 의례를 집행하다가, 의례의 말미에 '행두行頭'가 집행자로 나오는 사례이다. I-2는 반대로 '행두行頭'가 의례를 집행하다가, 의례의 말미에 '반수班首'가 집행자로 나오는 사례이다. I-2는 앞서 검토했듯이 A-1에서 『개원례』를 가장 충실하게 수용한 사례이다.

I-3의 중동팔관회의仲冬八關會儀는 대표적인 고려의 독자적인 의례이다. 그 절차는 『개원례』의 형식을 취하고 있다. 의례의 앞에는 행두行頭, 말미에는 반수班首가 등장하는 I-2와 유사한 사례이다. 앞서 살펴보았듯이 『개원례』는 '引○○爲首者一人', 혹은 '引○○行首一人' 형식인데 비해, 『정화오례신의』는 引○○再拜班首의 형식이다. 반면 고려는 행수에서 '행두진보치사行頭進步致辭'나 '행두일인진보치사行頭一人進步致辭', 반수에서 '반수일인진보치사班首一人進步致辭'나 '반수진보치사班首進步致辭'의 형식이다. 이상과 같이 고려의 의례는 『정화오례신의』보다는 『개원례』의 영향을 많이 받았음을 알 수 있다. 하지만 실제 제도의 운영은 『개원례』도 『정화오례신의』도 아닌 고려의 독자적인 방식이었다.

이상에서 고려의 예제 변화 추이의 단서가 되는 예종 11년 '입본품행두立本品行頭'의 검토를 위한 전제로서 의례의 집행에 관여하는 '행두行頭'의 개념을 검토하였다. 행두行頭라는 용어는 중국의 문헌에서는 『주례집주周禮集注』에 의례와 관련된 사장肆長과 대응하는 말로 사용된 하나의 사례밖에 없다. 나머지의 용례는 하급의 무반武班의 대표 혹은 우두머리로 사용되었다. 고려의 행두行頭와 대응되는 사례로 『개원례』에서 위수자爲首者의 용례가 있고, 위수자는 행수行首와 대응되는 용어임을 밝혔다. 즉 고려의 행두는 『개원례』의 위수자爲首者와 행수行首와 거의 같은 동의

---

108) 『高麗史』卷69, 志23 禮11 嘉禮雜儀 仲冬八關會儀.

어임을 알게 되었다.

다음으로『개원례』에 사용된 '행수行首'라는 용어는 오대五代시기부터 남반직南班職이나 무반직武班職의 의미로 사용되었다. 고려의 '행수' 역시 남반직南班職이나 무반직武班職의 의미로 사용되었다. 한편『개원례』의 '행수行首' 대응되는 의례儀禮 용어는 오대五代부터 '반수班首'가 사용되기 시작하여『정화오례신의』로 정착되었음을 알 수 있다. 이러한 반수의 사례를 통해 고려의 예제에『정화오례신의』가 도입되었음을 알 수 있다.

그리고『개원례』의 경우 고려 예제의 기본적인 형식을 이루었지만 거의 유사하게 적용된 사례는 2차례에 불과하고,『정화오례신의』는 의례 명만 같을 뿐 거의 같은 의례의 사례는 1차례에 불과했다. 나머지의 경우는『개원례』도『정화오례신의』도 아닌 고려식의 의례임을 알 수 있다. 여기에 왕태자원정동지수군관하의王太子元正冬至受群官賀儀, 왕태자절일수궁관하병회의王太子節日受宮官賀并會儀와 중동팔관회의仲冬八關會儀에서는 '행두行頭'와 '반수班首'를 거의 같은 형식으로 사용하기까지 했다. 이러한 혼용의 의도는 정확히 알 수는 없지만,『개원례』와『정화오례신의』의 형식 모두를 살리려고 한 것은 분명하다.

정화원년政和元年(1111) 반포·시행된『정화오례신의』는 원풍관제元豊官制의 후속조처로서 사회적 기본질서를 바꾸는 혁명적인 변화였다. 이는 중국 내부의 변화뿐만 동아시아 각국의 예제변화에 커다란 영향을 미치게 된다. 예종 11년(1116) 고려에서 시행된 '입본품행두立本品行頭'의 조칙詔勅은 5년전에 반포 시행된『정화오례신의』의 영향과 무관할 수는 없을 것이다.

이상의 검토는 행두와 반수의 사례를 통해 수용된『개원례』와『정화오례신의』가 고려의 예제에서 어떻게 적용되고 기능하였는가를 살펴본 것이다. 여기서 검토한 '행두行頭'와 '반수班首'의 사례일뿐 고려 예제禮制

전체의 구조를 의미하는 것은 아니다. 하지만 '행두行頭'와 '반수班首'의
도입과 적용은 동아시아 각국이 정치제도뿐만 아니라 예제 등 다양한 방
면에서 제도와 문물의 수용과 변용 과정을 명확히 보여주는 대표적인 사
례이다.

제2장

고려초기 중앙관제의 성립과 변화

제1절 태조대 중앙관제의 성립

1. 건국 직후 성립된 관제와 그 정비과정

고려초의 관부는 건국 후 6일만에 단행된 인사에서 광평성廣評省, 내봉성內奉省, 순군부徇軍部, 병부兵部, 창부倉部, 의형대義刑臺, 도항사都航司, 물장성物藏省, 내천부內泉部, 진각성珍閣省, 백서성白書省, 내군內軍 등 12개의 관부가 확인된다. 이는 고려 중앙관제의 기본골격으로 파악된다.[1]

고려 건국직후의 관제정비는 건국 직후에 발생한 마군장군 환선길桓宣吉의 반란을 시작으로 소판蘇判 종간宗侃과 내군장군 은부狀鉄의 모반과 마군대장군 이흔암伊昕巖의 모반, 그리고 순군리徇軍吏 임춘길林春吉을 중심으로 한 1차 청주세력의 모반과 파진찬 진선陳瑄을 중심으로 한 2차 청주세력의 모반 등 정권에 대한 도전이 끊이지 않은 상황에서 이루어졌다.

건국직후의 관제정비는 12관부를 골격으로 한 인사를 발표한 다음, 조칙을 통해 기본 원칙이 제시되는 순서를 거쳐 공식적으로 제도화되었다. 태조는 관제제정 원칙을 태봉의 관제를 계승하는데 그 가운데 알기 어려운 것은 신라 제도의 명칭을 따르고 나머지는 태봉의 제도를 그대로 계승한다는 기준에 따라 제정된 것임을 조서詔書를 통해 밝혔다.[2]

이러한 원칙이 표현된 사례를 살펴보면, 12개의 관부官府 가운데 태봉의 명칭을 버리고 신라의 명칭을 그대로 채용한 관부는 창부倉部 하나에 불과하지만, 광평성·내봉성·병부·의형대·물장성 등 핵심적인 5개의 관

---

1) '12관부'라는 용어는 邊太燮에 의해 처음 사용되었다. 12관부로도 해석될 수 있는 사례는 『고려도경』에 '高麗之初 建官十有二級'이라는 것이 있다(『宣和奉使高麗圖經』 卷16, 官府). 하지만 이를 12관부로 단정지을 수는 없다.
2) 『高麗史節要』 卷1, 太祖 元年 6월.

부는 태봉의 관제를 그대로 계승한 것이었다. 태조의 관제제정 원칙에
따르자면 건국직후의 관부는 최소한 태봉의 관제의 19개 이상이었을 것
으로 파악된다.

건국직후의 12관부는 대체로 광평성·내봉성 등의 정무기구, 순군부·
병부·내군 등의 군사기구, 창부·물장성·내천부·진각성 등의 재정기구,
의형대·백서성 등으로 분류해 볼 수 있다. 이들 12관부는 고려 건국에
참가한 주도세력에게 핵심적인 권한을 부여하는 동시에 빈발하는 모반
에 대처하기 위해 정권기반의 구축에 필요한 주요 관부로 이해된다.

그런데 건국직후의 인사에 이전 직함에 사용된 사례로 보아 순군부는
태봉의 관부였음을 알 수 있다.[3] 태봉의 19개 관부는 실제로는 효공왕
8년(904) 마진摩震 때 제정된 관부였다.[4] 하지만 국호를 태봉으로 바꾼 이
후 다소의 변화는 있었지만, 그 골격은 유지되었던 것으로 보인다. 따라
서 건국직후 12개의 관부는 건국직후 혼란을 수습하기 위해 단행한 주요
보직에 대한 인사가 단행된 관부를 말하는 것이지, 12관부가 건국직후
제정된 모든 관부를 의미하는 것은 아니다. 12개의 관부에는 포함되어
있지 않지만, 원봉성元鳳省은 백관지에도 나와 있듯이 태봉의 관제를 계
승한 대표적인 관부이다.[5] 그리고 내의성 역시 국초부터 있었던 관부로
보인다.[6] 원봉성과 내의성이 포함될 경우 건국직후의 관부는 14개이다.[7]

---

3) 倉部卿으로 임명된 能駿의 경우 이전 관직이 前守徇軍部卿이었고, 廣評郎中에
　임명된 申一과 林寔은 前徇軍部郎中이었다.

4) 摩震의 19개 관부는 廣評省, 兵部, 大龍部, 壽春部, 奉賓部, 義刑臺, 納貨府,
　調位府, 內奉省, 禁書省, 南廂壇, 水壇, 元鳳省, 飛龍省, 物藏省, 史臺, 植貨府,
　障繕府, 珠淘省이다.

5) 태조가 궁예로부터 궁지에 몰렸을 때 기지를 발휘하여 위기를 모면하게 한 崔凝
　을 즉위 직후에 知元鳳省事에서 廣評郎中에 임명했다는 기사와 崔彦撝가 임명
　된 元鳳大學士, 崔承老가 12세 때 元鳳省學生에 임명된 사실을 비롯하여 백관
　지에도 元鳳省이 泰封의 관제를 계승한 관부임을 밝히고 있다(『高麗史』 卷92,
　列傳5 崔凝·崔彦撝 ; 『高麗史』 卷92, 列傳6 崔承老 ; 『高麗史』 卷76, 百官1
　藝文館).

이들 외에도 고려 건국직후 12관부에 보이지 않지만 반드시 있었을 것으로 추정되는 관부가 있다. 국가의 의례儀禮와 외교를 담당하는 예부禮部와 예빈성禮賓省과 같은 기구는 국체國體를 상징하는 가장 기본적인 것으로 없어서는 안되는 관부이다. 예부는 신라에서 서열 5위의 관부였던 것이 마진에 이르러 서열 4위의 수춘부壽春部로 계승되었다. 예빈성에 해당하는 영객부領客府는 신라의 서열 10위의 관부였던 것이 마진에 이르러 서열 5위의 봉빈부奉賓部로 계승했다. 이들 관부는 후삼국 정립의 상황에서 이들 관부에 대한 필요성은 더 높아졌음을 보여준다. 건국직후의 인사에서 이들 관부가 누락된 것은 당시 극심한 혼란으로 인해 인사개편을 하지 않았기 때문이지 관부 자체의 필요성이 없어서가 아닌 것으로 판단된다.

예부禮部에 해당되는 관부는 건국 당시부터 존재해 있었던 것은 분명하다. 건국직후의 예부는 '복부福府'라는 명칭을 가지고 있었던 것으로 보인다. 이는 태조 6년(923) 후량後梁에 파견된 복부경福府卿 윤질尹質의 사례에서 확인된다. 윤질은 당나라를 계승한 후량에 사신使臣으로 파견된 인물이다.[8]

이 사행使行은 고려가 북중국의 오대五代와 가진 첫번째의 외교이다.[9]

---

6) 태조 13년(930) 白書省郎中 行順과 英式을 內議舍人에 임명한 인사에서 '內議'라는 명칭과 실무직인 舍人이 2명이나 임명된 사실로 보아 '內議省'이라는 관부가 존재하였음 알 수 있다.

7) 신수정, 2008, 「고려초기 宰相官府의 성립」 『역사와 현실』 68.

8) 『高麗史』 卷1, 太祖 6년 6월.

9) 한국사의 후삼국시기는 中國의 五代十國時期와 겹쳐진다. 이 시기는 한국사에서 혼란의 시기였지만, 중국사에서 오대십국시기는 南北朝時代와 함께 가장 급격한 변화를 겪은 시기로 불린다. 오대십국의 분립된 여러 나라들은 각기 생존을 위해 체제정비와 대외교류에 힘을 기울였다. 후삼국이 정립된 상황에 놓인 고려도 이들과 비슷한 처지였다. 따라서 고려는 이들처럼 생존을 위해 체제정비와 대외교류에 적극적으로 나설 수밖에 없는 상황이었다. 使行은 그 성격에 따라 정사와 부사의 급이 결정되고, 주요 외교적 현안일 경우 핵심적인 부서에서 책임자인 정

이 때 외교를 담당한 윤질은 '복부경福府卿'이라는 직명을 가지고 있었다. 복부福府는 '예부禮府'를 잘못 기술한 것으로 추정된다.10) 중국과 우리나라의 관직명에 '복福'이라는 글자가 사용된 예가 없고, 특히 이러한 직명이 사행과 관련되어 사용되었다는 점에서 외교와 의례를 의미하는 '예禮'라는 글자의 오기로 보는 것이 합리적으로 판단된다. 따라서 건국 직후에 외교와 의례를 담당한 관부가 예부禮府라고 할 경우 복부福府보다 자연스럽다. 그 직職이 경卿이었음 감안한다면 더욱 쉽게 납득될 수 있을 것이다.11)

국초에 사용된 예부는 윤질의 귀국 직후에 '춘부春部'라는 명칭으로 바뀐 것으로 보인다. 이는 윤질 귀국 직후에 후당後唐에 파견된 춘부소경 春部少卿 박암朴巖의 사례를 통해 알 수 있다.12) 이 때 파견된 박암은 광평시랑 한신일韓申一을 수행한 부사副使로서 춘부소경春部少卿의 직함을 가지고 있었던 인물이다. 여기서 박암의 소속 관부인 춘부春部는 예부와 같은 성격의 관부로 파악된다. 이는 『주례周禮』에 입각한 춘관春官이라는 관부가 예부의 통칭으로 사용되고 있는 점과 측천무후 때 예부를 춘관으로 바꾸어 사용된 사례를 통해 알 수 있다.

하지만 춘부라는 명칭 역시 예부와 같이 중국의 역대관제에서 사용된

사를 맡는다. 윤질이 파견될 무렵의 고려는 체제의 정비가 진행되고 있었기 때문에 중국과의 첫 사행에 외교의 담당부서 책임자를 파견한 것으로 보인다.

10) '복福'자라는 글자가 '예禮'와 글자모양이 거의 유사하고, 그 기능상 禮部의 역할을 담당한 관부였으므로 '예부禮府'의 誤記로 추정된다.

11) '예부禮府'라는 명칭도 중국 역대 관제에서 사용된 예가 없고, 그 용례도 『高麗史』이외에는 찾아지지 않는다. 禮와 府는 중국식의 명칭이지만 이러한 조합은 한반도에서 흔히 보이는 용례이다.

12) 고려의 첫번째 외교의 상대였던 後梁은 윤질의 방문 직후에 後唐에 멸망한다. 고려는 불과 수개월만에 새로 건국한 후당에 使臣을 파견했다. 이처럼 신속하게 사신을 파견한 것은 吳越人으로 신라를 거쳐 고려로 귀화한 文士 朴巖을 고려의 사신으로 임명한 조치와 함께 고려가 의욕적으로 대중국외교에 나선 것과 무관하지 않은 것으로 보인다.

예가 없는 고려의 고유명칭으로 보인다. 이같은 사례는 고려의 3성6부제가 도입된 성종 2년에 사용된 '예관禮官'에서도 보인다. 이 역시 중국의 역대 관제에서 그 유례를 찾을 수 없는 관명이다. 이처럼 고려의 관직명은 건국 직후부터 중국식의 관명을 사용하면서도 중국에서는 사용하지 않는 고려 나름으로 조합된 이름을 사용하였다. 이는 고려초 동아시아의 국제정세 속에서 선진적인 제도의 도입과 함께 이를 주체적으로 체화해 가는 과정을 보여준다.

태조 6년 이후 고려의 외교는 북중국의 오대와 남중국의 십국十國 여러 나라들과 거란, 일본 등 동아시아 전역으로 확대된다. 고려는 대중국對中國 외교가 본격화된 이후 정사正使를 광평시랑이 담당하게 하였을 정도로 심혈을 기울였다. 이러한 외교의 실무는 예부를 계승한 춘부가 담당하였던 것으로 보인다.

고려는 후삼국통일을 성취한 이후 확대된 영역과 인민의 지배를 위해 새로운 지배구조와 방식을 필요로 했다. 이는 태조 23년(940)에 주부군현州府郡縣의 명칭을 바꾸는 대규모의 지역개편과 역분전役分田을 제정하는 등의 개혁을 통해 알 수 있다. 하지만 이와 관련된 전모를 밝혀줄 자료는 아직까지 발견되지 않고 있다. 관제에 있어서도 추적 가능한 단서도 몇 가지에 불과할 뿐이다.

그 사례의 하나로 예빈성禮賓省을 들 수 있다. 예빈성은 그 기능상 사신을 접대하고 연회를 베푸는 관서로 신라에는 영객부領客府가 있었고, 마진에서는 봉빈부奉賓部가 있었다. 예빈성은 이를 계승하여 태조 4년(921) 설치된 관부였다.[13] 후삼국통일을 전후하여 예빈경이 정사나 부사로 파견되기 시작하였다.[14] 이후 예빈경이 부사로 임명되는 것이 상례

---

13) 『高麗史』卷76, 百官1 禮賓寺.
14) 태조 18년(935) 後唐에 使臣으로 禮賓卿 邢順의 파견을 시작으로 후삼국통일 이후 金裕와 金廉 등 禮賓卿은 使行의 실무를 담당한 副使로 임명된 사례가 발견된다.

화 된다. 이는 외교의 실무를 담당한 관부가 춘부에서 예빈성으로 옮겨 가지 않았는가를 추정하게 한다.[15] 예빈성은 원래 사신접대를 맡은 작은 기구에 불과했다. 이러한 기구의 예빈경禮賓卿은 정사 혹은 부사에 예외적으로 임명된 것이 아니라 상시적으로 임명되었다. 이는 예빈성이 대중국외교에서 중요한 역할을 담당하였음을 의미한다.[16] 성종대 3성6부제가 도입된 이후에도 예빈경은 부사로서 사행에 참가하는데, 예빈성이 사행의 실무를 담당했다는 점에서 고려 관제운영의 특징적인 면을 보여주는 사례로 보인다.[17]

태조대에 성립된 고려의 중앙관제는 건국직후 인사개편에 보이는 12개의 관부 외에도 앞서 언급한 원봉성·내의성·예부·예빈성 등 최소한 16개 이상의 관부로 구성되어 있었던 것으로 보인다. 그 기능면에서 광평성·내봉성·내의성 등의 정무기구, 순군부·병부·내군 등의 군사기구, 창부·도항사·물장성·내천부·진각성 등의 재정기구, 의형대·백서성 등의 기구 외에도 예부[春部]·예빈성 등의 외교를 담당하는 기구 등도 갖추고 있었다. 하지만 이들 관부는 업무의 상당부분이 중복되었던 것으로 이해된다. 이로 인해 통일 이후 춘부의 업무가 예빈성으로 대체된 사례

---

15) 당시 중국측 기록을 보면 禮賓卿 邢順은 正使였고, 副使는 崔遠이었다. 하지만 후삼국통일 이후인 태조 26년(943)에 後晉의 使行에서 正使는 廣評侍郎 金仁逢, 副使는 禮賓卿 金裕였다. 혜종 즉위년(944)과 혜종 2년(945) 2차례 後晉에 副使로 파견된 禮賓卿 金廉의 사례 등에서 볼 때 禮賓卿은 使行의 실무를 담당한 副使의 職으로 정해졌던 것으로 이해된다(『高麗史』卷1·卷2 ;『高麗節要』卷1·卷2 ;『新五代史』卷9 ;『五代會要』卷30).

16) 중국에서 禮賓省은 禮部의 작은 속사에 불과한 기구였다. 예빈성의 관원이 외교사절로 파견된 예는 국가가 아닌 부족의 交隣에 동원될 경우에 한정되었다.

17) 중국의 역대관제에서 禮賓省에 비견되는 관부는 禮賓院이다. 원래 예빈원은 唐玄宗 天寶13년(754) 이전에 설치된 鴻臚寺의 屬司 典客署의 부속기구인 客館에 불과한 기구였다(『唐會要』卷66, 鴻臚寺). 이후 宋과 契丹은 이들 禮賓院의 使·副使가 외교사신으로 파견되기도 하였다. 하지만 이들은 邢順의 사례와 같이 副使가 아닌 正使로서 파견된 점에서 고려의 제도운영과는 다른 방식이었다.

와 같이 기구의 효율적인 재배치가 필요하게 되었다.

태조대에 성립된 고려의 중앙관제는 광종대의 변화를 거쳐 성종대 3성·6부·9시·5감을 골격으로 하는 당제唐制를 고려사회에 맞게 부분적으로 변용되었다. 고려의 3성6부제는 성종대에 도입된 이후 다소의 변화를 겪었지만 1,000년 동안 한국 전통사회의 기본적인 골격을 이루었다. 앞서 검토했듯이 고려 건국직후의 중앙관제는 건국 후 불과 6일만에 제정된 12관부를 골격으로 하였고,[18] 이는 태봉과 신라의 관제를 계승한 것이었다.[19] 고려사회는 태조 23년(940)에 주부군현州府郡縣의 명칭을 바꾸는 대규모의 지역개편과 역분전役分田을 제정하는 등 후삼국통일을 성취한 이후 확대된 영역과 인민을 효율적으로 운영할 새로운 체제와 방식을 필요로 했다. 광종대 과거제의 시행, 백관의 공복 제정, 중앙관제의 개편 등은 이러한 사회적 요구의 실현과정이었다.

이러한 체제정비의 실현 과정 속에서 광종의 지나친 왕권강화와 경종대 신료들의 전횡이라는 지배질서를 뒤흔드는 사태가 발생하였다. 지배세력들은 정치적 파행을 겪으면서 국왕과 신료 상호간에 견제가 가능한 근본적인 제도적 장치를 필요로 하였다. 성종 즉위 무렵에 이르면 제도

---

18) 李泰鎭은 신라말 12개의 관부와 태봉의 19개의 관부를『高麗史』와『三國史記』를 근거로 고려 건국직후 12개의 중앙관부의 계승관계를 검토하였다.(李泰鎭, 1972,「高麗 宰府의 成立-그 制度史的 考察-」『歷史學報』56). 邊太燮은 '12官府'라는 용어를 처음으로 사용하는 한편, 廣評省·內奉省·徇軍部·兵部의 서열이었으며 실제의 운영은 행정적 능력과 경험을 중심으로 한 인물 본위로 운영되었음을 구명하였다(邊太燮, 1981,「高麗初期의 政治制度」『韓㳓劤停年紀念論叢』, 知識産業社). 또한 崔圭成은 '12省部'라는 용어를 사용하면서, 廣評省이 이들 관부를 총괄하는 것으로 이해하였다(崔圭成, 1992,「廣評省考-高麗 太祖代 廣評省의 性格을 중심으로-」『金昌洙華甲紀念論叢』).

19) 趙仁成은 弓裔政權 때 형성된 廣評省體制의 중앙관제가 고려로 그대로 계승되었다고 보았다(趙仁成, 1986,「弓裔政權의 中央政治組織-이른바 廣評省體制에 對하여-」『白山學報』33). 李在範은 弓裔政權 때의 19관부에 대한 개별적인 성격과 기능을 검토하였다(李在範, 1991,『後三國時代 弓裔政權의 硏究』, 성균관대박사학위논문).

개혁에 대한 정치세력들 상호간에도 합의가 이루어진 것으로 이해된다.[20] 이와 같이 현재까지 연구는 중국식 중앙관제가 도입될 수 있었던 고려사회의 배경에 대한 검토가 주를 이루었다.

고려 초기에 형성된 중앙관제는 이후 한국 전통사회의 근간이 되었다. 따라서 고려가 기준으로 삼았던 중앙관제의 모델이 어떤 것인가에 대한 구명은 한국 중세사의 구조적 바탕을 해명하는 단서가 된다. 고려 초기 중앙관제의 성립과 변화를 밝히는 연구는 국초의 독자적인 중앙관제가 성종대에 새로 수용된 중국제도[唐制] 속에 용해되어 흡수된 이유를 밝히는 것을 궁극적 목표로 한다. 하지만 현재로서는 국초 12관부의 기능과 성격조차 제대로 파악하지 못하고 있고, 광종대에 12관부가 10성4부로 개편되었다는 정도만이 밝혀져 있다. 본 연구는 태조대 성립되어 성종대 이전까지 유지된 관부는 어떠한 제도였으며, 당제가 어떠한 방식으로 고려에 도입되었고, 그 텍스트가 무엇인가에 초점을 맞추었다. 그 중에서도 광종대 진행된 활발한 대외교류를 통해 오대십국의 제도와 전장서의 도입 과정에 대해 주목하였다. 이러한 검토는 자료적 한계와 기존의 연구성과가 한정되어 있어 기존 시각에서 완전한 탈피는 어렵지만, 새로 펼쳐지는 연구의 디딤돌 정도는 될 수 있을 것이다.

2. 건국 직후 지식인 관료의 성격

나말여초시기羅末麗初時期는 한국사에서 분열과 재통일이 이루어진 것

---

20) 성종대 정치세력은 유교적 정치이념의 확산에 따라 정치제도개혁에 대해 적극적이었던 것으로 보인다(이기백, 1975,「貴族的 政治機構의 成立」『한국사』5 ; 김대식, 2000,「高麗 成宗代 三省六部制의 導入過程」『史林』14). 또한 제도개혁의 실무를 담당자들은 歸化人·중국유학생·체류자 등이 주를 이루었음을 검토한 연구가 있다(김대식, 2007,「羅末麗初 知識人의 正體性－崔彦撝를 중심으로－」『新羅史學報』9).

이외에도 골품제사회骨品制社會가 붕괴하고 3성6부로 대표되는 중앙정치
기구로 대표되는 새로운 사회체제가 형성되어 이후 한국중세사회의 전
형典型이 이루어진 시기이다. 이러한 변화의 추동력은 신라말新羅末 도당
유학생渡唐留學生으로 대표되는 새로운 지식인집단知識人集團으로부터 기
인하는 것으로 보인다. 새로운 사회질서는 지배세력의 교체만으로 설명
될 수 있는 것은 아니다. 사회적 생산력의 발전이 전제되고, 사회 각부분
의 변화와 발전 그리고 이러한 변화를 추동하는 주도세력의 형성 등 여
러 요소가 복합적으로 결합되어 나타난 결과물이다.

나말여초 지식인집단에 대한 연구는 오래 전부터 주목을 받아왔던 분
야로 여러 성과들이 축적되어 있다.[21] 연구는 최치원崔致遠을 중심으로
도당유학생, 구체적으로 빈공과賓貢科에 합격한 인물들에 대해 심층적으
로 진행되었다. 여기에는 최치원의 특이한 행적과 아울러 관련 사료史料
가 상대적으로 많이 남아있기 때문이다. 다른 인물들의 경우 관련 자료
가 거의 없어 고찰에 많은 제약이 따른다. 하지만 최언위崔彦撝의 경우
그가 찬술撰述한 13편에 달하는 비문碑文이 현존하고 행적을 추적할 단
편적 자료가 그나마 남아있다. 이로 인해 연구는 상당부분 진척되어 있
지만, 보다 엄밀한 분석과 새로운 접근을 통해 구명하여야 할 부분이 아
직 많이 남아있다.

분석의 대상은 나말여초의 변혁을 이끌었던 '일대삼최一代三崔'로 대
표되는 820년 무렵에서 907년 당제국唐帝國의 멸망 때까지 신라에서 당
唐의 국학國學에 유학留學하고 빈공과賓貢科에 합격한 도당유학생渡唐留學
生을 지식인집단知識人集團으로 상정하였다. 이를 대표하는 최치원·최승
우崔承祐·최언위의 행적을 통해 그들의 정체성正體性(Identity)이 어떠한 형
태로 표현되었는가를 검토하는데 추적해 보고자 한다. 그리고 결국 고려

---

21) 羅末麗初 知識人集團에 대한 개괄적인 정리로 全基雄의 연구가 있다(全基雄,
   1996, 『羅末麗初의 政治社會와 文人知識層』, 혜안).

로 귀부한 최언위로 대표되는 지식인집단이 후삼국통일 이후 고려정부
에 참여하여 구축한 체제정비에서 그들의 정체성이 어떻게 발현되었는
가를 검토한다.

1) 나말여초 지식인 관료의 범주

9세기말 동아시아사회는 극심한 분열기에 접어들었다. 세계 문화교류
의 중심축을 이루었던 당왕조唐王朝는 안사安史의 난亂 이후 혼란을 거듭
하여 9세기에 접어들면서 우이牛李의 당쟁黨爭으로 대표되는 귀족계貴族
系·과거계科擧系 관료들의 분열로 인해 중앙집권적 통치체제가 약화되어
갔다. 이에 따라 지방의 절도사節度使들은 지배권을 더욱 강화해 나갔다.
875년에 발생한 황소黃巢의 난亂으로 대표되는 대규모의 민중봉기로 인
해 당왕조唐王朝는 일개의 지방정권으로 전락하여 명맥을 유지하다 결국
907년 멸망에 이르렀다. 천년의 역사를 자랑하던 신라 역시 진성여왕대
眞聖女王代의 농민봉기로 지방에 대한 통제력 잃게 되었다. 이로 인해 중
국은 오대십국五代十國으로, 한반도는 후삼국後三國으로 분열되었다.

중국 역사상 수당시기隋唐時期는 육조六朝와 원대元代와 함께 유교儒敎
가 가장 부진한 시대로 평가된다. 당의 통치체제는 칙령으로 편찬된 『오
경정의五經正義』를 근간으로 하는 유교적 통치체제를 갖추었지만, 이러
한 유학儒學의 집권화執權化는 오히려 유학이 정체停滯되는 근본적인 이
유가 되었다. 이로 인해 불교가 사상계를 주도하여 세상의 중심을 인도
로 보는 '천축중토설天竺中土說'까지 등장하게 되었다. 9세기에 접어들어
한유韓愈 등은 불교에 대한 지나친 편중에 반발하여 유학儒學의 복권復權
을 주장하는 고문부흥운동古文復興運動을 일으켰다.[22] 이러한 영향은 이

---

22) 韓愈의 古文復古運動은 四六文에 대한 비판이었는데, 그 본질적인 내용은 貴族
   階級에 대한 과거출신의 新進士大夫들의 도전이었다(栗原益男, 1974, 『中國の
   歷史4 – 隋唐帝國 – 』, 講談社, 367~374쪽).

후 무종武宗 회창會昌 5년(845)에 이루어진 대규모의 불교탄압인 회창폐불會昌廢佛로 이어지는 계기를 마련하였다. 폐불 이후 불교계는 선종禪宗과 정토종淨土宗을 중심으로 재편되었고, 이후 고문부흥운동古文復興運動은 더욱 확산되어 송대宋代 성리학性理學을 낳는 모태가 되었다.

우리나라에 중국의 유학儒學이 본격적으로 도입된 것은 9세기 전반 신라의 도당유학생渡唐留學生들에 의한 것으로 보인다. 당시 중국에 유학한 신라학생들은 당唐 문종文宗 개성開成 2년(837)에 216명에 이를 정도였다고 한다.[23] 도당유학생들은 당唐의 정규학교인 관학官學에서 『오경정의五經正義』와 같은 한당유학漢唐儒學의 교과서를 정규과정을 통해 학습하여야 했다. 정규과정을 이수한 이후, 이들은 외국인들의 특별전형인 빈공과賓貢科를 합격할 경우 당의 관직官職이나 관계官階를 제수 받았을 수 있었다. 이들 가운데 일부는 빈공과에 합격하여 실제로 지방관으로 등용되기도 했는데, 그 과정에서 관제官制를 비롯한 지배 시스템을 자연스럽게 체화體化되었을 것이다. 도당유학생들의 대부분은 빈공과 합격여부와 관계없이 교양과 견문을 습득할 수 있었고, 귀국 후 나말여초시기 새로운 지식층으로 사회의 중심세력을 형성하였다. 이들은 골품제가 붕괴하는 후삼국시기後三國時期 새로운 사회 건설을 주도하는 세력으로 고려지배층의 기반이 되었다.

도당유학생들이 습득한 '유학儒學'은 당태종唐太宗이 공영달孔穎達과 안사고顔師古 등에게 오경五經에 대한 주석註釋을 종합하여 편찬한 『오경정의五經正義』와 같은 관찬 교재를 통한 것이 분명하다. 하지만 이러한 교재의 내용은 이들 대부분이 신라에서부터 학습한 내용과 같은 것이었다. 따라서 이들이 당에서 새롭게 학습한 내용은 과거시험 과목에 포함된 당령唐令·당률소의唐律疏議 등을 비롯한 다양한 과목과 함께 과거의

---

23) 『唐會要』卷36, 附學讀書 開成 2年 3月. "又新羅差入朝宿衛王子 并准舊例 割留習業學生 並及先住學生等 共二百十六人"

서술방식인 사륙문四六文의 체계적인 훈련이 주를 이루었을 것이다. 하지만 그들이 체류할 당시의 당나라는 불교佛教가 사상계思想界를 주도하던 사회였고, 특히 선종禪宗이 사상계를 이끌고 있었다. 도당유학생 출신의 최치원이 귀국 후에 「사산비명四山碑銘」을 짓고, 최언위崔彦撝가 고려초 고승高僧의 비문碑文 대부분을 찬술撰述한 것도 이러한 영향과 무관하지 않다. 도당유학생들이 학습한 것은 유학 경전의 내용이 아니라 이에 대한 정규과정에서의 이해방식과 서술방법이 주를 이루었을 것이다.

나말여초시기 이러한 지식인을 대표하는 인물을 흔히 도당유학생 출신으로 흔히 '3최崔'로 불리는 부르는 최치원崔致遠·최승우崔承祐·최언위崔彦撝를 말한다. 이들은 모두 당의 빈공과에 합격한 인물이다. 이들은 절도사節度使의 휘하에서 일정정도의 직책을 갖거나 혹은 이들의 막하에서 체류하여 당말唐末의 현실정치를 직접 혹은 간접적으로 체험하였다. 이들은 귀국 이후 신라와 후백제의 중앙관료로 활동했다. 이들의 이 같은 행적은 나말여초시기 지식인들이 가지고 있었던 정체성을 이해하는 중요한 단서를 제공한다.

우선 최치원崔致遠의 행적에 대해 검토해 보자. 그는 경문왕 8년(868) 12세의 어린 나이로 유학을 떠나 7년만인 874년에 18세의 나이로 예부시랑禮部侍郎 배찬裵瓚이 지공거知貢舉로 주관한 빈공과賓貢科에 합격하였다. 이후 그는 귀국하지 않고 당唐의 낙양洛陽을 유랑하다가 헌강왕憲康王 2년(876)에 당唐나라 선주宣州에서 표수현위漂水縣尉가 되었다. 이듬해인 887년 겨울에 표수현위를 사직했다. 이후 회남절도사淮南節度使 고변高騈의 추천으로 관역순관館驛巡官이 되었다. 879년 황소黃巢의 반란이 일어나자, 고변이 제도행영병마도통諸道行營兵馬都統으로 임명되어 반란의 진압을 맡았다. 이 때 최치원은 고변의 종사관從事官에 임명되었다. 이후 그는 4년 동안 고변의 휘하에서 표表·상狀·서계書啓·격문檄文 등의 작성하였다. 이에 대한 공로로 승무낭전중시어사내공봉承務郎殿中侍御史內供奉,

도통순관都統巡官에 임명되었고, 이후 자금어대紫金魚袋를 하사받기도 하였다. 그는 885년 귀국할 때까지 절도사節度使의 막하幕下에서 관직을 역임했다.

그는 당唐에서 관인官人으로서의 활동은 외국인의 특별전형인 빈공과 출신이라는 한계로 지방의 말직末職에서 출발할 수밖에 없었으나 당시 지방의 실제적인 지배자인 절도사節度使 휘하의 종사관從事官이 되면서 두각을 드러낼 수 있었다. 그 배경은 당나라의 근본을 뒤흔든 황소黃巢의 난이라는 특수한 상황 때문이었다. 이로 인해 외국인으로서 일정정도의 성공이 가능했다. 그 역시 이러한 상황을 인식하였을 것이다. 황소의 난 이후 당왕조唐王朝는 일개의 지방정권으로 전락했고, 중국은 각지의 절도사에 의해 새로운 왕조가 생겨나는 오대십국五代十國의 정세로 변화하는 소용돌이 속에 놓여있었다. 그가 귀국할 무렵의 당왕조는 멸망 직전의 상황에 놓여있었다. 그가 귀국을 결심한 것도 이와 무관하지 않은 것으로 보인다.

최치원이 신라로 귀국하자, 헌강왕憲康王은 그를 시독겸한림학사侍讀兼翰林學士 수병부시랑守兵部侍郎 지서서감사知瑞書監事에 임명하였다. 최치원은 귀국한 직후부터 문한관文翰官으로서 상당한 의욕을 가지고 신라에서의 활동을 시작했다. 신라는 진성여왕眞聖女王 3년(889) 국가재정의 궁핍을 메우기 위해 주州·군郡에 공부貢賦를 독촉함으로 촉발한 전국 각지의 농민 봉기로 전국적인 내란 상태에 놓이게 되었다. 그 이듬해 그는 외직外職으로 나가기를 청해 대산군大山郡·천령군天嶺郡·부성군富城郡 등의 태수太守를 역임하였다. 그가 외직으로 나간 직접적인 이유는 그가 중국에서 몸소 체험한 황소의 난과 같은 극심한 혼란상이 신라에서도 재현되고 있어 이를 막기 위한 대책을 마련하기 위한 목적이 있었기 때문이었다. 그는 신라의 최고 지식인으로 신라사회가 당唐과 같이 멸망의 길로 접어들지 않기 위해 중국에서의 경험을 바탕으로 그 수습방안을 마련하려는 정체성이 있었던 것으로 보인다.

이러한 경험을 바탕으로 그는 이후 진성여왕 8년(894)에 시무책時務策 10여조를 올려 이러한 혼란의 근본적인 원인을 제공한 신라사회의 구조적인 문제를 바로잡으려고 노력하였다. 그는 각고의 노력을 들여 당시의 혼란을 수습하여 새로운 사회를 지향할 대안이 당시의 골품귀족의 반대로 좌절되는 상황을 마주쳐야 했다. 그는 결국 관직을 버리고 은거하다 생애를 마쳤다.

최치원의 이러한 정체성을 명확히 이해할 수 있는 단서가 있다. 그는 낙향한 후 왕건王建에게 서한을 보냈는데, 그 내용 가운데 '계림황엽鷄林 黃葉 곡령청송鵠嶺青松' 즉 신라는 낙엽과 같은 존재이고, 고려는 푸른 소나무로 묘사한 구절이 나온다.[24] 사료에 단지 이 구절만 전하고 있어 그 사실성의 여부는 확실하지 않다. 이 구절만으로 그가 실제로 고려高麗의 정권政權에 참여할 의사가 있었는지는 알 수 없지만 중국에서 절도사節度使 고변의 휘하에서의 활동을 감안한다면 그가 이러한 서한을 왕건에게 보냈을 여지는 충분하다.

그는 당에서 황소의 난을 진압하는 임무를 맡았고, 신라에서 농민봉기가 진행될 때 지방관을 맡았다. 따라서 그는 후삼국이 정립된 당시의 난국을 타개하기 위해서 그가 가진 경륜을 펼칠 수 있는 고려로 귀부歸附하고 싶어했을 것이다. 하지만 그는 신라를 버리고 고려를 선택하지 않았다. 그리고 여러 곳을 유랑하면 시를 읊으며 명승지의 이름을 지으며 방황했다. 그의 이러한 방황은 그가 '유학적儒學的' 소양을 갖춘 지식인으로서의 방황이 있었음을 알 수 있는 단서이다. 그는 당시의 정세에 대한 의견을 제시했지만 이를 몸소 실천할 수 없었던 상황을 그대로 수용했던 것이다. 그는 중국의 당나라와 신라, 고려 그 어느 곳에서도 주도적인 역할을 할 수 없었다. 그는 새로 건국된 고려도 이러한 것을 보장

---

24) 『三國史記』 卷46, 崔致遠 列傳.

할 수 있다고 믿을 수 없었을 것이다. 최치원은 당시의 상황에서 그 어느 곳도 선택할 수 없었던 당시 지식인의 정체성을 보여주는 하나의 대표적인 사례이다.

다음으로 최승우崔承祐를 살펴보자. 그는 신라의 농민봉기가 전국을 뒤흔든 진성여왕眞聖女王 4년(890)에 당나라로 건너갔다. 당唐의 국학國學에서 3년간 공부하고, 893년 예부시랑禮部侍郎 양섭楊涉이 지공거知貢擧로 주관한 빈공과賓貢科에 급제하였다. 그는 이후 중국에 남아 번진藩鎭의 막하幕下에서 문인관료文人官僚로 종사했던 것으로 보인다.[25]

최승우는 귀국 후에 신라의 조정에 들어가지 않고 견훤甄萱의 휘하에 들어갔다. 그가 후백제後百濟의 정권에 참여한 것은 당에서의 활동과 무관하지 않은 것으로 보인다. 그가 귀국했을 당시 신라는 당나라와 마찬가지로 일개의 지방정권으로 전락했다. 그는 당에서 빈공과賓貢科에 합격할 때까지 당의 수도인 장안에서 활동했고, 이 무렵의 당나라는 일개의 지방정권에 불과할 정도의 혼란에 빠져있었다. 빈공과에 급제한 후 그는 당시 대부분의 문인들과 마찬가지로 절도사節度使의 휘하에서 문인관료 혹은 문객으로 활동했던 것으로 보인다. 이러한 경험은 그를 신라가 아닌 후백제로 귀국길을 돌리게 하였고, 그가 자발적으로 견훤의 후백제 정권에 참여할 수 있게 한 정당성을 제공한 것이다.

최승우가 후백제에서 어떠한 역할을 담당하였는가는 정확히는 알 수 없다. 하지만 고려 태조 10년(927) 후백제가 신라를 침략하여 신라의 경애왕을 죽이고 경순왕을 즉위시킨 뒤 돌아와 그 사실에 대해 견훤을 대신하여 왕건에게 써보낸 「대견훤기고려왕서代甄萱寄高麗王書」라는 격서檄書를 그가 서술했다. 이를 통해 그는 후백제의 중요한 직위를 가지고 있었고 문한0文翰과 관련된 업무를 맡았다. 또한 그리고 그가 저술했다고

---

25) 李基東, 1979, 「新羅 下代賓貢及第者의 出現과 羅唐文人의 交驩」『全海宗博士華甲紀念 史學論叢』, 一潮閣, 644쪽.

하는 『사륙집四六集』 5권과 『호본집餬本集』 등은 그가 상당한 정치적 영향력과 함께 문한文翰의 업무를 가지고 있었음을 알려주는 자료이다.26)

도당유학생들은 귀국 후에 주로 외교문서의 작성과 외교사절로서 임무를 맡아 활동했던 것으로 보인다. 전근대前近代 외교문서外交文書는 사륙변려체四六騈儷體의 문장형식으로 작성되었다. 사륙변려체四六騈儷體는 고도高度의 문학적 능력이 필요로 하는 것으로 오랜 기간 훈련되지 않고서는 제대로 작성하기 힘든 문체이다. 도당유학생들은 과거科擧의 답안答案을 작성하기 위해 반드시 이러한 사륙문四六文에 대해 충분한 훈련을 하였다. 따라서 이들이 귀국 후 외교문서를 담당한 것은 자연스러운 일이었다. 그리고 유학생활을 통해 얻어진 교양과 어학능력, 현지 감각은 외교사절의 역할을 효율적으로 수행할 수 있는 기본적인 조건이었다.

최승우는 빈공과에 합격했으며 또한 『사륙집四六集』이라는 5권의 책을 저술할 정도로 사륙문四六文에 정통한 인물이었다. 따라서 그가 후백제에서 중국과의 외교업무에 종사한 것은 당연한 것이다. 후백제는 927년 신라를 침략하고, 왕건에게 치욕적인 수모를 안긴 공산동수公山桐藪 전투戰鬪의 승리와 함께 오월국吳越國의 반상서班尚書가 가지고 온 조서를 오월吳越을 대신하여 고려로 보내면서 대외적인 망신을 고려에 안겼다. 이같은 외교적 성과는 후백제의 외교적 역량을 반영한다. 또한 이러한 사업을 추진한 주체를 최승우를 대표로 하는 집단으로 보는 데는 무리가 없을 것이다.

후백제는 오월吳越과 밀접한 외교적 교섭을 가져왔다. 견훤甄萱은 당唐 소종昭宗 광화光化 3년(900)에 오월의 무숙왕武肅王으로부터 외교사절을 보내준 데 대한 답례로 이전의 직함에 검교대보檢校大保를 더해 받았다.27) 이는 그 이전부터 오월과 교류가 있었음을 알려준다. 또한 909년

---

26) 『三國史記』 卷46, 薛聰傳 崔承祐.
27) 『三國史記』 卷50, 甄萱.

에는 후백제의 사행선使行船이 태봉泰封에 나포되어 궁예弓裔에게 압송되는 사건이 있었고,[28] 918년에는 후백제가 오월에 말[馬]을 진상한 답례로 오월의 무숙왕이 견훤에게 중대부中大夫라는 직함을 더했다.[29] 이렇듯 후백제는 오월 등과의 활발한 외교를 위해 최승우를 비롯한 도당유학생 출신들을 대거 등용하여 적절히 활용했을 것이다.

후백제의 축적된 교류의 성과는 고려에 치욕적인 외교적인 패배를 안기게 했던 것이다. 또한 후백제는 오월 이외에도 화북華北의 후량後梁·후당後唐은 물론 거란契丹과도 교류를 갖고있었다.[30] 이러한 사실은 후백제가 오월뿐만 아니라 화북의 오대정권五代政權 그리고 거란을 아우르는 전방위적 외교에 나섰음을 보여준다.[31] 이러한 다방면의 정책을 추진하기 위해서는 당시 동아시아 정세를 정확히 파악할 수 있는 경륜을 갖춘 인물이 필요했을 것이다. 신생국인 후백제에서 이러한 사업을 추진할 인물은 최승우 밖에 없다.

최승우는 고려高麗의 입장에서 후삼국통일의 최대 걸림돌인 인물이었다. 여기에 그는 '격서檄書'를 써서 태조 왕건에게 가장 큰 치욕을 안겨주게 한 장본인이었다. 하지만 멸망한 후백제의 중추적인 인물인 그의 행적이 간략하게 나마 『삼국사기三國史記』에 기록되었고, 『동문선東文選』에 그의 시詩 10편이 전해진다. 고려에서 그에 대한 평가는 당의 빈공과에 합격한 신라를 대표하는 지식인으로 표상되는 3최의 하나 즉 한반도를 대표한 인물이라는 것이다. 후삼국을 통일한 고려는 그를 난세亂世에

---

28) 『高麗史』 卷1.
29) 『三國史記』 卷50, 甄萱 ; 『十國春秋』 卷78.
30) 甄萱은 太祖 3年(920) 12月에 後梁 末帝로부터 百濟王에 제수되었다(『三國遺事』 卷2). 936년 神劍 집권한 이후 後唐과의 교류에 대한 기사도 발견된다(『舊五代史』 卷24 ; 『新五代史』 卷7). 후백제는 契丹과 일정정도의 교류가 있었던 것으로 보인다(『三國史記』 卷50).
31) 金大植, 2005, 「고려초기 使行 기록의 검토-『海外使程廣記』를 중심으로-」 『역사와 현실』 58.

어쩔 수 없는 선택으로 적敵이 되었지만, 후백제를 대표하는 지식인이었기 때문에 간신奸臣으로 기술하지 않았던 것이다. 이는 후삼국을 통일한 고려의 포용정책의 일환으로 보인다.

최승우는 혼란기에 중국으로 유학하여 빈공과에 합격한 후 절도사의 막부에서 종사하다 귀국할 곳을 후백제로 선택한 인물이다. 이러한 그의 선택은 그는 출발부터 신라사회에 대한 희망을 갖지 않아 중국에서 활동할 수도 있었겠지만 당시 당말唐末의 상황에서 이러한 것도 불가능했기 때문에 부득이한 것으로 보인다. 다른 측면으로 그는 경륜을 펼칠 수 있는 장場을 당시 후삼국의 주도권을 쥔 후백제로 인식하여 적극적으로 참여했다. 그의 정체성은 단순한 명분이 아니라 난세에 가장 현실적인 선택인 실용성實用性에 입각한 것으로 판단된다.

다음으로 최언위崔彦撝에 대해 살펴보자. 최언위는 효공왕孝恭王 원년元年(897) 30세의 나이로 유학을 떠나, 39세 때인 906년 당나라가 멸망하기 직전 마지막으로 시행한 빈공과에 합격한 인물이다.[32] 그는 42세 때인 효공왕 13년(909)에 귀국했다. 그는 초명이 신지愼之였고, 신라로 귀국해서는 이름을 인연仁渷으로 개명했고, 경순왕을 따라 고려로 귀부한 이후 언위彦撝로 바꾸는 등 2차례나 개명한 인물이다.[33]

그는 귀국 후 집사성시랑執事省侍郎 서서원학사瑞書院學士에 임명되어 활동했다. 그는 태조 18년(935)에 경순왕을 따라 고려로 가서 태자사부太子師傅에 임명되어 문한文翰의 업무에 종사했다. 혜종 원년(944)년 사망할

---

32) 崔彦撝의 賓貢科 합격의 시점을 孝恭王 10년(906)으로 보는 것이 대체적인 견해로 보인다(李基東, 1978, 「羅末麗初 近侍機構와 文翰機構의 擴張 - 中世的 側近政治의 志向 - 」『歷史學報』77, 39쪽 ; 金英美, 1995, 「羅末麗初 崔彦撝의 現實認識」『史學硏究』50, 145쪽 ; 李賢淑, 1995, 「나말려초 崔彦撝의 정치적 활동과 위상」『梨花史學硏究』22, 21쪽).

33) 李賢淑은 출생에서 귀국 전까지를 '崔愼之 시대', 귀국에서 고려로 귀부하기 이전까지를 '崔仁渷 시대', 고려에서 활동한 시기를 '崔彦撝 시대'로 표현하고 있다(李賢淑, 1995, 「나말려초 崔彦撝의 정치적 활동과 위상」『梨花史學硏究』22).

무렵 그의 최종 직함은 대상大相 원봉대학사元鳳大學士 한림원령翰林院令 평장사平章事였다.

최언위는 최치원과 최승우와는 달리 당말唐末의 혼란기에 절도사節度使의 휘하에서 적극적으로 활동하지는 않았던 것으로 보인다. 빈공과에 합격했을 때, 그는 이미 39세로 절도사의 막료幕僚가 되기에는 너무 많은 나이었다. 그리고 그가 급제할 무렵의 중국은 혼란의 소용돌이가 몰아치고 있었다. 그가 급제 한 다음해 4월에 주전충朱全忠은 당唐의 마지막 황제인 애제哀帝로부터 선양禪讓을 받는 형식으로 당제국唐帝國이 멸망시켰다. 그는 빈공과의 합격과 함께 제국의 멸망과 이후 이어지는 후량後梁의 개국과정을 현장에서 목도目睹했을 것이다. 그에게 빈공과의 영예榮譽를 안겨 준 당나라의 멸망은 그의 정체성正體性에 상당한 혼란을 주었을 것이다. 그가 신지愼之에서 인연仁渷으로 개명한 것도 이와 깊은 관련이 있을 것이다.

최언위가 귀국할 당시의 현실적 상황은 후백제나 태봉에서 어느 정도 국가의 체제정비가 이루어졌고, 서로를 향해 팽팽한 긴장감이 깃들고 있을 무렵이었다. 따라서 그가 선택할 여지는 그렇게 크지 않았을 것으로 보인다. 그는 신라로 귀국하여 권력의 중심부가 아니라 실무직인 문한관으로 종사했다. 이후 그는 경순왕을 따라 고려로 들어가 입사入仕할 때 다시 인연仁渷에서 언위彦撝로 개명했다. 이는 그가 자발적으로 국가나 국왕을 배신한 것이 아니라 국왕을 따라 고려에 편입된 것이었으므로 그에게 고려에 충성할 수 있는 새로운 정체성을 확립하기 위한 명분으로 보인다. 그의 개명은 유학적 교양으로 '충신불사이군忠臣不事二君'이라는 유학적儒學的 기본명제基本命題를 지키면서도 새로운 국왕을 위해 충성한다는 이중성을 가지고 있었다. 이는 이후 그로 대표되는 고려의 신라계 지식층의 정치적 활동과 밀접히 관련되어 있다.

2) 고려초 지식인의 정체성과 체제정비

태조太祖 왕건王建은 그가 '훈요십조訓要十條'에서 스스로를 '단평單平'이라 밝혔듯이 골품제骨品制와는 거리가 있는 인물이었다. 고려는 출발부터 최응崔凝·박암朴巖·최지몽崔知夢 등 유학적儒學的 소양素養을 갖춘 인물들에 의해 국가의 기틀이 마련되어 '유교적儒敎的 통치이념統治理念'이 그 근간을 이룬 사회로 출발했다. 하지만 이러한 '유교적 통치이념'이라는 국가적 통치이념의 기본적 골격은 이보다 훨씬 오래 전인 삼국시대에 유학이 들어온 직후부터 추구되고 있었다. 이는 한대 이후 동양사회의 기본적 통치 이념으로 자리잡았기 때문이다.

유교적 통치이념이 관념적인 것이 아니라 현실정치에 직접적으로 구현되는 것은 후삼국시기에 이르러서였다. 이는 최치원·최승우·최언위 즉 '일대삼최一代三崔'로 대표되는 도당유학생渡唐留學生들이 현실정치에 참여하여 기존의 정치제도政治制度 혹은 사회제도社會制度의 문제점을 지적하고 이를 대치하는 새로운 형태의 이념과 제도를 제시하면서부터이다. 최치원崔致遠은 신라정부에 참여하여 시무책時務策을 제시하였고, 최승우崔承祐는 후백제 정권에 깊이 참여하여 이러한 기반을 마련하였을 것이다. 최언위崔彦撝는 신라와 고려에서 문한을 통해 이러한 역할을 담당하였다. 이들의 정치적 위상은 달랐지만 빈공과에 합격한 최고의 지식인으로 문한을 담당한 점에서는 같았다.

이들 '3최三崔'로 표현되는 당시 지식인의 정체성은 고려초에 형성된 '유교적 통치이념'의 근간을 이루었다. '유교적 통치이념'을 명확히 개념 규정할 수 없지만, 3최는 이론적 토대인 학문으로서의 '유학의 기본'을 갖추었고, 그 제도적 근거인 율령律令과 중국식 정치구조 등에 대한 상당한 이해가 있었고, 또한 중국에서 실무를 담당한 경험도 있었다. 이러한 세가지 요소는 도당유학생들이 갖는 정체성의 바탕을 이룬다. 이를 간단히 정리하면 다음과 같다.

첫째, 이들은 학문으로서의 '유학儒學의 기본'을 갖추었다. 이들이 유학留學을 떠난 목적은 순수한 학문적 열정이 아니라 빈공과에 합격하기 위함이었다. 이를 위해서 『오경정의五經正義』로 대표되는 한당유학漢唐儒學을 당나라의 정규교육기관인 국학國學에서 정상적인 방법을 통해 그 기본 개념을 정확히 익혀야 했다는 점이다. 전근대 제도 도입의 방식은 삼국시대부터 중국의 여러 사상과 제도를 서적書籍이나 특정 개인을 통해 도입하여 형식적으로 기구를 설치한 것에 불과했다. 어떠한 사상과 제도도 체계적으로 도입하여 운영하기까지는 상당한 시간과 노력이 필요하다. 도당유학생들은 과거科擧를 치르기 위해서 중국의 정규교육에서 가장 기본적이며 핵심적인 과정인 '유학儒學'을 기초부터 정확히 익혔고, 그 최종적인 평가인 과거科擧를 통과했다. 이들이 귀국하여 정책을 기획하고 입안하는 위치에 서게 됨으로써 '유교적 통치이념'은 추상적이고 단순한 형식적인 모습에서 구체적이고 제도화된 형태로 현실에 반영될 수 있는 이론적 토대를 갖추었다.

둘째, 이들은 율령제律令制 국가國家로 표상되는 당나라의 정치체제와 운영원리를 몸소 익혔다. 3최는 모두 정규과정을 마치고 빈공과賓貢科에 합격한 인물이다. '과거科擧'라는 제도는 관리官吏를 선발하기 위한 시험제도이지만, 여기에는 국가의 관료기구官僚機構 내지 국가운영조직國家運營組織, 운영원리運營原理 등이 내포되어 있다. 과거는 국가기구를 운영할 기본적인 자질을 갖춘 인물을 양성하는 교육을 바탕으로 그 시스템을 효율적으로 운영할 인물을 선발하는 것이다. 당나라 초에 완성된 '3성6부제'로 지칭되는 국가운영시스템은 이후 동아시아사회의 전형典型을 이룬다. 이들이 중국유학을 통해 얻는 가장 큰 성과 중의 하나는 이러한 시스템을 직접 경험하는 것이다. 이는 이들이 갖는 정체성의 가장 중요한 부분의 하나일 것이다.

도당유학생들은 율령제律令制로 표상되는 법제적 통치의 기본원리와 방향, 그리고 3성6부제로 대표되는 통치기구의 구성과 운영원리에 관한 총론적인 이해가 있어야 당나라에서의 생활에 적응할 수 있었을 것이다. 또한 이들은 중당中唐 이후 변화된 사회에 따른 새로운 운영원리로 자리 잡은 영외관체제슈外官體制 역시 유학생활을 통해 경험했다. 이들은 귀국 후 대부분이 문한文翰을 비롯한 주요 사업의 실무를 담당했고, 그 과정에서 자신이 체험한 제도와 운영원리 등을 어떠한 형태로든 반영하고자 했을 것이다.

셋째, 이들은 빈공과 합격 후 중국에서 실제 정치를 경험하였다. 최치원은 당제국의 공식적인 지방관리와 절도사節度使의 막료幕僚를 경험했다. 최승우와 최언위는 빈공과 합격 후 바로 귀국하지 않고 수년간 막료 혹은 문객門客으로 활동했던 것으로 보인다. 이들이 체험한 중국 현지의 실무경험은 중국의 국가운영원리에 대한 보다 깊은 이해가 가능했을 것이다. 귀국 후 그들이 맡은 문한과 외교外交 관련업무는 이러한 운영원리를 다양한 형태로 현실화시킬 수 있는 기반이 되었다.

3최로 대표되는 도당유학생들은 공통된 특성을 가지고 있었으나 정치적 행로는 달랐다. 여기에는 당唐의 붕괴에서 송宋의 건국에 이르는 중국의 당말오대唐末五代와 후삼국後三國의 혼란상이라는 시대적 배경이 있다. 이들은 중국과 한반도의 혼란을 모두 직접 체험하였다. 최치원은 중국에서 황소의 난을, 귀국해서는 진성여왕대의 농민봉기農民蜂起를 겪었다. 최승우는 출국할 때 농민봉기를, 귀국해서는 후삼국後三國의 정립鼎立을 보았다. 최언위는 당제국唐帝國의 멸망滅亡과 후량後梁의 건국, 그리고 신라新羅의 멸망滅亡과 고려高麗의 후삼국통일後三國統一 과정을 현장에서 겪었다. 이러한 각기 다른 체험은 이들의 지식인들의 정체성을 다양한 형태로 나타나게 했다.

최치원은 신라로 귀국하여 개혁에 관한 열망을 불태우다 결국 신라의 중앙정부에서 물러나 낙향했다. 최승우는 신라가 아닌 후백제의 궁예정부에 참여하여 자신의 뜻을 펼쳤다. 최치원과 최승우가 자신의 경륜을 권력의 핵심에서 펼치고자 했던데 반해 최승우는 신라로 돌아와 문한의 실무를 담당한 소극적인 인물이었다. 하지만 그는 경순왕을 따라 고려에 들어가 문한을 담당하면서 후삼국통일 이후 체제정비의 기본 구도를 설정하여 커다란 족적을 남겼다.

유학儒學은 수신제가치국평천하修身齊家治國平天下의 사회질서를 요구한다. 하지만 이러한 난세亂世에는 정도正道가 세워지지 않아 권도權道로서 정도正道를 세울 수밖에 없다. 이들 3최는 도당유학渡唐留學 이전의 상황, 중국에서의 정세, 귀국 이후 처지가 각기 달랐다. 이에 따라 이들의 처세 역시 다를 수밖에 없었다. 최치원은 농민봉기로 신라의 국가체제가 붕괴되는 과정을 현장에서 겪으며 그 해결방안을 신라사회의 구조적 개혁을 통해 찾으려 하였다. 여기에는 그가 절도사의 종사관으로 황소의 난을 진압한 경험이 있었고, 그리고 그 과정에서 이러한 농민봉기가 일어난 원인을 집권체제의 모순 때문으로 파악했기 때문으로 파악된다.

최승우는 도당유학에 오를 당시 농민봉기가 진행되고 신라의 집권체제執權體制가 붕괴되는 상황을 보았을 것이다. 빈공과에 합격한 후 절도사의 휘하에서 문신막료文臣幕僚로서 활동하여, 그는 신라사회가 골품제骨品制라는 구조적으로 개혁이 불가능 체제로 인식하였던 것이다. 따라서 그는 흥기하는 후백제에서 새로운 체제를 건설하려 한 것으로 보인다.

최언위는 30세에 유학留學을 떠난 것으로 보아 신라에서 관료官僚로 활동했을 가능성이 높다. 그는 당唐의 마지막 빈공과에 39세의 나이에 합격하고 당제국의 멸망과 후량의 건국 그리로 이에 따른 혼란을 현장에서 겪었다. 이러한 경험은 그에게 골품제骨品制라는 신분제身分制가 여전히 상존하는 신라사회로 복귀하게 하였고, 이러한 그의 고민은 이름을 '인연仁渷'으로 개명하게 한 것으로 보인다. 그는 결국 42세 때인 909년에 귀국하여 집사성시랑執事省侍郎 서서원학사瑞書院學士 등의 직함으로

고려에 귀부하는 935년까지 26년 동안 신라에서 문한文翰을 담당한 중
견관료로 활동했다.[34] 하지만 그의 직함이 고려로 귀부한 이후 찬술撰述
한 비문碑文에 '검교상서좌복야겸어사대부檢校尙書左僕射兼御史大夫'라는
직함으로 나타난다. 이러한 직함은 고려高麗 성종대成宗代 이전까지 이러
한 관직이 신라新羅나 고려高麗에 존재하지 않아 국내國內에서 임명된 명
칭은 아니었다. 이러한 직함은 주로 중국에 파견된 사신使臣에게 주어진
것으로 그가 사신으로 파견되었을 가능성을 시사한다. 그가 파견될 수
있는 시기는 신라에서 봉림사鳳林寺 진경대사보월능공탑비眞鏡大師寶月凌
空塔碑를 찬술撰述한 이후 어느 시점일 것이다. 즉 최언위의 직함은 후당
後唐에 파견되어 이 때에 받은 것으로 추정된다.[35] 그는 신라에 돌아와
외교 관련업무에 종사하였던 것을 알 수 있다. 그는 격변하는 국제정세
속에서도 신라를 지켰다. 이는 그가 유신儒臣으로서의 정체성正體性을 가
지고 있었음을 보여준다.

최언위가 고려에서 활동한 기간은 경순왕 김부金傅를 따라 고려의 조
정에 들어간 68세 때인 태조太祖 18년(935)부터 혜종惠宗 원년元年(944) 77
세로 사망할 때까지 10년이었다. 최언위는 고려에 귀부할 때 가족 모두
를 이끌고 갔고, 이름도 다시 언위彦撝로 개명했다. 그는 멸망한 신라의
신료臣僚가 아니라 신라를 포용한 고려의 신민臣民이 되려한 것이다.

최언위는 빈공과에 합격하였으나 최치원처럼 앞서 개혁방안을 제시

---

34) 李賢淑, 1995, 「나말려초 崔彦撝의 정치적 활동과 위상」『梨花史學硏究』22,
23쪽.

35) 崔彦撝가 碑文에 이러한 官職名을 詐稱하여 기록했다고 볼 수는 없다. 그가 後
唐을 방문하여 받았다는 견해가 있다(金英美, 1995, 「羅末麗初 崔彦撝의 現實
認識」『史學硏究』50, 152~153쪽). 時期는 그가 眞鏡大師碑를 찬술한 924년
무렵 이후이고, 그가 고려로 귀부했을 무렵 고려에서는 王規·邢順 등이 외교를
담당하고 있어 景哀王代에서 敬順王代로 추정된다. 敬順王 9年(935)에 執事侍
郞 金昢이 後唐의 廢帝로부터 檢校工部尙書를 받았던 예로 보아 이 무렵으로
보아도 무리가 없을 것이다.

하다 이루어지지 않자 은거한 인물이 아니다. 그는 최승우처럼 시대의 질곡 속에서 새로운 곳에서 자신의 경륜을 펼치지도 못했다. 그는 조용히 귀국하여 몰락한 신라정부의 중견관료로서 종사한 인물이었다. 하지만 그는 신라에서 외교와 문한의 업무를 맡으며 능력을 발휘할 때를 기다렸던 것이다. 그의 정체성은 체제변혁 보다는 체제의 안정과 구축에 있었다. 그는 후삼국통일 이후 새롭게 펼쳐진 나라인 고려에서 그의 경륜을 펼치게 된다.

최언위는 광윤光胤·행귀行歸·광원光遠·행종行宗 등 네명의 아들이 있었다. 이들 중 최광윤崔光胤, 최행귀崔行歸, 최광원崔光遠 그리고 최행귀의 아들 최량崔亮 등은 최언위를 이어 고려정부에 중요한 역할을 담당했다. 최광윤崔光胤은 최언위의 4남 가운데 장남으로 최언위가 당나라로 유학을 떠난 나이가 30세이고 귀국한 때가 42세이므로 최소한 최언위가 유학을 떠나기 전인 895년 이전에 태어났을 것으로 보인다. 그는 태조가 찬술撰述한 홍법사진공대사탑비興法寺眞空大師塔碑를 당태종唐太宗의 글씨로 집자集字한 인물로 유명하다. 그가 집자集字하는 책임을 맡았을 때는 입비연대立碑年代로 보았을 때 진공대사眞空大師가 입적한 태조 23년(940)일 것이다. 이러한 막중한 책임을 감당할 수 있는 인물은 40대 혹은 50대 정도의 연배에 학식과 경륜을 갖춘 학자일 것이다. 따라서 그의 나이는 40대 중반 혹은 50대 초반 정도로 보인다.

최광윤의 행적에서 두드러진 것은 빈공진사賓貢進士로 유학遊學하러 후진後晋에 들어가다 거란契丹에 포로로 잡혔고, 이후 거란의 관료로 발탁되어 구성龜城에 사신으로 파견되어 거란이 고려를 침략하려는 계획을 고려에 알려 광군光軍 30만을 양성하게 했다.[36] 그가 빈공진사로 후진에 들어가 포로가 된 것은 후진의 멸망 직전으로 보인다.[37] 후진後晋은 마

---

36) 『高麗史』卷92, 列傳5 崔彦撝 崔光胤附.

37) 高麗는 五代의 여러 나라들과 빈번한 교류를 가졌다. 그 가운데 後晋과는 건국

지막 황제 소제少帝가 정종定宗 원년元年(946)에 거란의 태종太宗에게 수도
인 업도鄴都에서 포로로 잡혀 거란으로 끌려가면서 멸망한다. 최광윤이
거란에 포로가 된 것도 이 무렵으로 추정된다. 이 때 그의 나이는 최소
한 50대였을 것이다.『고려사高麗史』에서 말하는 '빈공진사'라는 기사는
숙위학생宿衛學生과 같은 성격이 아니라 왕인적王仁翟과 같이 인질[質子]의
역할을 했던 것으로 보인다. 그가 거란의 침입 의도를 고려에 알리자,
광군 30만을 양성하게 할 정도로 그는 신뢰받는 사람이었다. 이는 최언
위와 최광윤으로 대표되는 집단에 대한 신뢰였다.

　차남次男인 최행귀崔行歸는 오월吳越에 유학했고 비서랑秘書郎까지 지
낸 인물이다. 그는 광종光宗의 개혁에 참여하였으나 이후 광종에 의해 사
사賜死되었다.[38] 하지만 완전히 몰락한 것은 아니었다. 그의 아들인 최량
崔亮은 광종대에 급제하여 공문박사攻文博士에 임명되었고, 또한 성종이
잠저潛邸에 있을 때 사우師友관계를 맺어 성종 집권기에 내사시랑內史侍郎

이듬해인 太祖 20年(937)부터 멸망하기 전인 惠宗 2年(945)까지 한해도 거르지
않고 使臣을 교환하였다. 938년에는 後晉의 年號를 쓰는가 하면, 王仁翟을 質子
로 보내기도 했다(『高麗史』卷2·『高麗史節要』卷1 ;『舊五代史』卷77 ;『五
代會要』卷30). 또한 939년에는 廣評侍郎 邢順 등 92명이나 되는 사신을 파견하
기도 했다(『册府元龜』卷972 ;『舊五代史』卷78 ;『新五代史』卷8 ;『五代會
要』卷30). 그런데 後晉이 멸망하는 定宗 元年(946)의 기록은 아직 찾아지지 않
는다. 崔彦撝가 惠宗 元年에 사망하였기 때문에 崔光胤은 3년상을 치렀을 것으
로 보인다. 그렇다면 그가 後晉에 파견될 수 있었던 때는 眞空大師塔碑의 集字
를 마친 941년에서 崔彦撝가 사망하기 전인 943년, 後晉이 멸망한 946년이다.
後晉의 石敬瑭은 燕雲十六州를 契丹에 바칠 정도로 契丹의 지원을 받는 정권이
었다. 이 때문에 941~943년까지에 高麗使臣이 포로로 잡혔다는 것은 설득력이
없다. 따라서 崔光胤이 後晉 파견되었다가 포로로 잡힌 때는 946년으로 보아야
할 것이다.

38) 新羅는 멸망 직전까지 華北의 唐·後梁은 물론 吳越·閩, 契丹과도 밀접한 관련
을 가졌다. 崔行歸는 崔彦撝가 귀국해 新羅에서 文翰을 담당했을 무렵 吳越에
갔던 것으로 보인다. 新羅와 吳越과의 관계와 관련된 사료는『十國春秋』등에 景
明王 7년(923), 景哀王 2년(925) 朴巖의 歸化와 新羅王의 册封 기사가 있다(『十
國五代』卷78).

겸민관어사兼民官御事 동내사문하평장사同內史門下平章事에 이른 인물이다. 삼남三男인 최광원崔光遠은 비서소감秘書少監까지 지냈다.

이와 같이 고려로 귀부한 최언위가 가진 정체성은 그의 아들과 손자 대로 이어졌다. 최언위는 최치원과 같이 시무책時務策을 제안하지도 않았고, 최승우와 같이 격문을 내세우지도 않았다. 그는 명분을 잃지 않으면서도 귀국 후에는 문한관으로 있다가 경순왕을 따라 귀부하여 고려에서도 중추적인 역할을 담당한 인물이다. 이러한 그의 정체성은 신라계 지식인집단으로 이어졌던 것으로 보인다. 고려정부는 거란에 포로가 되었다가 거란의 관리로 발탁된 최광윤의 정보를 믿고 광군 30만을 육성했다. 이러한 사실은 이들 집단이 고려초기 체제정비 과정에서 핵심적인 위치로 부상했음을 알려준다.

고려초에 최언위로 대표되는 신라계 지식인집단이 대두擡頭하게 된 바탕은 명분과 실리를 동시에 추구하는 유교적 정체성이 주축을 이루었기 때문이다. 이들은 고려 정부에 효과적으로 정착하여 그 지위를 확고히 해 나갔다. 이러한 고려초 지식인의 정체성은 명분과 실리의 조화를 동시에 추구하는 유교적儒敎的 실용주의實用主義임을 최언위의 사례로 명확히 알 수 있을 것이다.

고려정부는 후삼국통일 이후 확대된 영역과 인민을 효율적으로 통제하는 시스템을 구축하는 것이 가장 큰 과제였다. 명분과 실리를 동시에 추구할 수 있는 방안은 통치기구의 정비였고, 이는 3성6부제의 전면적인 도입을 의미했다. 하지만 당시 중국의 어떠한 곳에서도 이러한 관제를 운영하는 나라는 없었다. 따라서 고려는 이러한 관제정비의 모델을 실존하는 국가에서 찾는 것이 불가능한 상황이었다. 최언위를 비롯한 도당유학생들과 그들의 영향을 받은 지식인 집단에 의해 고려는 성종대에 이르러 당제唐制를 모델로 한 독자적 형태의 관제를 갖게 된다.[39]

---

39) 金大植, 2000,「高麗 成宗代 三省六部制의 導入過程」『士林』14.

3) 태조대 체제정비와 최언위

최언위는 고려에 귀부한 직후 태자사부太子師傅에 임명되어 문한文翰
을 담당하였다. 또한 그는 당시 고려 궁궐의 모든 이름[宮院額號]을 지었
고, 귀부 이후 국가가 건립 주체인 주요 선사禪師들의 비문을 도맡아 찬
술撰述하였다.[40] 비문碑文의 찬술撰述은 당대當代 최고最高의 문필文筆을
가진 지식인知識人에게 주어진 특혜이자 영광이었다. 태조 왕건은 그를
그만큼 신뢰했던 것이다.

당唐나라 중기 이후 당말오대시기唐末五代時期 중국은 극심한 혼란으로
인해 지방의 군권軍權을 장악한 절도사가 통치의 주체가 되었다. 중앙정
부 역시 일반 통치조직보다 병권을 중심으로 실권이 옮겨지면서 국가의
중추적인 실권은 한림원翰林院과 같은 국왕의 측근 기구가 장악했다. 고
려高麗의 원봉성元鳳省은 중국의 대표적 영외관令外官인 한림원翰林院과
유사한 기능을 갖고 있다. 또한 신라의 서서원瑞書院 또한 이와 유사한
기구였다. 최언위가 신라로 귀국한 이후에 받았던 직함도 집사시랑서서
원학사執事侍郎瑞書院學士였다. 한림원은 국왕 측근의 근시기구近侍機構로
조칙詔勅을 맡아 실권을 맡은 기구였다. 왕건王建이 궁예弓裔로부터 위기
에 빠졌을 때 이를 모면하게 한 최응崔凝은 궁예弓裔의 신임을 받아 한림
翰林에 임명되었고, 고려 건국 후 태조로부터 지원봉성사知元鳳省事에 임
명되었다.[41] 이처럼 문한직文翰職은 국왕의 신임을 받는 직책이었다. 최
언위는 몰년 당시의 직함이 대상大相 원봉대학사한림원령元鳳大學士翰林院
令 평장사平章事였다. 평장사平章事의 직함은 논외로 하더라도 원봉대학사
元鳳大學士와 한림원령翰林院令이라는 직함은 그가 사망할 때까지 국왕 측

---

40) 崔彦撝가 撰述한 塔碑는 13種이고(金英美, 1995,「羅末麗初 崔彦撝의 現實認
識」『史學硏究』50, 142쪽 <표 1>), 그 중 고려 귀부 이후 작성된 것이 10種이
다. 李賢淑은 撰述과 建立時期까지 밝히고 있다(李賢淑, 1995,「나말려초 崔彦
撝의 정치적 활동과 위상」『梨花史學硏究』22, 15쪽 <표 2>).

41)『高麗史節要』卷1, 太祖 15年 11月.

근의 근시기구近侍機構에 있었음을 보여준다.

원봉성元鳳省과 한림원翰林院은 국왕의 조칙詔勅을 비롯하여 외교문서
外交文書 등 국가의 공식적인 중요문서의 기안起案을 담당했던 기구로 궁
전宮殿 내에 설치된 관부였다. 당시 조칙詔勅과 격格·식式, 외교문서外交文
書, 비문碑文, 과거시험科擧試驗 답안인 과지科紙에 이르는 대부분의 공문
서公文書는 수당대隋唐代에 완성된 정제整齊된 형식의 사륙문四六文이었다.
이러한 사륙문四六文을 자유자재로 구사하기 위해서는 유학적 지식은 물
론 다양한 교양敎養이 전제된 상태에서 상당기간의 집중적 훈련을 필요
로 했다. 도당유학생들은 빈공과의 과지科紙가 이러한 형식이었으므로
사륙문四六文을 철저히 훈련했다.

후삼국을 통일한 고려정부는 확대된 영역과 인민을 통제하기 위해 체
제를 정비하면서 우선 보다 효율적인 행정체계行政體系를 갖추려 했을 것
이다. 그 모델은 당대唐代에 구축된 동아시아의 보편적인 행정체계였음
은 분명하다. 이러한 체제를 세우고 운영할 능력을 갖고 있었던 것은 최
언위를 비롯한 도당유학생 집단이었을 것이다. 고려는 경순왕의 귀부로
신라계新羅系 지식인집단이 대거 고려로 모여들어 새로운 체제를 성립시
킬 인적자원을 확보할 수 있었다.

신라계 지식인집단을 대표하는 최언위에게 귀부 이후 처음으로 주어
진 특별 업무가 궁궐의 이름을 짓는 것이었다. 그 구체적인 내용을 알
수 없지만, 그가 모든 궁궐의 이름을 지었다는 것으로 보아 건국 직후에
정해진 몇 개를 제외하고 고려의 정전正殿인 회경전會慶殿, 국왕의 집무
실인 건덕전乾德殿 등 대부분이 그에 의해 지어졌다. 이에 대해 서긍徐兢
은 『선화봉사고려도경宣和奉使高麗圖經』에서 고려는 궁전의 이름을 중국
에서 멋대로 차용했다고 말했다.[42) 최언위가 지은 이름의 대부분은 이
때까지도 그대로 있었다고 보여진다. 따라서 그가 지은 이름은 중국의

---

42) 『宣和奉使高麗圖經』 卷5, 宮殿1.

특정한 국가의 것을 모델로 한 것이 아니라 당唐을 비롯한 역대 왕조의 이름 가운데 고려의 실정에 맞는 명칭을 차용한 것이다.

태조대 이루어진 개혁 가운데 이후 가장 큰 영향을 끼친 것은 태조太祖 23년(940) 주부군현州府郡縣의 이름을 중국식으로 바꾼 개혁이다. 그 내용은 그 이전까지 이 땅에 있는 고유한 명칭을 중국中國에 있는 지명地名으로 대체하는 것을 말한다. 이러한 지명변경의 목적은 후삼국을 통일의 정당성을 확보하기 위해 고려가 신라와는 다른 체제임을 보여주어야 했기 때문으로 보인다. 그리고 고려사회는 한 정치·경제·사회·문화 각 분야에서 통합 작업을 위한 가시적인 개혁을 필요로 했다. 또한 모든 사람들이 그 변화를 직접적으로 느낄 수 있는 조치여야 했다. 이것이 지명地名의 변경이다.

하지만 지명의 변경은 단시일 내에 쉽게 이루어질 수 있는 쉬운 개혁이 아니다. 지명 변경을 위해서는 기존의 지명에 대한 조사가 선행되어야 하고, 대체할 지명에 대한 적합한 대안이 있어야 한다. 지명변경 작업은 기존에 표기된 모든 공문서와 사문서를 바꾸어야 하는 어렵고 복잡한 작업이 전제되어 있다. 특히 대체할 중국의 지명에 대한 깊은 이해가 필수적이다. 이러한 대규모의 프로젝트는 수많은 문서를 정리할 대규모의 지식인 집단이 필요하다. 또한 이러한 작업은 다수의 반대와 반발이 있을 수 있다.

최언위는 궁궐의 명칭을 새로 지어 호평을 받았을 정도로 '명칭名稱'에 관해서는 권위를 갖고 있었다. 그는 중국中國에 유학留學하여 중국의 지명에 대한 상당한 지식을 가지고 있었을 것이다. 그리고 그는 신라에서 문한을 담당한 중견의 관료로 행정실무에 26년 동안이나 종사하여 이러한 실무를 처리할 수 있는 적임자였다. 이는 태조 23년 이루어진 중국식中國式 지명地名으로의 대체과정에 최언위가 직접적으로 관여하지 않을 수 없음을 보여준다.

태조대의 개혁은 대부분이 태조 23년에 중점적으로 시행되었다. 주부군현州府郡縣의 지명의 개편, 역분전役分田의 시행, 공신당功臣堂의 설치 등이 그것이다. 이 무렵에 이르면 후삼국을 통일한 후 논공행상論功行賞의 결산은 물론 전시체제戰時體制를 평화체제로 바꾸는 작업이 가시화되어야 했다. 태조가 최언위를 우대한 것도 이러한 작업을 맡길 중립적인 인물이 필요했기 때문일 것이다. 그가 구체적으로 어떠한 일을 맡아서 시행했는지는 알 수 없지만 이러한 후삼국통일의 결산 조치를 완료하는 데 깊이 관여했던 것은 분명하다.

최언위는 고려 귀부 이후 10년 동안 10편이나 되는 선사禪師들의 비문碑文을 찬술했다. 선종禪宗은 나말여초시기 한반도에서 크게 유행했다. 선사들의 다수는 당唐에 유학한 최고 지식인집단으로 당시의 시대정신을 대변하는 위치에 있었다. 나말여초시기 선사들을 중심으로 고승高僧들의 탑비塔碑를 세우는 것이 유행하였다. 이러한 탑비塔碑의 건립은 국가國家의 공식적인 사업으로 진행되었다. 이는 이들과 공권력과의 밀접한 관련을 말해준다. 국가는 주로 선종의 고승을 국사國師나 왕사王師로 임명했고, 국왕과 이들간의 관계는 대민홍보용으로 활용되었다. 따라서 나말여초의 탑비는 최고의 문필가가 찬술하고 최고의 명필이 글씨를 쓰고 최고의 석공들에 의해 조각된 당시의 최고 예술의 결정판이었다. 최언위가 고려 귀부 이후 선사비禪師碑의 대부분을 찬술撰述한 것은 그가 당시 최고의 문필가였음을 대변한다.

최언위의 활동하던 시기 그가 찬술하지 않은 주요 탑비는 진공대사眞空大師 충담忠湛의 탑비가 유일하다. 이는 태조太祖 왕건王建이 직접 찬술했고, 당태종唐太宗의 글씨로 집자集字하여 그가 개입할 여지가 없었다. 하지만 당태종 글씨의 집자를 그의 장남인 최광윤崔光胤이 했다는 점에서 이 역시 그가 일정정도 개입했음은 부정할 수 없다. 또한 태조가 사륙문四六文을 그렇게 쉽게 작성했다고 보기는 어렵다. 실제로 문장으로 보았을 때 태조가 구술한 내용을 최언위가 문장으로 구성했다고 판단된다.

탑비의 주인공 진공대사眞空大師 충담忠湛은 신라왕족의 후예로 당나라에 들어가 정원淨圓을 만났고, 효공왕孝恭王 때 신라에 들어와 왕사王師가 되었다. 충담은 신라의 멸망 이후 고려의 왕사로 인정되고 있었던 인물이다. 그는 최언위와 같이 신라의 직함을 고려에서도 이어받는 인물로 태조의 개혁이 이루어진 940년에 입적한다. 태조가 직접 비문을 찬술한 것도 이러한 태조의 개혁에 커다란 기여를 했기 때문으로 보인다.

고려초 체제정비에서 가장 큰 걸림돌은 후삼국을 통일하는 중추적인 역할을 한 공신세력功臣勢力이었다. 태조는 이들을 견제하기 위해 유학적 소양과 실무 경험을 갖춘 사람들을 필요로 했다. 여기에 가장 적합한 세력이 최언위로 대표되는 신라계新羅系 관료집단이다. 이들은 태조의 적극적인 후원과 당시 사상계를 주도한 선사禪師들의 지원을 바탕으로 고려초의 체제정비를 추진해 나갔다.

'3최'로 표현되는 당시 지식인의 정체성은 고려초에 형성된 '유교적 통치이념'의 근간을 이루었다. 그 바탕에 이들이 갖고 있었던 정체성은 첫째, 이들은 학문으로서의 '유학의 기본'을 갖추었다. 이들은 『오경정의』로 대표되는 한당유학을 당나라의 정규교육기관인 국학에서 정상적인 방법을 통해 그 기본개념을 정확히 익혔다. 이들이 귀국하여 정책을 기획하고 입안하는 위치에 서게 됨으로써 '유교적 통치이념'은 관념적인 모습이 아니라 현실에 반영되기 시작되었다.

둘째, 율령제律令制 국가로 표상되는 당나라의 정치체제와 운영원리를 몸소 익혔다. 3최 모두 정규과정을 마치고 빈공과에 합격한 인물이다. 그들은 율령제로 표상되는 통치의 기본원리와 방향, 그리고 3성6부제로 대표되는 통치기구의 구성과 운영원리에 대해 최소한 기본적인 내용은 익혔고, 또한 중당시기中唐時期 이후 변화된 사회에 따른 새로운 운영원리로 자리잡은 영외관체제슈外官體制를 이해했다. 이것은 이후 고려체제정비의 기반이 되었다.

셋째, 이들은 빈공과 합격 후 중국에서 실제 정치를 경험하였다. 최치원은 당제국의 공식적인 지방관리와 절도사의 막료를 경험했다. 최승우와 최언위 역시 빈공과 합격 후 바로 귀국하지 않고 수년간 막료幕僚 혹은 문객門客으로 활동했던 것으로 보인다. 이들의 체험한 중국 현지의 실무경험은 중국의 국가운영원리에 대한 보다 깊은 이해가 가능했을 것이다. 귀국 후 그들이 맡은 문한업무는 이러한 운영원리를 다양한 형태로 현실화시켰다.

도당유학생을 주축으로 하는 나말여초 지식인들은 당말오대와 후삼국의 혼란상을 직접 체험하였다. 최치원은 중국에서 황소의 난을, 귀국해서는 진성여왕대의 농민봉기를 겪었다. 최승우는 출국할 때 농민봉기를, 귀국해서는 후삼국의 정립을 보았다. 최언위는 당제국의 멸망과 후량의 건국, 그리고 신라의 멸망과 고려의 후삼국통일과정을 현장에서 겪었다. 이러한 체험은 이들의 지식인들이 고려사회의 건설에 적극적인 역할을 담당할 수 있는 바탕이 되었다.

태조대의 개혁은 대부분이 태조 23년에 중점적으로 시행되었다. 주부군현의 지명의 개편, 역분전의 시행, 공신당의 설치 등이 그것이다. 이 무렵에 이르면 후삼국을 통일한 후 논공행상의 결산은 물론 전시체제를 평화체제로 바꾸는 작업이 가시화되어야 했다. 최언위로 대표되는 신라계 관료집단은 태조 왕건의 후원과 선종승려들의 지원으로 이러한 후삼국통일의 결산 조치를 완료하는데 중추적인 역할을 담당하였다.

나말여초의 지식인집단을 대표하는 신라말에 당나라로 유학한 도당유학생들은 후삼국의 정립과 고려의 통일로 이어지는 과정에서 정체성의 혼란을 겪었다. 이들은 당시의 정세와 정치적 입장 등의 이유로 최치원과 같이 신라사회의 개혁을 주장하거나 혹은 최승우와 같이 후백제나 고려로 귀부하여 활동하였다. 혹은 최언위와 같이 신라로 귀국하여 문한을 담당하는 중견관료로 활동했다. 이들은 정치적 행로에 있어서는 차이가 있었으나 결국 새로운 사회를 위한 전망을 제시했다는 공통점이 있다. 이들의 지향은 최언위가 주도한 것으로 보이는 태조 23년의 개혁으로 표현되었다.

제2절 광종대 고려의 대외관계 추이

10세기 초 거대한 당제국唐帝國이 멸망하고(907) 송宋이 건국(960)하여 중국통일을 완성하는 약 60여 년의 기간은 동아시아 역사에서 정치·경제·사회·문화의 각분야에서 상당한 변화가 이루어진 오대십국五代十國시기였다. 오대십국시기는 회수淮水 이북의 중원에 후량後梁·후당後唐·후진後晉·후한後漢·후주後周로 이어지는 오대五代와 그밖의 지역에 오월吳越·오吳·남당南唐·민閩·초楚 등 흥망을 거듭한 10개의 나라가 할거했던 시기였다. 한국사에서 이 시기는 후삼국의 정립에서 고려의 후삼국통일, 이후 광종대의 체제정비가 진행되던 기간에 해당한다.

광종 즉위 무렵 동아시아의 국제정세는 격동에 휩싸였다. 북중국은 광종이 즉위 직후에 거란군을 배경으로 나라를 세운 후한後漢이 불과 4년만에 멸망하고, 곽위郭威의 후주後周가 건국하면서 극심한 혼란에서 벗어나기 시작했다. 반면 북방의 거란은 국가를 배신하고 후당後唐으로 망명한 인황왕人皇王 배倍의 아들이 세종世宗으로 즉위하면서 이를 둘러싼 정통성의 문제로 극도의 혼란에 빠졌다.

한편 남중국의 남당南唐은 원래 오吳를 계승하여 현재의 호북湖北 일부와 강서江西·안휘安徽·강소江蘇 등지를 지배하였다. 정종定宗 2년(946)년 남당은 복건福建의 민閩을 정복했고, 광종 2년(951)에는 호남湖南과 귀주貴州를 포함하는 초楚를 합병하면서 중국 최고의 패자霸者가 되었다.

후주는 건국 직후부터 거란의 괴뢰국인 북한北漢과 거란契丹, 그리고 남당南唐의 협공을 받았으나 이를 잘 방어함으로써 국체를 세울 수 있었다. 곽위에 이어 광종 5년(954)에 즉위한 후주의 세종은 즉위 직후 거란의 지원을 받는 북한北漢 유숭劉崇의 침략을 받았으나 금군禁軍의 활약으로 고평高平전투를 승리로 이끌었다.

후주 세종은 고평전투 승리 이후 금군禁軍을 번진의 정예병을 뽑아 충원하여 증강하는 한편, 모든 군대를 황제 휘하의 지휘를 받는 체제로 개편하였다. 금군의 충원과 개편을 위해 소요되는 막대한 경비를 충당하기 위해 폐불廢佛을 단행하였다. 수많은 불교사원을 철폐하여 사원에 소속된 토지와 작인을 국유화하는 동시에 수만의 승려를 환속시켜 일반호로서 세역을 담당하게 하였다. 아울러 폐사廢寺에서 회수된 수많은 불상佛像과 불구佛具들로 주원통보周元通寶라는 동전으로 주조하여 금군의 급여로 지급하였다. 또한 동금령銅禁令을 내려 동기銅器를 강제적으로 매입하여 동전으로 주조하였다. 이러한 개혁을 통해 군비軍備의 확충과 함께 세역稅役의 확대를 동시에 확보할 수 있었다.

군대를 정비한 세종은 남당에 대한 공세에 앞서 배후에 있는 관중關中지역에 위치한 후촉後蜀을 공격하였다. 후주는 섬서陝西와 감숙甘肅 지역에 대한 대대적인 공세로 후촉으로부터 화의和議를 얻어냈다. 곧이어 광종 6년(955) 11월 세종은 남당에 대한 공격을 시작하였다. 2년반에 걸친 공세를 통해 대운하의 핵심이자 소금산지인 회남淮南지역을 포함한 양자강 이북의 회수 일대를 확보함으로써 통일의 기틀을 마련하였다. 이후 후주 세종은 연운16주에 대한 공세를 펼치던 중 병사했다.

조광윤趙光胤은 후주의 공제恭帝로부터 선양을 받아 송宋을 건국하였다. 조광윤은 집권 이후 체제의 정비에 나서는 한편으로 절도사節度使들의 권력을 회수하는 정책을 펼쳤다. 이후 광종 14년(963)부터 무력에 의한 통일전쟁에 착수하여 965년에 후촉後蜀, 971년에 남한南漢, 976년에 남당南唐, 978년에 오월吳越, 979년에 북한北漢을 끝으로 통일을 완수하였다. 한편 북방의 거란은 연운16주를 중심으로 세력을 확장해 갔고, 남쪽의 일본은 후지와라씨[藤原氏]가 섭정으로 실권을 쥔 시기였다.

주지하듯이 고려 광종대는 혜종·정종대의 내분을 수습하고, 과거제가 시행되고 백관의 공복을 제정하는 등의 개혁정치가 시행된 시기이다. 이러한 광종대 개혁정치에 대해서는 다양한 연구가 진행되고 있다. 특히 광종대 대외관계에 관한 연구는 일제강점기에 이마니시 류[今西龍]와 아키우라 히데오[秋浦秀雄] 등이 광종의 연호인 광덕光德과 준풍峻豊의 실체를 규명하는 검토로부터 출발하였다. 하지만 이후의 연구는 중국의 오대, 거란과의 관계를 개괄적으로 파악한 연구가 진행되었을 뿐이다.[43]

광종대 고려는 후주 세종의 등장에서 송의 건국으로 이어지는 동아시아의 전환점에서 주도권의 한 축을 담당한 것은 분명하다. 광종대 대외관계의 연구는 다른 분야와 마찬가지로 사료부족이 심각하다. 하지만 이시기 『고려사』와 『고려사절요』의 광종대 기록은 대부분이 대외관계와 관련된 기록이고, 중국측의 사료도 다른 시기의 기록보다 자세하고 풍부

---

43) 今西龍, 1912, 「正豊峻豊の年號」 『考古學雜誌』 3-1.

秋浦秀雄, 1933, 「高麗光宗朝に於ける國際事情を檢覈す」 『靑丘學叢』 13.

日野開三郎, 1960·1961, 「羅末麗初鼎立對大陸海上交通貿易」 『朝鮮學報』 16·17·19·20.

李基白, 1961, 「高麗初期에 있어서의 五代와의 關係」 『論叢』 1, 이화여대.

李相玉, 1964, 「五代十國時代의 後三國과의 關係-義兒制를 중심으로-」 『中國學報』 2.

金在滿, 1982, 「五代와 後三國·高麗初期의 關係史」 『大東文化研究』 17.

朴漢男, 1995, 「10~12세기 동아시아 정세」 『한국사』 15, 국사편찬위원회.

金仁圭, 1996, 「高麗 太祖代의 對外政策」 『高麗 太祖의 國家經營』, 서울대출판부.

朴玉杰, 1996, 『高麗時代의 歸化人 研究』, 國學資料院.

허인욱·김보광, 2005, 「『高麗史』 世家 중 五代 관계 기사 역주」 『韓國中世史研究』 19.

하다. 더욱이 최근 광종 10년 후주後周에서 고려로 파견한 사신 한언경韓
彦卿이 작성한 『고려박학기高麗博學記』와 비슷한 시기 남당南唐의 사신 장
료章僚가 기록한 『해외사정광기海外使程廣記』라는 사료가 발견되었다.[44]
이러한 자료들은 광종대 고려의 대외적 위상과 교류의 내역을 밝힐 근거
가 될 수 있을 것이다.

　광종대는 오대십국의 혼란을 수습한 후주 세종의 등장에서 송의 건국
과 중국통일에 이르는 시기와 동시대였다. 이 글은 동아시아의 한 축이
었던 광종대 고려가 오대십국의 여러나라들과 어떠한 교류를 하였으며,
그 과정에서 당시 고려의 위상과 역할이 어떠하였으며, 이를 통해 고려
사회가 어떠한 영향을 받았는가를 구명하고자 한다.

1. 後周·宋과의 교류

1) 후주와의 교류

　고려의 대후주對後周 교류는 후주가 건국한지 불과 3개월만인 광종 2
년(951) 정월에 광평시랑廣評侍郎 서봉徐逢 등 97명의 사신이 후주에 도착
한 것에서부터 시작되었다.[45] 실제로 고려가 파견한 국가는 후한後漢이
었지 후주後周는 아니었던 것으로 보인다.[46] 하지만 후주後周의 곽위는
은제隱帝의 측근에서 추밀사樞密使에 있었던 인물이었고, 후한을 계승했
다는 명분을 가지고 있었기 때문에 이를 자신에게 파견한 것으로 인정한

---

44) 金大植, 2005, 「高麗初期 使行 기록의 검토 -『海外使程廣記』를 중심으로」『역
　　사와 현실』 58.
45) 徐逢은 光宗 2년과 3년 2차례에 있었던 것으로 보인다.(『五代會要』 卷30, 高麗
　　廣順元年 正月 ;『文獻通考』 卷325, 四裔2 ;『高麗史』 卷2, 光宗 3年) 하지만
　　광종 3년의 기사를 2년의 기사로 기록된 사료도 있다.(『冊府元龜』 卷972 朝貢5)
46) 『文獻通考』 卷325, 四裔2 乾祐末 武死 子昭權知國事.

것으로 보인다. 한편 고려로서도 당시 왕조교체가 잦았기 때문에 그 대
상이 후한後漢이나 이를 계승한 후주後周나 별반 다른 것이 아니었던 것
으로 파악했을 것이다.

후주는 2월에 광종을 고려왕으로 책봉하기 위해 위위경衛尉卿 유호劉
皡와 통사사인通事舍人 고언포顧彦浦를 파견하였다. 하지만 유호劉皡는 도
중에 중국 내에서 사망했고, 고언포顧彦浦는 고려로 향하던 중에 익사하
고 말았다.[47) 이해 12월 고려에서 후주의 연호를 시행한 것은 이들 중
일부가 고려에 입국했음을 알려준다. 고려는 다음해인 광종 3년(952)에
광평시랑 서봉을 다시 보냈고, 후주는 9월에 태복소경太僕少卿 왕연王演
을 차위위경借衛尉卿 충고려국왕책례사充高麗國王册禮使로 우위솔부右衛率
府 여계빈呂繼贇을 차장작소감충부사借將作少監充副使로 임명했다.[48) 이들
이 고려에 도착한 것은 광종 4년(953)이었다.[49)

후주 세종이 즉위한 광종 5년(954) 고려는 대상大相 왕융王融을 파견했
는데, 그는 10월에 후주에 도착했다.[50) 왕융은 다음해인 광종 6년(955)에
고려로 돌아와 후주 세종이 즉위했음을 알렸다.[51) 고려는 광평시랑 순
질荀質을 즉위 축하사절로 보냈고, 순질은 이해 11월에 후주에 도착했
다.[52) 후주는 이에 답하여 12월에 광종의 가책加册사절 파견을 결정했
다.[53) 이들 사절인 장작감將作監 설문우薛文遇는 광종 7년(956)에 고려에
도착했는데, 쌍기雙冀도 이 때 고려에 들어왔다.[54)

---

47) 劉皡의 사망은 대해 광종 3년이라는 기록도 있다(『舊五代史』 卷12, 太祖紀第3).
   하지만 이는 편찬과정에서 생긴 오류로 보이고, 전후의 내역이 상세하게 기록된
   『五代會要』의 기사가 타당한 것으로 보인다(『五代會要』 卷30, 高麗).
48) 『新五代史』 卷11, 太祖 ; 『五代會要』 卷30, 高麗 廣順 2년 9월.
49) 『高麗史』 卷2 ; 『高麗史節要』 卷2, 光宗 4년.
50) 『册府元龜』 卷972, 朝貢5 顯德元年 10월.
51) 『高麗史』 卷2, 光宗 6년.
52) 『册府元龜』 卷972, 朝貢5 顯德 2년 11월.
53) 『五代會要』 卷30, 高麗 顯德 2년 12월.
54) 『高麗史』 卷2, 光宗 7년.

광종 9년(958) 후주는 상서수부원외랑尙書水部員外郎 한언경韓彦卿과 상
련봉어尙輦奉御 김언영金彦英을 파견하여 비단[帛] 수천필로 동銅을 구입해
갔는데, 이는 동전을 주조하기 위한 목적이었다.55) 다음해인 광종 10년
(959) 정월에 후주에 도착한 좌승佐丞 왕긍王兢과 좌윤佐尹 황보위광皇甫魏
光 등의 고려사신은 명마名馬·직성의오織成衣襖·궁검弓劍·기갑器甲 등의
군수물자를 가지고 갔다. 후주 세종이 병사한 후 뒤를 이은 공제恭帝 즉
위 직후인 8월에 파견된 고려사신은 예물로『별서효경別序孝經』·『월왕효
경신의越王孝經新義』·『황령효경皇靈孝經』·『효경자도孝經雌圖』등의 효경류
孝經類를 가지고 갔다. 후주는 9월에 좌효위대장군左驍衛大將軍 대교戴交를
사신으로 파견했고,56) 고려는 동銅 5만근萬斤과 자백수정紫白水精 2천 과
顆를 보냈다.57)

고려는 후주가 존속한 9년 동안 7차례 사신을 파견했고, 후주는 고려
에 5차례나 사신을 파견했다. 광종은 후주 태조로부터 2차례, 세종과 공
제恭帝로부터 각기 1차례 등 모두 4차례의 책봉을 받았다.

고려가 후주에 제공한 교류 품목은 말[馬]과 갑옷[織成衣襖], 무기류[弓
劍] 등의 군수물자와 함께, 주전鑄錢을 위한 동銅,『별서효경別序孝經』등
의 서적류와 자백수정紫白水精 등의 특산물이 확인된다. 이는 혜종 원년
(944) 후진에 보낸 품목이 주로 갑옷과 도검류 등의 군수물자였던 데 반
해, 후주와의 교류에서 군수물자와 함께 주전용鑄錢用 동銅은 물론 서적
류 등을 비롯한 문화교류까지 다양하게 이루어졌음을 보여준다.

---

55)『五代會要』卷30, 高麗 顯德 5년 7월. "命尙書水部員外郎韓彦卿 尙輦奉御金
彦英 使於高麗 因命齎帛數千匹 就彼市銅 以備鑄錢之用"
56) 후주의 사신인 左驍衛大將軍 戴交는 광종의 책봉사로 파견된 것으로 보인다(『高
麗史』卷2, 光宗 10년 ;『新五代史』卷12, 恭帝 ;『舊五代史』卷120, 恭帝紀).
57)『五代會要』卷30, 高麗 顯德 6년.

2) 북송과의 교류

후주를 계승한 송宋 태조 조광윤趙光胤은 선양을 받은 공제恭帝의 신분과 재산을 보장했다. 그는 이러한 사례와 같이 후주 세종이 골격을 잡아 놓은 정치·군사·경제제도를 계승하여 중국통일을 이루었다.

현재까지 고려가 송과의 교류를 시작한 것은 광종 13년(962) 즉 송의 건륭乾隆 3년으로 간주되어 왔다. 하지만 『옥해玉海』에 건륭乾隆 2년 3월에 '사왕소의대안마賜王昭衣帶鞍馬'라고 하여 광종 12년(961) 3월에 고려에서 파견한 사신이 도착하였음을 알려주는 기사가 보인다.[58] 중국에서 건륭乾隆 3년 즉 광종 13년(962)에 광종의 책봉 기사에 광종을 권지고려국왕權知高麗國王이 아니라 고려국왕高麗國王으로 기록하고 있다.[59] 또한 사신이 도착한 광종 14년의 책봉 기사에 광종을 '개부의동삼사開府儀同三司 검교태사檢校太師 현도주도독玄菟州都督 충대의군사充大義軍使 고려국왕高麗國王 소소昭'로 표현하면서 '가식읍칠천호加食邑七千戶 잉사추성순화보의공신仍賜推誠順化保義功臣'라는 식읍과 공신호를 더했음을 알려주는 기사가 발견된다.[60] 이는 광종 12년 3월 이전에 고려의 사신이 송에 파견되었고, 그 직후에 광종은 송으로부터 '개부의동삼사 검교태사현도주도독 충대의군사 고려국왕'을 책봉을 받았음을 의미한다.

광종 14년(963)은 여송麗宋관계에서 중요한 기점이었다. 봄에 송은 광종에게 책봉을 더하면서 관계를 강화하고자 했다.[61] 고려는 12월부터 송의 연호를 사용하기 시작했다.[62] 그런데 이해에 시찬時贊일행이 바다에서 난파難破되는 사건이 발생했다. 그 내용은 바다해서 폭풍을 만나 90여명이 익사하고 시찬만이 겨우 구조되었고, 시찬은 난파에 대한 과

---

58) 『玉海』 卷154.
59) 『續資治通鑑長編』 卷3, 太祖 乾隆 3年 ; 『宋會要輯稿』 199冊, 蕃夷7.
60) 『宋史』 卷487, 列傳246 高麗 乾隆 4년 春 ; 『文獻通考』 卷325, 四裔2.
61) 『宋史』 卷487, 列傳246 高麗 乾隆 4年 春.
62) 『高麗史』 卷2, 光宗 14年 12月.

실 책임을 면제받았다는 것이다. 그런데 시찬의 국적에 대해 고려측의 사료와 송의 사료에 각기 다른 모습으로 나타나는데, 그 내역을 살펴보자.

① 宋遣册命使時贊來 在海遇風溺死者九十人 贊獨免 王特厚勞之. (『高麗史』 卷2, 光宗 14년)
② 宋遣册命使時贊來 贊等在海遇風溺死者九十人 贊獨免 王特厚勞之. (『高麗史節要』 卷2, 光宗 14년)
③ 登州言 高麗國王昭 遣使時贊等入貢 涉海値大風船破 從人溺死者九十餘人 贊僅而獲免 詔勞岬之(『續資治通鑑長編』 卷4, 太祖乾德元年 9月 甲寅)
④ 其年九月 遣使時贊等來貢 涉海値大風船破 溺死者七十餘人 贊僅免 詔加勞恤.(『宋史』 卷487, 列傳246 高麗)
⑤ 高麗國王昭 遣使時贊等入貢 涉海値大風 溺死者九十餘人 贊僅而獲免 詔勞岬之.(『資治通鑑後編』 卷3, 乾德元年 9月)
⑥ 登州言 高麗國王昭 遣使時贊等入貢.(『宋史全文』 卷1, 乾德元年 9月 甲寅)

사료 ①과 ②는 『고려사』와 『고려사절요』의 내용으로 『고려사절요』에 '찬등贊等'이 첨가된 것을 제외하고는 동일한 내용이다. 중국측의 사료를 살펴보면, ③은 북송대北宋代 사료를 엮어 남송南宋 순희淳熙 10년(1183)에 이도李燾가 편찬한 『속자치통감장편續資治通鑑長編』의 기사로 광종 14년(963)인 건덕乾德 원년元年 9월 갑인甲寅에 등주登州에서 올린 보고를 게재한 것으로 고려의 사신인 시찬時贊이 난파되어 구조되었고, 익사한 사람이 90여명이었음을 알려준다. 사신 일행이 난파되었을 때 이에 대한 처리는 중앙정부의 결정에 따라야 했기 때문에 등주에서 이를 보고했고, 그 결정사항을 기록한 것이다.

④는 원대元代에 편찬된 『송사宋史』의 자료로서 익사자가 70여명으로 나오는 것 이외에는 동일한 내용이고, ⑤는 청대淸代에 편찬된 사료로 『속자치통감장편』을 요약한 것이다. ⑥ 역시 『속자치통감장편』을 발췌

하여 게재한 것이다. 즉『송사宋史』·『자치통감후편資治通鑑後編』·『송사전
문宋史全文』 등의 자료들은『속자치통감장편』의 기사를 따르고 있는데,
이는『속자치통감장편』이 금군金軍에 의해 소각된 북송의 실록을 대신
하는 자료이기 때문이다.

그렇다면『고려사』와『고려사절요』에 게재된 시찬時贊의 기사는『고
려사』의 찬자撰者가 중국 사료를 요약하면서 일으킨 착오로 보인다. 역
대 중국의 관인 가운데 '시時'라는 성姓을 가진 인물이 없고, 파견된 시
점과 광종 2년에 후주에 90여명을 파견한 것과 비슷한 규모가 고려에서
사신을 파견할 때의 사신단의 규모로 보인다. 이 때문에 시찬은 고려인
으로 판단된다. 따라서 광종 14년에 일어난 사실을 종합해 재구성하면
봄에 송은 광종의 가책加冊을 위해 고려에 册命使를 파견했고, 고려는 답
례사로 시찬時贊을 파견했던 것으로 보인다. 시찬 일행이 송으로 가던 과
정에서 난파되어 수행원 90여명이 익사했으나 시찬이 구조되었다. 이후
시찬은 귀국하여 송에서 11월에 바뀐 새로운 연호인 '건덕乾德'이 시행
됨을 알렸고, 고려는 이를 12월부터 사용하기 시작하였다. 이러한 논리
적 구성에 따른다면,『고려사』의 '송견책명사시찬래宋遣册命使時贊來'는
'송견책명사래宋遣册命使來 견시찬여송遣時贊如宋'였던 것으로 보이고, 앞
의 문맥에 맞추어 고쳐진 것으로 보이는 '왕특후로지王特厚勞之'라는 기
술은 원래 '송제조로휼지宋帝詔勞恤之' 정도로 기술하여야 했을 것이다.
즉 단순한 착오로 인해 시찬의 국적이 바뀐 것이다.

태조대로부터 광종대까지 중국과 고려의 교류에서 사신이 파견된 시
점을 살펴보면, 고려는 11월에서 정월 사이 그리고 6월에서 9월 사이에
사신을 파견했고, 중국쪽에서는 3월에 파견을 결정하여 6월에서 7월 사
이에 파견된 사례가 가장 많았다. 이는 해류와 편서풍의 영향 때문으로
이해된다.

고려와 북중국과의 정상적인 사신의 파견은 고려가 11월 무렵에 정조

사正朝使를 파견하고, 중국은 답례答禮로 3월을 전후하여 사신파견을 결
정하여 7월 정도에 고려에 도착하고, 고려는 이에 대한 답례로 9월 무렵
한번 더 파견하거나 아니면 11월의 정조사로 파견하는 형식이었던 것으
로 보인다. 하지만 당시 오대십국은 국가의 존속기간이 10년 내외였고,
황제의 즉위 기간도 3년에서 5년 정도였다. 따라서 고려는 부정기적으로
축하사절을 파견한 경우가 더 많았다.

시찬의 난파사건이 고려와 중국쪽 사료에 큰 비중으로 다루어진 이유
에 대해 살펴보자. 고려가 오대의 왕조에 제공했던 주요 품목은 대부분
이 갑옷과 활·도검과 같은 군수물자가 주종을 이루었다. 이를 감안한다
면 시찬이 가지고 간 것은 상당한 수량의 군수품이었던 것이 분명해 보
인다. 특히 송 태조가 조서詔書를 통해 면책권을 부여한 사실은 시찬時贊
등 90여명의 대규모 사절단이 송에 제공하고자 했던 것이 막대한 수량
의 군수품이었음을 반증하는 것으로 보인다. 이후 광종 16년(965) 고려는
대승大承 내봉령內奉令 왕로王輅를 파견했다.[63] 이 때 고려가 보낸 품목은
다름 아닌 군수품에 해당하는 갑옷[錦罽]과 도검刀劍이었다.[64] 이러한 물
품을 받은 송이 정사인 왕로에게 상서좌복야尙書左僕射 식실봉食實封 300
호戶와 관고官誥까지 수여하는 등의 특별한 대접을 한 사실은 이를 더욱
분명히 밝혀준다. 당시 송은 정복전쟁을 시작했고, 고려가 보낸 갑옷과
도검 등의 군수물자는 송으로서 더없이 필요한 물자였을 것이다. 이로
인해 사진에게 지나칠 정도로 감사의 표시를 한 것이었다.

이처럼 고려는 통일전쟁을 준비하는 송이 필요로 하는 물자를 공급하
면서 교류를 활성화시켰다. 송의 입장에서 거란의 배후에서 송을 위해
군수품을 제공하는 고려의 존재는 더없이 소중한 존재였을 것이다. 이러
한 관계는 성종대까지 지속된다.

---

63) 『高麗史』卷2, 光宗 15年.
64) 『玉海』卷154 ; 『宋會要輯稿』199册, 蕃夷7.

2. 南唐·吳越과의 교류

1) 남당과의 교류

『고려사』와『고려사절요』에는 국명조차 확인할 수 없는 남당은 고려가 후삼국을 통일한 직후인 태조 20년(937)에 오吳의 실권자인 서지고徐知誥가 예제睿帝 양부楊溥에게 선위를 받아 건국한 나라이다. 하지만 중국쪽의 사료는 고려가 남당의 건국 직후에 장훈張訓을 사신으로 파견한 사실이 확인시켜준다.[65] 뿐만 아니라 이후 태조 21년(938) 광평시랑廣評侍郎 유훈율柳勳律을 정조사正朝使로, 태조 22년(939)에 유훈율柳勳律을 다시 파견했고, 태조 23년(940)에 광평시랑廣評侍郎 유긍질柳兢質의 파견으로 이어졌다.[66] 이러한 사실은 단순한 탐색전이 아니라 실질적인 교류가 있었음을 알려준다.

고려는 당시 남당 뿐만 아니라 일본에 대해서도 태조 20년과 22년, 23년 세 차례 첩지牒旨를 보냈다.[67] 또한 고려는 거란에 대해서도 태조 20년과 22년 두 차례에 걸쳐 사신을 보낸 사례도 확인된다.[68] 이처럼 고려는 지리적으로 남당과 거란, 일본을 잇는 중심에서 주체적인 전방위 외교를 펼쳤다. 여기에는 후삼국통일 이후 강화된 국력과 자신감을 대외적으로 표출하려는 고려의 대외정책이 있었기 때문일 것이다. 하지만 당

---

65) 『十國春秋』卷79, 吳越3 文穆王世家 天福 2年.
66) 『十國春秋』卷15 ; 『陸氏南唐書』卷1.
67) 태조 20년(937) 사례는 『日本紀略』後篇2, 朱雀天皇 承平 7年 8月 5日 기사인 '左·右大臣已下着左仗 開見高麗國牒等'에서 확인되고, 태조 22년(939) 기사는 『貞信公記抄』天慶 2年 2月 15日에 '高麗牒付 朝網' 과 『日本紀略』後篇2, 朱雀天皇 天慶 2年 3月 11日 '太宰府牒高麗廣評省 却歸使人'에서 확인된다. 또한 태조 23년(940) 『貞信公記抄』天慶 3年 6月 21日. "左大辨 高麗牒·大宰解文等將來"와 6月 24日 "左中辨來 申承綠兵事 便付朝網維時等勘文高麗牒 令戶部問兩儒" 등의 기사에서 찾아진다.
68) 『遼史』卷3, 太宗上 天顯 12年 9月 辛未 ; 會同 2年 正月 乙巳.

시의 국제정세는 북방의 거란이 급격히 세력을 확대해 나감과 동시에 중국의 불안이 증폭되어 전방위외교를 펼칠 수 있는 여건이 되지 않았다. 태조 25년(942) 만부교萬夫橋사건의 사례에서 보여주듯 발해문제로 거란과의 외교를 단절하고, 일본과의 정식 외교관계가 이루어지지 않음으로써 고려의 전방위외교는 소극적인 방식으로 진행될 수밖에 없었다. 이로 인해 고려는 중국과의 외교를 강화하는 방향으로 나아갔고, 따라서 남중국의 패자인 남당과의 교류에 역점을 두었던 것으로 보인다. 그 대표적인 사례로 남당에서 간행되었으나『북송칙판대장경北宋勅版大藏經』등 중국의 대장경에는 전하지 않는『대당보대을사세大唐保大乙巳歲 속정원석교록續貞元釋敎錄』과『조당집祖堂集』과 같은 남당의 주요 문헌이『고려대장경高麗大藏經』에만 실려 전한다.『속정원석교록』은 남당의 원종元宗 보대保大 4년(946)에 편찬된 불경목록佛經目錄이고,『조당집祖堂集』은 광종 3년(952)인 남당 보대保大 10년에 편찬에 간행된 최고最古의 선종사서禪宗史書이다. 북송에는 전해지지 않았던 이러한 중요 자료가 고려로 전해져 남게된 것은 고려와 남당과의 각별한 교류가 있었음을 알려준다.

더욱이 남당의 장료章傛는 광종 12년(961) 무렵 고려를 방문한 뒤『해외사정광기海外使程廣記』라는 사행기를 남겼다. 당시 남당은 후주後周에 패한 이후 새로 건국한 송宋에 대항하기 위한 준비를 위해 고려에 대한 적극적인 관심을 보였다.[69] 이러한 사행기는 남당이 고려를 특별히 주목하였음을 보여주는 대목이다. 또한 현존하는 최고最古의 묘지명인 채인범蔡仁範 묘지墓誌는 남당南唐 출신인 채인범이 광종 21년(970) 강남江南 천주지례사泉州持禮使를 따라와 고려로 귀화했다는 사실을 알려준다. 귀화 당시 천주泉州는 남당에 속했던 지역으로 그의 귀화는 남당이 고려와의 지속적인 관계를 가졌음을 알려주는 사례이다.

광종대는 중국의 패권을 둘러싸고 벌였던 후주와 남당과의 전쟁, 이

---

69) 金大植, 2005,「『해외사정광기』에 나타난 고려 광종대 10성4부」,『士林』 24.

후 송과 남당과의 대결이 이어진 시기였다. 남당과 거란은 양쪽 모두의 공적인 오대의 왕조를 견제하기 위해 긴밀한 공조를 유지하였다. 특히 남당은 건국직후부터 멸망할 때까지 거란과 고려와의 관계를 지속하였다. 남당이 고려에 접근한 이유는 후주의 경우와 같이 당시 중국의 가장 큰 문제였던 동부족銅不足 문제와 함께 말[馬] 등 군사물자의 공급이 주목적이었던 것으로 파악된다. 고려는 이러한 상황을 적극적으로 활용하여 후주後周와 송宋과의 관계뿐만 아니라 남중국의 패자인 남당과도 적극적인 교류를 하고 있었다.

2) 오월과의 교류

오월吳越은 오吳와 함께 오대십국 가운데 당唐제국이 멸망하기 이전부터 독립된 세력을 형성하고 있었던 강국이었다. 오월은 후삼국시기에는 한반도와 광범위한 교류를 가졌고, 특히 후백제와는 밀접한 관계를 맺고 있었다.[70] 따라서 태봉은 오월과의 교류에서 후백제와 경쟁관계에 있었고, 왕건이 태봉의 신료에 있었을 때 후백제에서 오월로 파견한 사신을 포로로 잡아 바침으로써 궁예의 환심을 산 사례는 이러한 관계를 명확히 보여준다.[71]

고려 건국 이후 태조 2년(919)에는 오월吳越의 문사 추언규酋彦規가 고려에 내투來投했고, 태조 6년(923)에는 박암朴巖이 내투來投했다. 그리고 태조 10년(927)에는 반상서班尙書가 고려와 후백제의 화친을 위해 통화사通和使로 파견되기도 하였다. 이러한 사례는 고려와 오월吳越 사이에 실제적인 교류가 이루어졌음을 알려준다.

---

70) 甄萱은 梁開平 3年(900) 이전부터 吳越로부터 책봉을 받았다.(『三國史記』卷50, 列傳10 甄萱) 또한 고려가 건국한 天寶 11년(918) 8월에는 吳越에 말[馬]을 보내기도 하는 등 긴밀한 교류를 이어갔다(『三國史記』卷50, 列傳10 甄萱 ; 『十國春秋』卷78, 武肅王世家下).
71) 『高麗史』卷1.

후삼국통일 직후인 태조 20년(937) 고려에서 후당後唐·남당南唐·거란契丹·일본日本 등 주위의 나라들에 외교사절을 파견할 때 오월吳越에 장훈張訓을 파견한 사례가 보인다.[72] 그밖의 사례가 찾아지지 않아 이후 공식적인 관계가 어떻게 유지되었는가는 알 수 없지만 고려출신의 보운존자寶雲尊者 의통義通이 천복天福 말년末年(947) 오월에 건너가 활동하였던 사례를 통해 인적인 교류가 있었음이 확인된다.[73] 이는 고려와 오월 사이에는 교류가 지속되었음을 보여준다.

후주와 남당의 분쟁에서 오월은 후주 쪽에 가담하여 남당을 공격하였다가 패퇴하는 등 분쟁의 한 당사자였다. 이러한 상황에서 오월은 후주와 남당과 동일한 이유로 고려와 교류를 확대할 수밖에 없는 상황이었다. 이는 오월왕 전숙錢俶은 광종 11년(960)에 중국에서 당唐 무종武宗의 폐불廢佛 때 사라진 교승론소敎乘論疏를 구하기 위해 사신을 고려에 파견한 사례를 통해 확인된다.[74] 광종은 오월왕 전숙의 요청을 받아들여 이듬해 제관諦觀을 시켜 오월에 천태사교의天台四敎儀를 보냈다.[75] 전숙은 제관과 천태사교의를 보낸데 대한 답례로 팔만사천탑八萬四千塔 가운데 일부를 고려에 보냈는데, 이 보탑 가운데 하나가 유물로서 현존하고 있다.[76] 이처럼 고려와 오월의 교류는 오월이 고려에 불경을 요청하여 고려가 이를 제공하고, 오월이 고려에 답례하는 형식으로 불교를 매개로 한 공식적 외교사절이 방문하는 형식이었다. 이는 고려와 오월간의 긴밀한 관계를 알려주는 대목이다.

고려와 오월의 인적인 교류는 추언규酋彦規와 박암朴巖의 사례와 같이 오월인이 고려로 귀화한 경우, 의통義通과 제관諦觀과 같이 고려인이 오

---

72) 『十國春秋』 卷79, 吳越3 文穆王世家.
73) 『佛祖統紀』 卷8 ; 『興道下八祖紀』 4, 宋景定4.
74) 『十國春秋』 卷89, 吳越13 僧義寂.
75) 『佛祖統紀』 卷24, 歷代傳敎表9.
76) 梅原末治, 1967, 「吳越王 錢弘俶 八萬四千塔」 『考古美術』 8-4, 288쪽.

월로 파견된 경우 외에도 오월에 거주했던 고려인의 경우가 있다. 최언
위崔彦撝의 아들로 오월吳越에 유학하여 비서랑秘書郞까지 올랐던 최행귀
崔行歸가 있고,[77] 신라말에 오월吳越로 피난했다가 광종대에 귀국한 장유
張儒의 사례도 찾아진다.[78] 최행귀는 쌍기와 더불어 중국에서 관료를 지
낸 인물로 광종대 개혁정치에 참여한 인물이다. 장유는 귀국하여 광종대
에 사신을 접대하는 객성客省에서 사신접대의 업무를 맡았다. 이같은 사
례는 고려와 오월 사이에 다양한 인적 교류가 있었음을 알려준다. 또한
추언규, 박암, 최행귀, 장유와 같은 이들이 모두 고려의 중앙에서 중요한
역할을 담당한 관료로서 활동하였다는 점에서 고려사회는 오월의 직간
접적인 영향을 받았음을 알 수 있다.

3. 광종대 대외관계의 성격과 의미

10세기 중반 남중국의 남당南唐은 고려 정종定宗 2년(946)에 민閩, 광종
2년(951)에 초楚를 합병하면서 중국의 패자覇者로 등장했다. 이 무렵 북중
국은 후주後周가 건국되면서 극심한 혼란에서 벗어나기 시작해 광종 5년
(954) 세종世宗이 즉위하면서 중국의 주도권을 잡게 되었다.

이 무렵 고려는 광종이 즉위하면서 왕위쟁탈전에서 비롯된 사회적 혼
란을 수습하였다. 광종이 항상 『정관정요貞觀政要』를 읽고 광덕光德이라
는 연호를 사용할 정도로 고려는 스스로를 동아시아의 중심국가임을 자
부自負하였다. 이는 대외정책을 통해 나타나는데, 고려는 광종 2년(951)
새로 건국한 후주後周에 97명이나 되는 대규모의 사절단을 파견하였다.
하지만 고려는 이해 12월에 후주의 연호를 사용하였다. 이는 고려가 중

---

77) 『高麗史』 卷92, 列傳5 崔彦撝.
78) 『高麗史』 卷94, 列傳7 張延祐.

국에 대한 정확한 정보를 습득하여 그들의 역량을 확인한 후 선택한 결과로 보여진다.

한편으로 고려는 오월·남당·일본 등에도 사신을 파견했던 것으로 보인다. 이는 고려가 후삼국을 통일한 직후인 태조 20년(937)에 시행한 전방위외교全方位外交와 그 궤를 같이하는 것이었다. 하지만 광종 즉위 초의 전방위외교는 별다른 성과를 거두지 못했던 것으로 보인다. 당시 남당은 초楚를 합병하여 고려와의 교류에 대한 필요성이 크지 않았고, 남당에 포위된 오월은 남당의 팽창을 저지하는 것이 급선무였기 때문에 외교에 역량을 기울이기 힘든 여건이었다. 또한 일본은 후지와라씨[藤原氏]의 섭정으로 쇄국정책을 강화하고 있는 상황이었다. 따라서 고려는 외교의 방향을 후주로 집중할 수밖에 없었다.

당시 후주는 북으로는 거란契丹과 북한北漢, 서로는 후촉後蜀, 남으로는 남당南唐과 오월吳越을 상대하고 있어 그 돌파구를 고려에서 찾을 수밖에 없었다. 후주는 고려와의 교류를 통해 당면한 군수물자의 보급과 부족한 동銅을 도입하는 의도를 가지고 있었다.[79] 고려는 선진적인 문물을 적극적으로 제공해줄 대상을 찾고 있었다. 이러한 상호 이해관계가 합치되면서 고려와 후주는 급속히 밀착되어 갔다.

광종 5년(954) 후주 세종의 등장은 동아시아세계를 뒤흔드는 사건이었다. 후주는 세종이 즉위하자마자 북한北漢을 시작으로 후촉後蜀을 공략하고, 2년 반에 걸친 치열한 전쟁을 통해 남당으로부터 양자강 이북의 회수지역을 획득하면서 동아시아의 패자로 부상했다. 하지만 세종의 갑작스러운 사망은 북송의 건국으로 이어지면서 세력의 공백이 생겼다. 이러한 시기에 동아시아 각국은 생존을 위해 치열한 외교전을 펼치게 되고, 고려는 이들에 대한 전방위적 외교를 펼쳐나갔다.

후주는 남당과의 전쟁 이후 금군에게 조달할 동전銅錢의 부족이 심화

79) 金榮濟, 2000, 「唐末·五代의 貨幣問題」『中國史研究』8, 74~76쪽.

되자 사신을 고려에 파견하여 동銅을 조달하고자 하였다. 이어진 거란과
의 전쟁은 군수물자의 공급을 절실히 요구하게 하였다. 후주는 그 돌파
구를 고려로부터 찾고자 했고, 남당과의 전쟁이 종결된 직후인 광종 9년
(958) 한언경韓彥卿과 김언영金彥英을 고려로 보내 시장에서 동銅을 조달하
기에 이르렀다.

이 때 파견된 한언경韓彥卿은 귀국하여 『고려박학기高麗博學記』라는 사
행기使行記를 작성하였다. 『고려박학기』는 아직 그 원형이 발견되지 않
고 있지만 내용에 고려어高麗語 몇 단어가 다른 문헌에 전재轉載되어 전
하고 있다. 이는 후주의 고려에 대한 깊은 관심을 보여주는 사례인 것이
다. 이러한 사행기를 작성한 실제적인 목적은 그들이 필요한 물품을 고
려가 공급할 수 있겠는가의 여부와 함께 중국통일을 전망하는 입장에서
주변세력에 대한 기초적인 조사가 필요했기 때문일 것이다.

한언경韓彥卿의 파견 당시 고려와 후주와의 관계를 알려주는 홍미로운
사건이 발생했다. 이는 한언경과 함께 고려에 온 김언영金彥英이 고려왕
에 대해 스스로를 신하로 부른 이른바 '칭신稱臣사건'을 말한다. 사료에
따르면 김언영은 본래 '동이인東夷人'이었다고는 하지만 그는 엄연한 후
주後周의 부사副使였다. 황제의 신하가 번국蕃國의 왕[夷王]에게 스스로를
신하 즉 '칭신稱臣'하는 것은 중국적 세계관으로서는 있을 수 없는 일로
서 후주를 모독하는 행위였다. 또한 후주에서 김언영에 대한 처벌은 고
려를 방문한지 1년이 지난 시점인 세종의 탈상 직후에야 이루어졌다.[80]
이는 귀국 직후 어느 시점까지 묵인되었다가 이후에 문제시되었던 것으
로 이해된다. 김언영이 광종에게 스스로를 신하로 칭했다는 것은 개인적
인 이유보다는 그가 고려출신임을 이용하여 보다 많은 것을 얻어가려는
공명심 때문일 것으로 보는 것이 합리적이다. 이는 후주가 고려를 그만
큼 필요로 했음을 알려줄 뿐만 아니라 고려 광종의 위상이 그만큼 높았

---

80) 『舊五代史』 卷120, 恭帝紀 元年 7月 丁巳.

음을 반증하는 것이다.

당시 후주는 중국에서 물류의 중심인 대운하의 핵심인 회수지역을 남당으로부터 빼앗았다. 하지만 후주 세종이 거란을 공격하던 중 병사한 이후, 후주의 공제가 조광윤趙光胤에게 선위함으로써 후주는 멸망하였다. 송宋이 건국한 시점에 광종은 준풍峻豊이라는 연호를 반포했다. 연호의 반포는 당시의 정세가 혼란 속에서 강력한 힘을 가졌던 고려의 위상을 보여주기 위한 외교적 표현임과 동시에 진행되는 개혁을 가속하기 위한 조처로 파악된다.

이 무렵 몰락하는 남당에서 후주後主라는 치세治世의 군주가 나타났다. 그는 송宋에 대해 굴욕적이리 만큼 스스로를 낮추는 한편 내치內治의 정비에 힘을 기울인 인물이었다.[81] 또한 그는 고려에 사신 장료章僚를 파견하여 『해외사정광기海外使程廣記』라는 사행기使行記를 기록하게 했다. 『해외사정광기』는 현존하지 않지만, 전재된 내용을 바탕으로 편제와 내용이 『선화봉사고려도경宣和奉使高麗圖經』과 유사하다.[82]

여기서 주목되는 내용은 동기銅器에 관한 내용이다. 이러한 내용이 게재된 배경은 후주와 전쟁을 치른 남당이 당시 중국의 고질적인 문제인 동부족銅不足의 문제로 인한 사회적인 충격이 극심했음을 보여준다. 더욱이 남당 후주後主는 광종 15년(964)에 중국에서 최초로 공식적으로 철전鐵錢만을 주조하여 사용하게 하였다. 이는 남당이 고려에 사신을 파견해 『해외사정광기』를 기록하게 한 가장 큰 이유가 동銅의 확보였음을 알려준다. 또한 잔존한 장료의 기록 가운데 여진女眞이 고려에 말[馬]을 가져와 거래하는 모습도 보인다. 이는 남당이 거란으로부터 들여오는 말의 구입을 고려에게서도 들여오고자 하는 목적이 있었던 것으로 파악된다.

---

81) 任爽, 1995, 『南唐史』, 東北師範大學出版社, 258~261쪽.
82) 金大植, 2005, 「高麗初期 使行 기록의 검토-『海外使程廣記』를 중심으로」 『역사와 현실』 58.

이처럼 남당이 고려를 통해 얻고자 했던 목적은 후주의 경우와 동일한 것이었다.

오월은 후주 세종이 남당에 대한 총공세를 취할 때인 광종 7년(956)에 남당을 공격했다. 오월은 남당으로부터 화의를 제안 받았으나 거부하고 공격을 계속하였으나, 남당의 역습으로 대패하고 말았다. 후주가 남당으로부터 회수를 점령한 이후 오월은 후주와도 맞서야 하는 상황에 처했다. 오월은 공교롭게도 남당의 장료가 방문한 비슷한 시기에 불경佛經을 구하기 위해 고려에 사신을 파견했다. 당시 사신 파견의 명분은 사라진 불경을 구하는 것이었지만, 실제의 목적은 남당과 유사한 것으로 이해된다.

광종 11년(960) 무렵에 전개된 고려의 전방위외교는 이러한 국제정세 속에서 진행되었다. 고려는 후주와 그 뒤를 이은 송은 물론 남당과 오월과도 여진의 말[馬]과 일본의 동銅, 고려의 무기武器 등을 거래함으로써 막대한 이익을 취할 수 있었을 것이다. 그 결과 북중국과 남중국, 일본과 거란, 여진으로부터 각종의 문물이 고려로 결집되고 이로 인한 경제적인 풍요와 기술과 문화의 발전이 이루어졌고, 이로 인해 사회적인 발전으로 이어져 당시 이상적인 관제로 간주되었던 3성6부제를 도입할 수 있는 바탕이 되었다. 이러한 경제력과 자신감은 준풍峻豊이라는 연호의 반포로 나타났다.

고려 광종대는 후삼국통일 이후 확대된 영역과 인민을 제도개혁을 통해 고려를 효율적이고 발전적인 사회로 탈바꿈시킨 시기이다. 그 배경에는 혜종·정종대 왕위계승을 둘러싼 혼란을 수습했고, 개국공신계열을 숙청하고 새로운 세력으로 충원하는 인적인 청산이 뒷받침되었다. 여기에 중국과의 책봉관계를 통해 국왕의 권위를 재확인하는 한편으로 선진 문물의 도입과 대외교역으로 획득한 막대한 경제적인 부는 국왕의 위상을 한층 강화하는데 결정적인 역할을 하였을 것이다.

고려는 태조 23년(940) 주州·부府·군郡·현縣의 명칭을 중국식으로 고친

사례에서 보이듯이 이상적인 정치모델을 중국에서 찾았고, 그 구체적인 모델을 당대唐代의 3성6부제로 하였을 것이다. 광종이 정관정요貞觀政要를 항상 탐독한 것도 이를 반증하는 것으로 보인다. 광종대 개혁은 이를 현실화시키려는 시도였던 것으로 이해된다.

하지만 당시 오대십국五代十國 혼란기의 중국은 현실적인 모델이 될 수 없었고, 당대唐代의 3성6부제를 거의 그대로 복구하려 한 것은 당의 부활을 이상으로 한 남당南唐뿐이었다. 하지만 고려와 남당과 활발한 교류가 이루어진 시점은 남당이 쇠퇴하여 멸망 직전에 이른 상황에 이르러서였다. 따라서 광종대에 현실적으로 볼 수 있는 모델은 제한적이었고, 이러한 제도를 이해하고 만들 수 있는 사람 역시 극소수에 불과했을 것으로 보인다. 광종대 광범위한 개혁이 이루어질 수 없었던 것은 이러한 요인이 가장 컸던 것으로 보인다.

과거제의 시행과 공복의 제정으로 대표되는 개혁은 이후 성종대 3성6부제가 전면적으로 시행될 수 있는 인적人的·제도적制度的 바탕이 되었다. 이러한 근본적인 개혁이 가능했던 것은 광종 개인의 취향이나 성격이 아니라 대외교류를 통해 얻어진 고려사회의 자신감이 그 기저를 이루었을 것이다.

이러한 개혁은 대외적인 영향을 무시할 수 없다. 우선 노비안검법은 국가 재정의 확보하기 위한 목적이었지만, 노비를 소유한 기득권 세력들에게는 그 근간을 뒤흔드는 조치였다. 이는 후주 세종이 불교 사원을 혁파하여 승려를 환속시키고 사원의 재산을 국고로 환수하는 폐불廢佛과 유사한 조치였다. 여기에는 후주 세종의 개혁을 지켜본 쌍기와 같은 귀화인들의 도움 없이는 이를 시행하기는 어려웠을 것이다.

백관의 공복제정은 노비안검법 보다는 적은 파장이었지만, 모든 관인들이 4종류 중 하나의 공복을 입음으로써 새로운 질서에 포함되는 것을 가시적으로 느끼는 조치였을 것이다. 또한 과거제의 시행은 현실적으로는 파장이 크지 않지만, 이후 신분과 관직이 혈통이 아닌 개인의 능력으로 결정된다는 점에서 훨씬 강력한 조치였다. 하지만 이러한 개혁은 고도로 훈련된 사람들이 오랜 기간의 준비를 거쳐서 마련된다. 광종의 개혁을 추진한 사람들은 후생後生과 남북용인南北庸人들이었다고 여겨진다. 이들 가운데 한 축을 이룬 남북용인南北庸人은 후주인後周人 쌍기雙冀를 비롯한 오월吳越에서 유학하여 비서랑秘書郎을 제수 받은 최행귀崔行歸, 오월吳越에서 귀국한 장유張儒, 남당南唐에서 귀화한 채인범蔡仁範과 같은 인물들로 여겨진다.

남당은 오대십국시기에 당의 3성6부제의 기본골격을 원안에 가깝게 시행한 유일한 나라였다. 남당의 관제官制는 남당 승원昇元 6년(942)에 반포된 『승원산정조昇元刪定條』라는 기본법전에 의거하여 제정되었고, 이는 당唐 중기의 관제에 따라 기본 골격을 잡고 당말오대唐末五代의 영외관令外官이 일부 반영된 구조이다. 광종대光宗代 성립된 과거제科擧制는 관제의 운영을 위한 기본적인 토대가 되었지만, 이후 성종대成宗代 성립된 3성6부제는 후주後周와 그 뒤를 이은 송宋의 관제와는 계통이 다른 제도였다.

성종 즉위 직후부터 3성6부제가 시행될 수 있는 근간은 광종대 후반에 남당에서 반포한 새로운 율령체제인 『승원격昇元格』과 『승원산정조昇元刪定條』를 도입하였기 때문으로 보인다. 송의 건국이후 곤궁에 처하지 않았다면 남당이 국가 공식문서인 불서佛書와 마찬가지로 『승원격』과 『승원산정조』 등을 고려에 제공하지는 않았을 것이다. 하지만 당시 남당은 고려와의 교류에 사활을 걸어야 할 상황이었기 때문에 이러한 것을 제공하였던 것으로 보인다. 이러한 자료는 광종대에 도입될 수는 있었으나 이를 수용하여 제도화하기 위해서는 보다 많은 시간이 필요했다.

한반도에서 중국과의 교류를 통해 얻고자 한 것은 뛰어난 기술과 학문 등 선진문물의 도입이었다. 따라서 대외교류의 영향을 가장 많이 받는 분야는 문화와 관련된 분야이다. 당시 중국의 문물 가운데 최첨단의 분야는 자기磁器 제조기술이었다.

고려가 이러한 자기 기술을 수용할 수 있었던 것은 광종 11년(960) 무렵 후주後周를 계승해 송宋이 건국하고, 남당南唐과 오월吳越이 생존의 활로를 모색하며 고려와 긴밀한 외교를 추진했던 것과 무관하지 않다. 광종 12년(961) 고려는 오월이 요청을 수용하여 제관諸觀을 파견하자, 오월왕 전숙錢俶이 고려에 답례하는 등 우호적인 관계가 확인된다. 이 시기 오월은 남당南唐과 송宋이라는 2개의 강력한 적에 남북으로 포위 당한 상황이었다. 이 때 고려에서 이러한 기술을 얻고자 했다면 충분히 얻을 수 있는 상황이었다. 하지만 오월吳越은 경종 3년(978) 멸망하는데, 이후 고려가 이러한 기술을 송宋으로부터 도입하는 것은 불가능하다. 따라서 고려가 오월吳越 월주요越州窯의 자기磁器 제조기술을 도입한 시기는 광종 12년에서 경종 3년 사이였던 것으로 파악된다. 실제 한반도에서 도자기가 제작된 것은 10세기 무렵으로 월주요越州窯를 모델로 한 자기였다.[83]

10세기 중반 오대십국의 혼란이 수습되고 중국통일을 전망하는 시점에서 광종대의 고려는 오대십국의 여러 나라들에 대해 전방위적 외교를 펼쳤다. 각국은 생존을 위해 고려로부터 동銅과 군수물자들을 수입하고자 했고, 고려는 제도개혁에 필요한 자료와 인력, 자기磁器 제조기술 등의 선진문물을 도입하고자 했다. 이와 같이 고려와 주변 국가들의 공통의 이해관계가 합치되어 활발한 교류가 이루어질 수 있었다. 그 결과 고려는 필요로 하는 문물을 광범위하게 입수할 수 있었고, 이는 이후 고려 사회를 변혁시킬 수 있는 동력이 되었다.

지금까지 동아시아의 한 축이었던 광종대 고려가 오대십국의 여러나

---

83) 李鍾玫, 2003, 「韓國 初期靑磁의 形成과 傳播－塼築窯와 土築窯를 중심으로－」
『한국미술사학』 240.
金寅圭, 2003, 「越州窯靑磁의 輸出과 靑磁文化圈의 擴大－韓國 初期靑磁의 出現背景과 時期를 중심으로－」『中國史硏究』 26.

라들과 어떠한 교류를 하였으며, 그 과정에서 당시 고려의 위상과 역할이 어떠하였으며, 이를 통해 고려사회가 어떠한 영향을 받았는가를 검토하였다.

고려의 대후주對後周 교류는 후주가 건국 직후부터 시작하여 후주가 존속한 9년 동안 7차례 사신을 파견했고, 후주는 고려에 5차례나 사신을 파견할 정도로 활발했다. 고려는 후주에게 군수물자, 주전용鑄錢用 동銅, 서적류 등을 제공하였고 고려는 후주로부터 선진문물을 도입하였다.

현재까지 고려가 송과의 교류를 시작한 것은 광종 13년(962) 즉 송의 건륭乾隆 3년으로 간주되어 왔지만, 건국 직후인 광종 12년(961) 3월에 고려가 사신을 파견했음을 밝혔고, 광종 14년(963)에 고려로 파견되었다고 잘못 알려진 시찬時贊은 원래 고려로부터 송에 파견된 고려사신임이 밝혀졌다. 송은 통일전쟁을 준비하며 후주와 같이 고려와의 긴밀한 관계를 갖게 되었고 고려 역시 송과의 친밀한 관계를 이어갔다.

남당과의 교류는 한국의 사료에는 발견되지 않지만 후삼국통일 이후부터 지속적으로 이어졌고, 광종대에 보다 강화되어 『대당보대을사세大唐保大乙巳歲 속정원석교록續貞元釋教錄』과 『조당집祖堂集』이 고려에 전해졌고, 『해외사정광기海外使程廣記』라는 사행기까지 작성되기에 이르렀다.

오월은 고려 건국 이후 태조 2년(919)에는 오월吳越의 문사 추언규酋彦規의 내투來投, 보운존자寶雲尊者 의통義通의 유학, 오월왕 전숙의 요청으로 제관諦觀이 『천태사교의天台四教儀』를 전했고, 최행귀崔行歸와 장유張儒와 같이 오월에서 귀국하여 광종대 활동한 인물들의 사례와 같이 빈번한 교류를 확인할 수 있었다.

광종 5년(954) 후주 세종의 등장 이후 변화된 국제정세는 고려가 후주後周·남당南唐·오월吳越 등과의 전방위적 외교를 펼쳐나갈 수 있게 하였다. 고려는 후주와 그 뒤를 이은 송은 물론 남당과 오월과도 여진의 말[馬]과 일본의 동銅, 고려의 무기武器 등을 거래함으로써 막대한 이익을

취할 수 있고, 이로 인한 경제적인 풍요와 기술과 문화의 발전은 고려사
회를 풍요롭게 하였다.

고려의 전방위외교의 결과 오대십국시기에 당의 3성6부제의 기본골
격을 원안에 가깝게 시행한 남당관제南唐官制의 바탕이 된『승원격昇元格』
과『승원산정조昇元刪定條』와 같은 제도의 영향을 받을 수 있었던 것으로
보인다. 광종대 전개된 전방위외교는 한국중세사회의 기본골격을 이룬
3성6부제를 도입한 결정적인 계기였다.

제3절 광종대 중앙관제의 개편

1. 광종대 관제개편의 배경

1) 태조대 이후 관제의 변화

광종대는 후삼국통일 이후 혜종·정종에 걸치는 왕위쟁탈전의 과정에
서 약화된 왕권을 강화하는 동시에 중국 오대십국의 여러 나라들과의 교
류를 통해 과거제와 공복제도를 비롯한 중국식의 제도를 도입하여 고려
사회를 혁신시켜 3성6부제 도입의 기초를 마련한 시기였다.

고려는 후주後周의 건국에서 멸망까지 9년 동안 공식적으로 9차례 사
신을 파견하고,[84] 후주로부터 5차례 사신을 맞았다.[85] 고려가 중국 문물

---

84) 고려의 사신 파견 기사는 다음과 같다.

　①광종 2년 正月 : "遣廣評侍郎徐逢等 九十七人來朝貢"(『五代會要』卷30 廣
　　順 元年 正月) ; "遣使朝貢 以昭 爲特進檢校太保使持節元菟州都督充大義
　　軍使高麗國 後加太師"(『文獻通考』卷325) ; "權知高麗國事王昭 爲特進檢
　　校太保使持節玄菟州都督充大義軍使兼御史大夫高麗國王 仍命衛尉卿劉皞
　　通事舍人顧彦浦 持節册之 劉皞尋卒於路 顧彦浦溺海而死"(『五代會要』卷
　　30 廣順 元年 2월).

②광종 3년 正月 : "遣廣評侍郎徐逢如周獻方物"(『高麗史』卷2 ; 『高麗史節要』卷2) ; "庚午高麗權知國事王昭 遣使貢方物"(『舊五代史』卷112, 廣順 2년 正月) ; "庚午 高麗王昭 使其廣評侍郎徐逢來"(『新五代史』권11, 廣順 2년 正月) ; "高麗權知國事王昭 遣廣評侍郎徐逢等九十七人 來朝貢"(『册府元龜』卷972, 廣順 2년 正月).

#광종 3년 7월 : "高麗僧 思泰 獻方物"(『册府元龜』卷972, 廣順 2년 7월)의 기사는 공식적인 使行이었던 것으로 추정되지만, 확실한 내역을 부는 알 수 없어 공식적인 사행에서는 제외하였다.

③광종 5년 10월 : "高麗國遣王子太相王融 來貢方物"(『册府元龜』卷972, 顯德 元年 10월).

④광종 6년 10월 : "遣大相王融 如周獻方物"(『高麗史』卷2 ; 『高麗史節要』卷2) ; "戊寅 高麗國遣使朝貢"(『舊五代史』卷115, 顯德 2년 10월) ; "戊寅 高麗使王子太相融來"(『新五代史』卷12, 顯德 2년 10월) ; "復遣使王子大相王融 來貢方物"(『五代會要』卷30, 顯德 2년 10월).

⑤광종 6년 11월 : 後周世宗 顯德 2년 : "遣廣評侍郎荀質 如周賀卽位"(『高麗史』卷2 ; 『高麗史節要』권2) ; "高麗復遣本國廣評侍郎荀質 來貢方物 稱賀登極"(『册府元龜』卷972, 顯德 2년 11월) ; "高麗國王王昭開府儀同三司檢校太尉 依前使持節玄菟州都督大義軍使 王如故"(『舊五代史』卷115, 顯德 2년 11월) ; "又遣廣評侍郎荀質 來賀登極"(『五代會要』卷30, 顯德 2년 11월) ; "其年十二月 授其國王王昭 開府儀同三司檢校太師高麗國王"(『五代會要』卷30, 顯德 2년 12월). 광종 6년 10월 기사의 正使가 王融인데 반해, 11월 기사의 正使는 荀質이다. 여기서는 다른 사행으로 판단하였다.

⑥광종 10년 정월 : "後周世宗 顯德 6년 : 遣春佐丞王兢佐尹皇甫魏光如周 獻名馬織成衣襖弓劒"(『高麗史』卷2 ; 『高麗史節要』卷2) ; "壬子 高麗國王王昭 遣使貢方物"(『舊五代史』卷119 顯德 6년 正月) ; "高麗王昭 遣使者來"(『新五代史』卷12, 顯德 6년 正月) ; "又遣其臣王子佐丞王兢佐伊王皇甫魏光等 貢名馬織成衣襖弓劍等"(『五代會要』卷30, 顯德 6년 正月) ; "高麗國王王昭 遣使王子佐丞王兢佐伊王皇甫魏光等來 進名馬及織成衣襖弓劍器甲等"(『册府元龜』卷972, 顯德 6년 正月).

⑦광종 10년 8월 : "後周 恭帝 元年 : 秋遣使如周進『別序孝經』一卷·『越王孝經新義』八卷·『皇靈孝經』一卷·『孝經雌雄圖』三卷"(『高麗史』卷2 ; 『高麗史節要』卷2) ; "壬寅 高麗遣使者來"(『新五代史』卷12, 恭帝 元年 8월) ; "壬寅 高麗國遣使朝貢 兼進別序孝經一卷·越王孝經新義一卷·皇靈孝經一卷·孝經雌圖三卷"(『舊五代史』卷120 恭帝 元年 8월) ; "其年八月 遣使進別序孝經一卷 越王新義孝經八卷 皇靈孝經一卷 孝經雌圖三卷"(『五代會要』卷30, 恭帝 元年 8월) ; "高麗國遣使朝貢 兼進別序孝經一卷·越王孝經新義八卷·皇靈

의 도입에 심혈을 기울였듯이, 후주 역시 고려로부터 銅의 구입과 말

孝經一卷·孝經雌圖二卷"(『册府元龜』卷972, 恭帝 元年 8월) ; "高麗俗知文字
喜讀書 昭進別敍孝經一卷·越王新義八卷·皇靈孝經一卷·孝經雌圖一卷"(『新
五代史』卷74, 恭帝 元年 8월) ; "又遣使 別敍孝經一卷·越王孝經一卷·越王
新義八卷·皇靈孝經一卷·孝經雌圖一卷"(『文獻通考』卷325, 恭帝 元年 8월).

⑧광종 10년 9월 : "周遣左驍衛大將軍戴交來. 後周 恭帝 元年 : 周侍御雙哲來
拜爲佐丞"(『高麗史』권2 ; 『高麗史節要』권2) ; "丙寅, 左驍衛大將軍戴交使
于高麗"(『新五代史』卷12, 恭帝 元年 9월) ; "乙卯 高麗王王昭加檢校太師
食邑三千戶"(『舊五代史』卷12 恭帝 元年 9월).

⑨광종 10년 11월 : "冬遣使如周獻銅五萬斤紫白水精各二千顆"(『高麗史』卷2 ;
『高麗史節要』卷2) ; "高麗遣使者來"(『新五代史』卷12 恭帝 元年 11월) ;
"高麗復遣使 貢銅五萬斤 白水精各二千顆"(『册府元龜』卷972 恭帝 元年 11
월) ; "遣使貢銅五萬斤 紫白水精各二千顆"(『五代會要』卷30 恭帝 元年 11
월) ; "昭遣使者 貢黃銅五萬斤"(『新五代史』卷74 恭帝 元年 11월) ; "高麗遣
使 貢紫白水晶二千顆"(『舊五代史』卷138 恭帝 元年 11월).

85) 후주에서 고려에 사신을 파견 기사는 다음과 같다.

①광종 3년 4월 : "癸巳 以權知高麗國事王昭 爲高麗國王"(『舊五代史』卷112
廣順 2년 2월) ; "甲午 高麗國册使·衛尉卿劉皥卒"(『舊五代史』卷12 廣順 2년
4월) ; "廣順二年春, 朝廷以皥爲高麗册使"(『舊五代史』卷131 廣順 2년 4월).

②광종 3년 9월 : "乙丑 大僕少卿王演使于高麗"(『新五代史』卷11 廣順 2년 9월) ;
"復以太僕少卿王演 借衛尉卿 充高麗國王册禮使 右衛率府呂繼贇 借將作少
監充副使"(『五代會要』卷30 廣順 2년 9월) ; "周遣衛尉卿王演將作少監呂繼
贇來册王爲特進檢校大保使持節充玄菟州都督充大義軍使兼御史大夫高麗國
王"(『高麗史』卷2 ; 『高麗史節要』卷2).

③광종 7년 : "周遣將作監薛文遇來加册王爲開府儀同三司檢校大師 仍令百官
衣冠從華制 前大理評使雙冀從文遇來"(『高麗史』卷2 ; 『高麗史節要』卷2).

④광종 9년 7월 : "是歲 周遣尙書水部員外郎韓彦卿尙輦奉御金彦英齎帛數千
匹來市銅"(『高麗史』卷2 ; 『高麗史節要』卷2) ; "乙酉 水部員外郎韓彦卿 市
銅于高麗"(『新五代史』卷12 顯德 5년 7월) ; "其地產銅·銀 周世宗時 遣尙
書水部員外郎韓彦卿以帛數千匹市銅於高麗以鑄錢"(『新五代史』卷74, 顯德
5년 7월) ; "命尙書水部員外郎韓彦卿 尙輦奉御金彦英使 於高麗 因命齎帛
數千匹 就彼市銅 以備鑄錢之用"(『五代會要』卷30, 顯德 5년 7월).

⑤광종 10년 9월 : "丙寅 左驍衛大將軍戴交使于高麗"(『新五代史』卷12 恭帝
元年 9월) ; "乙卯 高麗王王昭加檢校太師, 食邑三千戶"(『舊五代史』卷120,
恭帝 元年) ; "周遣左驍衛大將軍戴交來. 周侍御雙哲來拜爲佐丞"(『高麗史』
卷2 ; 『高麗史節要』卷2).

[馬]과 군수물자의 도입과 각종 효경孝經을 비롯한 서적류의 입수에 대해 상당한 관심을 가졌던 것으로 보인다.86) 이는 광종 9년(958)의 고려 사행에 참여한 한언경韓彦卿이 고려에 관한 최초의 사행기인『고려박학기高麗博學記』를 남긴 것을 통해 드러난다. 후주와의 교류가 고려에 끼친 영향은 두루 알 듯이 후주인 쌍기의 주도로 시행된 과거제와 이어 제정된 백관의 공복 등 이전에 없었던 새로운 제도의 도입이었다.

고려는 오대五代의 후주 외에도 양자강 유역의 오월吳越·남당南唐 등과도 활발한 외교를 펼쳤다.87) 특히 고려와 남당과의 교류는 후삼국통일 후인 태조 20년(937)부터 활발하게 진행되었다.88) 이후 광종대에 이르러 남당은 후주에서『고려박학기』를 작성한 사례와 마찬가지로 광종 12년(961) 무렵 장료章僚를 파견하여『해외사정광기海外使程廣記』를 작성하게 할 정도로 고려에 대한 관심을 기울였다.89)

남당은 화북의 오대정권을 타도하여 당唐의 옛 영토 회복을 명분으로 하여 당의 관제로 복귀하였다. 이러한 성격으로 인해 남당南唐은 오대십

---

86) 김대식, 2008,「高麗 光宗代의 對外關係」『사림』29, 109쪽.
87) 오월과의 관계는 광종 12년(961) 광종이 諦觀을 시켜 吳越王 錢弘俶이 요청한 天台四敎儀를 보냈고, 전홍숙은 그 사례로 八萬四千塔을 보내는 등 활발한 교류가 있었다(李永子, 1986,「天台四敎儀의 成立背景과 그 特徵」『佛敎學報』23, 東國大 ; 梅原末治, 1967,「吳越王 錢弘俶 八萬四千塔」『考古美術』8-4, 288쪽).
88) 南唐이 吳를 계승하여 건국한 직후에 고려가 張訓을 사신으로 보낸 사실이 확인된다. 이후 태조 21년 廣評侍郎 柳勳律을 正朝使로, 22년에 柳勳律을 다시 파견했고, 23년에 廣評侍郎 柳兢質을 파견하는 등 긴밀한 관계를 유지했다(『十國春秋』卷79 ; 『十國春秋』卷15 ;『陸氏南唐書』卷1).
89) 南唐 保大 4년(946)에 편찬한 佛經目錄인『大唐保大乙巳歲續貞元釋敎錄』과 保大 10년(952)에 편찬된 最古의 禪宗史書인『祖堂集』은『宋版大藏經』등 중국의 大藏經에는 없고『高麗大藏經』에만 실려 전한다는 사실은 고려와 남당과의 긴밀한 관계를 확인시켜주는 대목이다. 또한 현존하는 最古의 묘지명인 蔡仁範 墓誌는 南唐 출신인 채인범이 광종 21년(970) 江南 泉州持禮使를 따라와 고려로 귀화했다는 사실을 알려준다. 이는 고려와 남당과의 인적 교류가 있었음을 알려주는 자료이다.

국시기에 당의 3성6부제의 형식을 가장 온전하게 갖춘 나라였다.[90] 남당의 관제는 당제唐制의 기본 골격을 수용했지만, 『당육전』을 그대로 원용한 것은 아니었다. 이러한 관제는 승원 6년(942)에 반포된 『승원산정조昇元刪定條』라는 기본법전에 의거하여 제정되었고, 이는 당唐 중기의 관제에 따라 기본 골격을 잡고 당말오대의 영외관슈外官이 일부 반영된 구조였다.[91] 이러한 『승원산정조』는 3성6부제의 형태와 구성을 오대십국 시기에 율령체제를 부활시킨 유일한 사례로 보인다. 고려가 남당으로부터 『조당집』 등을 도입한 사례와 같이 이 자료 역시 광종대에 도입되었을 가능성이 있다.

성종대 시행된 3성6부제는 기존의 고려관제와는 다른 구조의 관제였다. 현재까지 이러한 관제가 성종대에 갑자기 시행된 이유를 알 수 없었다. 『승원산정조』와 같은 기본법전이 광종대 도입되어 10여년간의 검토를 거쳐 이를 모델로 3성6부제를 시행하였다면 고려에서 당제 수용과정이 명확해 질 수 있을 것이다. 하지만 『승원산정조』가 어떠한 내용을 담고 있는지에 대해서는 전혀 알려진 바가 없다. 남당에서 시행되었다는 것으로 보아 변형된 3성6부제의 모델로 보인다. 그렇지만 이러한 제도가 당제라고 볼 수는 없다. 당시 고려의 지배세력들도 이러한 사실을 인지하고 있었을 것이다.

광종대의 제도개혁은 과거제의 실시와 공복의 제정으로 대표된다. 광

---

90) 이러한 명분을 삼게 된 이유로 南唐을 건국한 李昇은 본명이 徐知誥로 원래 吳의 丞相 徐溫의 양자로 들어간 인물이었다. 그는 吳 睿帝 楊溥로부터 禪讓을 받은 후 스스로를 唐 憲宗의 다섯째 아들인 李恪의 4世孫으로 自稱하여 이름을 李昇으로 바꾸고 국호를 唐으로 고쳤다.

91) 남당을 건국한 烈祖 李昇은 昇元 3년(939)에 『昇元格』을 제작하여 시행했고, 이어 6년(942)에 『昇元刪定條』30권을 반포하였다. 이는 五代十國時期 唐 중기 이후 대단히 복잡하게 설정된 슈外官體制를 정리하고자 한 시도였다. 南唐은 5대 10국에서 정비된 통치법령을 갖춘 유일한 나라였다(高新生, 2004, 「十國法律制度考」『十國典制考』, 中華書局, 83~85쪽).

종대 중앙관제 편제 혹은 개편과 관련된 내용은 『해외사정광기』에 나타난 '10성4부'라는 기술이 유일하다. 이외의 사례와 기록은 아직까지 발견되지 않고 있다. 이러한 10성4부는 남당의 사신 장료가 광종 12년 무렵에 고려에서 본 고려의 중앙관제를 말한다.[92] 그 구조는 <표 2>와 같이 기존의 조직을 개편하여 내의성·내봉성·광평성·진각성·보천·예빈성·내서성·원봉성·의형대·도항사 등 10개의 성省과 군부·병부·장위부·창부 등 4개의 부部로 편제한 것으로 추정된다.

10개의 성省은 내의성·내봉성·광평성과 같이 이후 삼성三省을 지향하는 정무기구와 함께 진각성·보천·도항사와 같이 재정기구, 예빈성 혹은 춘부와 같이 외교기구, 내서성·원봉성과 같이 학술자문기구, 의형대와 같이 형정기구 등으로 태조대에 성립된 기구를 개편하여 정비한 형태였을 것으로 생각된다.

4개의 부部는 광종대 순군부가 군부로 내군이 장위부로 개편된 점에서 볼 때, 여기에 병부를 포함시킬 경우 군사관계의 3개 관부를 말하는 것으로 보인다. 그리고 태조대 대표적인 '부部' 명칭의 관부가 창부倉部였던 점을 감안한다면 여기에 포함시킬 수 있을 것이다. 이들 4개의 '부部'는 군사와 경제를 총괄하는 기구로 추정된다. 광종대는 개혁과 관련하여 여러 차례의 반란과 숙청이 있었고 특히 노비안검법의 시행에 대한 반발이 컸던 것으로 보인다. 이들 관부는 이러한 배경에서 나온 구조로 추정된다.

앞서 검토한 바와 같이 태조대의 관부가 최소한 16개 이상이었음을 감안한다면, 광종대의 10성4부제는 태조대 성립된 주요 관부를 14개로 재편한 조치로 보인다. 하지만 이것이 16개의 관부가 14개로 축소된 것을 의미하는 것은 아니다. 이후 성종대 3성6부제라는 복잡한 구조로 재편하기 위해 상위기구를 재편하고 하위기구를 세분화 한 것으로 보인다.

---

92) 金大植, 2005,「『해외사정광기』에 나타난 고려 광종대 10성4부」『士林』24.

이러한 변화는 그 저변에 후주와 남당 제도의 영향이 있었던 것으로 보인다. 3성6부제를 복원한 남당은 논외로 하더라도 후주의 경우도 해체된 형태였지만 3성6부제의 요소를 어느 정도 갖추고 있었다. 3성6부제는 당의 대표적인 유산으로『당육전』이 완성된 이후에도 지속적으로 치세治世를 대표하는 제도로 인식되었다.[93] 광종대는 그 역사적인 비중에 비해 잔존하는 사료가 적다. 이러한 광종대 기사 가운데 광종 스스로가 항상『정관정요』를 읽었다는 내용이 전한다.[94] 이는 당제가 당시 동아시아의 세계에서 차지하는 위상의 단면을 보여준다. 광종이 기존의 관제를 10성4부제로 정비한 것은 당제를 도입하기 위한 사전 조치로 파악된다. 태조대 광평성·내봉성·내의성에서 광종대에 내의성·내봉성·광평성으로의 서열이 변화된 것은 단순히 서열의 변화만을 의미하는 것이 아니라 그 내부의 기능에서도 3성제를 전망하는 변화가 있었을 것으로 판단된다. 하지만 그 배경에는 과거제를 필두로 관제개편, 공복의 제정 등이 시행되었기 때문으로 보인다. 이러한 개혁은 이후 3성6부제를 도입하게 한 기반이 되었다.

2)『海外使程廣記』와 광종대 개혁

광종대光宗代의 동아시아 세계는 오대五代의 후주後周 세종世宗의 등장 이후 송의 중국통일로 이어지는 격변의 시기를 맞이하고 있었다. 고려高麗는 후삼국통일後三國統一 이후 광종대에 이르러 다소의 내부적 갈등을 수습하는 한편으로 분열된 중국의 여러 나라들과의 활발한 교류를 통해 국가체제를 정비해 나아갔다.

---

93) 唐의 極盛期인「開元의 治」때 성립된 국가의 법과제도, 문물의 具備 등은 후세에 통치의 규범이 되었다.『六典』에 포함된 법과 제도는 옛 중국에서 법과 제도의「典型」으로 이해되었다(奧村郁三, 1993,「大唐六典」『中國法制史 – 基本資料の硏究 – 』, 東京大學出版會, 242쪽).
94)『高麗史』卷2, 光宗 元年 正月.

광종대는 고려사회의 정치와 경제 등의 분야에서 이루어진 개혁으로 인해 연구자들의 주목을 받아왔다. 광종대는 1980년대 이후 고려 초기의 연구에서 가장 주목받고있는 시기이다.[95] 광종대는 이미 오래 전부터 국제정세의 격변기로서 고려가 갖는 국제적 위상에 대해 주목 받는 시기였다.[96] 특히 후주와의 교류를 통해 후주 세종의 개혁과 광종의 개혁과의 관련에 대한 연구가 두드러진다.[97] 이들 연구를 통해 광종대 개혁에 관한 많은 사실이 밝혀졌다.

하지만 이러한 광종대 개혁에 대한 연구는『고려사』세가世家에 광종光宗 18년의 기록이 누락될 정도로 자료 부족이 심각하여 심층적인 연구로 진행하는데 많은 제약을 받아왔다. 그리고 그동안의 연구는 중국中國의 정사正史인『오대사五代史』·『송사宋史』·『요사遼史』등에 자료의 대부분을 의존할 수밖에 없었다는 한계를 가지고 있다. 이를 극복하는 방법은 그동안 간과되었던 중국측의 사료에 주목하는 것이다. 특히 고려와 오대五代와 십국十國 사이에 이루어진 수많은 교류와 송宋의 건국이후 긴밀히 전개된 외교의 과정이 기록된 관련된 수많은 자료資料가 현존하고 있다. 그 중 주목되는 것이 사행使行의 기록인데, 대표적인 사례로『육씨남당서陸氏南唐書』와『십국춘추十國春秋』등 여러 문헌에 전재轉載되어 전하는 '『해외사정광기海外使程廣記』'라는 남당南唐의 사행기使行記가 있다.

『해외사정광기』는 광종의 개혁이 진행될 당시인 961년에 남당南唐의 사신使臣인 장료章僚가 고려를 방문하고 남긴 사행기使行記이다. 이는 인종 원년(1123)에 송나라 사신 서긍徐兢이 남긴『선화봉사고려도경宣和奉使高麗圖經』보다 160여 년, 손목孫穆의『계림유사鷄林類事』보다 130여 년 앞선 기록이다. 이러한『해외사정광기海外使程廣記』가 광종대의 사료史料

---

95) 李基白編, 1981,『高麗光宗研究』, 一潮閣.

96) 秋浦秀雄, 1933,「高麗光宗朝に於ける國際情勢を檢覈す」『靑丘學叢』12.

97) 李基白, 1960,「高麗初期에 있어서의 五代와의 關係」『梨大論叢』1.

로서 광종대의 개혁의 실상을 새롭게 이해할 수 있는 단서端緒이다. 아울러 현재 전해지는 광종대光宗代의 금석문金石文 10여 종種 역시 중요한 내용을 담은 사료가 많아 적절한 활용이 필요하다.[98]

현재까지 고려 초기의 중앙관제中央官制에 대해서는 태조가 즉위한 직후에 급조된 12관부라는 관제가 성종대에 당唐의 3성6부제를 모델로 한 관제로 제정되기까지 60년 이상 지속되었던 것으로 이해하고 있다.[99] 하지만 태봉泰封의 관제官制에 신라新羅의 관제官制를 가미한 이러한 임시기구臨時機構는 후삼국後三國의 정립과정鼎立過程에서 일부 변화가 있었을 것이고, 후삼국통일後三國統一 이후에는 확장된 영역領域에 따른 기구機構와 인원人員의 재배치가 필연적이었기 때문에 어떤 형태로든 확장된 중앙정치기구中央政治機構가 있었을 것으로 보인다.[100]

특히 광종대光宗代의 공복제정公服制定은 관료기구官僚機構의 개편改編이 전제된 이후에야 가능한 것이다.[101] 고려초高麗初의 문헌기록文獻記錄이 거란契丹의 침입으로 대부분이 소실燒失되어 잔존殘存한 사료史料로 광종대光宗代의 중앙관제中央官制의 구조를 파악하는 것은 거의 불가능하다. 『해외사정광기海外使程廣記』에 나타난 '10성省4부部'라는 중앙관제에 대한 기록은 이러한 문제를 해결할 수 있는 결정적인 단서를 제공한다. 이는 지방제도에서 후삼국 통일 이후 읍호邑號의 개정에서 보이듯이 확대

---

98) 趙東元, 2002, 「한국학과 금석문」 『국학연구』 1.
99) 李基白, 1975, 「貴族的 政治機構의 成立」 『한국사』 5, 국사편찬위원회.
　　趙仁成, 1986, 「弓裔政權의 中央政治機構-이른바 廣評省體制에 對하여-」 『白山學報』 33.
　　李在範, 1991, 『後三國時代 弓裔政權의 研究』 成均館大博士學位論文.
　　崔圭成, 1992, 「廣評省考-高麗 太祖代 廣評省의 性格을 중심으로-」 『何石 金昌洙教授華甲紀念 史學論叢』, 汎友社.
100) 金大植, 2000, 「高麗 成宗代 三省六部制의 導入過程」 『史林』 14.
101) 신라의 경우 법흥왕 7년 율령을 반포와 함께 백관의 공복을 제정하고 있다(『三國史記』 卷4, 新羅本紀4 法興王 7年 春正月).

된 영역에 걸맞는 형태로의 변화가 중앙관제中央官制에서도 있었던 것을
의미하기 때문이다.

　외국에 파견된 사신使臣은 귀국 후에 어떠한 형태로든 일정日程과 방
문한 나라의 실정實情을 수집한 보고서인 사행기使行記를 남긴다. 한반도
와 관련된 사행기는 삼국시대부터 작성되었던 것으로 보이지만,102) 대
표적인 사행기는 북송의 멸망 직전인 고려 인종仁宗 원년元年(1123)에 고
려를 방문한 서긍徐兢이 남긴 『선화봉사고려도경宣和奉使高麗圖經』이다.
서긍은 그 서문에서 그가 사행기를 작성한 목적을 "고려高麗의 실정實情
을 수집하여 조정朝廷에 보고하기 위해 작성한 것"이라고 밝히고 있
다.103) 이처럼 사행기는 한 나라가 다른 나라의 상황을 파악하는 가장 기
본적인 자료였기 때문에 심혈을 기울여 작성된 중요한 공문서이다. 현존
하는 사행기는 대부분이 국제정세의 격변기에 작성된 것들이다. 이러한
사행기는 당시 외교정책을 결정하는 주요 자료로 해당국의 정치·경제·사
회·문화 등의 상황에 대한 중요한 정보가 포함된 문서였다. 이들 사행기
는 이후에도 계속 활용될 수 있는 가치가 있어 폐기되지 않고 보존될 수
있었다.

　현재까지 『선화봉사고려도경』 이전에 기록된 고려와 관련된 사행기
가운데 아직 완전한 형태의 기록은 발견되지 않는다. 하지만 일부분이
전하는 사행기는 여러 종이 전한다.104) 그 중 대표적인 것이 남당南唐의

---

102) 三國時代 唐나라에서 기록된 사행기로 대표적인 것으로 陳大德의 『奉使高麗記』
　　와 顧愔의 『新羅國記』를 들 수 있다. 『奉使高麗記』는 榮留王 23년(640)인 唐
　　太宗 貞觀 14년에 고구려에 파견된 진대덕이 작성한 사행기로 『舊唐書』·『新
　　唐書』·『通志』 등의 經籍志에 이름이 전하고, 내용의 일부가 『翰苑』·『新唐書』·
　　『通典』 등에 전재되어있다(吉田光男, 1977, 「翰苑註所引高麗記について」 『朝
　　鮮學報』 85). 『新羅國記』는 惠恭王 4년(768)인 唐 代宗 大曆 3년에 신라에 파
　　견된 사신 歸崇敬의 일행인 고암이 작성한 사행기로 『舊唐書』·『新唐書』·『通
　　志』·『說郛』·『玉海』·『浙江通志』 등에 책명과 내용의 일부가 전하고 있다.
103) 趙東元 외, 2005, 『고려도경』, 황소자리, 45쪽.

사신 장료章僚가 광종 12년(961)에 작성한 『해외사정광기海外使程廣記』이
다. 『해외사정광기』는 광종의 개혁 진행되던 시기에 방문訪問하여 작성
作成된 기록이라는 점에서 관심을 끈다.

내용을 검토하기에 앞서 『해외사정광기』가 작성될 당시의 국제정세
와 이들 나라와 고려와의 관계에 대해 살펴볼 필요가 있다. 현재까지 후
주後周와 고려와의 외교관계에 대한 사료정리 정도의 고찰이 이루어졌을
뿐, 남당南唐과 고려와의 관계에 대해서는 그 실체조차 파악되고 있지 않
기 때문이다.

당시의 국제정세를 살펴보면, 광종光宗 2년(951)에 후한後漢을 이은 후
주後周는 강남의 패자覇者인 남당南唐과 비교할 수 없을 정도의 미약했다.
하지만 2대 세종世宗이 즉위한 이후 판도가 바뀌기 시작했다. 후주後周
세종世宗은 955년(광종 6) 대대적인 개혁정책을 실시하여 경제력과 군사
력을 동시에 확충하였고, 이를 바탕으로 남당에 대한 파상적인 공세를
가하기 시작했다.

한편 남당南唐은 당나라 멸망 이전부터 강남지역을 차지하고 있었던
오吳(902~937)를 계승한 나라로 원종元宗 보대保大 연간에 이르러서는 강
소江蘇·안휘安徽·강서江西 등 양자강揚子江에서 회수淮水에 이르는 생산력
이 높은 농업지대와 다양한 산업이 융성한 지역을 아우르고 있었던 당시
중국의 패자覇者였다. 하지만 남당南唐은 후주後周의 세종世宗의 파상적인
공세에 밀려 존망을 위협받는 처지에 이르자, 남당南唐은 주변국들로부
터 정치적·경제적 호응 혹은 원조를 얻어내야 할 상황에 이르렀다. 하지
만 이 무렵 동아시아에서 남당이 경제적 혹은 군사적 지원의 대상으로
고려考慮할 수 있는 대상은 오월吳越·거란契丹·고려高麗밖에 없었다.[105]

---

104) 고려와 관련된 현존하는 最古의 사행기는 광종 9년(958) 後周 世宗 때 고려를
　　방문한 韓彦卿이 작성한 『高麗博學記』이고, 다음이 南唐 章僚의 『海外使程廣
　　記』이다. 송나라 성립 이후의 사행기로 성종 7년(998)에 고려를 방문한 송나라
　　의 사신 呂端과 呂祐之의 『奉使高麗故實』과 『海外覃皇澤詩』 등이 있다.

그 중 남당을 지원할 수 있는 유일한 대상은 고려高麗였다. 장료의 『해외사정광기』는 이러한 상황에서 고려에 대한 실상을 파악하기 위해 작성된 고려에 대한 보고서였다.106)

현재『고려사』나『고려사절요』등의 고려측高麗側의 사서史書는 남당南唐의 국명國名을 비롯한 어떠한 내용의 기록도 전하지 않는다. 하지만 현존하는 고려高麗 최초最初의 묘지명墓誌銘인 채인범蔡仁範의 묘지명에 고려와 남당과의 관계를 이해하는 단서를 제공하는 자료가 있다. 채인범은 광종 21년(970) 강남江南 천주지례사泉州持禮使를 따라와 고려로 귀화한 인물이다. 묘지명에는 그를 '대송大宋 천주인泉州人'으로 기록하고 있지만,107) 채인범이 고려에 도착한 건덕乾德 8년(970) 당시 천주泉州는 남당의 영토였다. 따라서 그는 남당인南唐人으로 고려에 도착했다. 하지만 그가 사망한 목종穆宗 원년元年(998)에 이르면 남당은 송에 의해 멸망되었고, 이후 26년이 지난 현종顯宗 15년(1024)에 이장移葬을 위해 묘지명이 작성되었다. 이 때에 이르러 그의 출신을 멸망한 '남당南唐 천주인泉州人'으로 기록할 필요가 없었기 때문에 '대송大宋 천주인泉州人'으로 기록했던 것으로 보인다.

고려와 남당과의 관계를 밝힐 단서로『조당집祖堂集』이라는 자료가 주목된다.『조당집』은 이미 80년 전에 학계에 소개되었고,『고려대장경高麗大藏經』의 사료적 가치의 우수성에 대해 가장 먼저 언급되는 자료로

---

105) 後周가 南唐에 대한 공격이 시작되자, 南唐은 吳越에 2차례나 도움을 요청했다 (『吳越備史』卷4 顯德 4년 정월). 하지만 吳越은 南唐을 공격하여 常州를 차지한다(『陸氏南唐書』卷2 本紀2 元宗 保大 14년 정월). 후주의 파상적인 공세가 계속되자, 南唐은 12월에 契丹에 陳處堯를 보내 援兵을 要請했으나 契丹으로부터 거절당했다(『十國春秋』卷16 南唐2 元宗 本紀 保大 14년 12월).

106) 金大植, 2005, 「고려초기 使行 기록의 검토-『海外使程廣記』를 중심으로-」『역사와 현실』58.

107) 金龍善, 1993, 「蔡仁範 墓誌銘」『高麗墓誌銘集成』, 翰林大學校아시아文化研究所, 14쪽.

남당南唐의 원종元宗 보대保大 10년(952) 천주泉州에서 완성되어 고려에만 전해지는 최고最古의 선종사서禪宗史書이다.108) 또한 남당南唐 보대연간保大年間의 자료로 원종元宗의 칙령勅令으로 편찬한 불경목록佛經目錄인『대당보대을사세大唐保大乙巳歲 속정원석교록續貞元釋敎錄』이 있는데, 이 역시『고려대장경』에만 남아있는 자료이다.109) 중국 불교사佛敎史에서 상당한 비중을 가진 남당南唐의 이러한 문헌들은 오대십국을 통일한 송宋의 대장경大藏經에도 수록되지 않고『고려대장경』만 남아 있는데, 이들 자료는 고려와 남당 사이에 그만큼 밀접한 외교가 이루어졌음을 확인시켜 주는 근거가 된다.

이같은 실물사료實物史料 외에도 남당과의 관계를 기록한 중국의 문헌사료文獻史料도 일부남아있다. 여기에는 고려와 남당과의 관계를 알려주는 기록은 물론, 남당이 계승한 오吳와 고려의 외교관계를 알려주는 사료 또한 전해진다.110) 고려와 남당과의 외교는 고려에서 태조 20년(937)

---

108) 『祖堂集』(高麗大藏經 K.1503)은 最古의 禪宗史書로 南唐 保大 10년(952) 泉州 招慶寺의 靜과 筠이라는 두 승려에 의해 편찬되었다. 현재의『조당집』은 高麗 高宗 32년(1245) 分司大藏都監에서 大藏經의 補版으로 제작된 것으로, 1912년 關野貞과 小野玄妙가 海印寺에서『高麗大藏經』판본을 조사하는 과정에서 발견했고, 池內宏이 1924년 논문을 통해 세상에 알렸다(池內宏, 1924,「海印寺板藏經追加目錄所載の佛典」『東洋學報』14-1). 작성 시기는『조당집』의 1권과 2권 본문 내용 가운데 "今唐保大十年壬子歲"라는 句節이 6차례(7佛 釋迦, 28祖 達摩, 29祖 慧可, 30祖 僧璨, 32祖 弘忍, 33祖 慧能)나 반복하여 나오고있어 南唐 保大 10년(952)이 확실하다.

109) 『大唐保大乙巳歲續貞元釋敎錄』(高麗大藏經 K.1399)은 南唐 保大 3년(945)에 恒安이 元宗의 勅令을 받아 保大 4년(946)에 편찬한 佛經目錄이다. 이 책은『宋版大藏經』등 중국의 大藏經에는 없고『高麗大藏經』에만 실려있다.

110) 남당이 계승한 오나라와의 관계를 살펴보면, 고려는 건국직후인 태조 2년(919) 7월 吳나라에 佐良尉 金立奇를 파견했다(『資治通鑑』卷270, 後梁5 ;『十國春秋』卷2, 吳2 高祖 武義 원년 7월). 당시 오나라는 4월에 楊隆演이 역성혁명을 성공하여 정권을 교체한 직후였다. 고려와 오나라가 외교관계를 가질 수 있었던 것은 강남의 패자인 오나라의 영내에 신라때부터 한반도와의 왕래에 길목에 있었던 海州라는 항구를 포함하고 있어 한반도와의 교류에 있어서 오월과 유사한

6월에 장훈張訓을 남당에 파견하면서부터 시작되었다.[111] 고려는 다음해
인 태조 21년(938) 광평시랑廣評侍郞 유훈율柳勳律을 사신으로 보냈고,[112]
태조 22년(939)에 유훈률을 다시 파견했고,[113] 연이어 태조 23년(940)에
광평시랑廣評侍郞 유긍질柳兢質을 파견했다.[114] 이처럼 고려는 남당이 성
립한 직후부터 사신을 4년 동안 매년 1차례씩 파견할 만큼 남당과 관계
에 적극적이었다. 이후 광종 12년(961) 무렵 장료가 파견될 당시까지 20
년간의 기록은 아직 발견되지 않고 있다. 하지만 이 시기 남당대 편찬활
동을 대표하는『대당보대을사세속정원석교록』과『조당집』등이 고려에
만 전해지고 있는 사실은 고려와 남당의 대외적 관계가 지속적으로 이어
졌음을 알려준다. 이처럼 고려와 남당의 누적된 교류의 경험은『해외사
정광기』라는 기록을 탄생하게 했다.

『해외사정광기』는『송사宋史』나 『문헌통고文獻通考』등의 경적지經籍
志에 현재까지 이름만 전하는 사라진 문헌으로 소개되고 있다.[115] 하지
만『해외사정광기』는 사서史書인『육씨남당서陸氏南唐書』·『자치통감資治通
鑑』·『십국춘추十國春秋』·『역대통감집요歷代通鑑輯要』·『성경통지盛京通志』·
『연번로演繁露』·『연번로속집演繁露續集』·『독사방여기요讀史方輿紀要』등 8
종의 문헌에 그 내용의 일부가 실려있다. 이 책의 제목은『해외사정광기

입지적 여건을 가지고 있었기 때문이다.

111) 張訓은 태조 20년(937) 5월에 오월에 사신으로 파견되었고(『十國春秋』卷79,
吳越 3 文穆王 世家 天福 2년), 여기서 吳나라가 南唐으로 교체되었다는 사실
을 듣고 南唐을 방문한 것은 같은 해 6월 南唐 烈祖 卽位 직후이다. 이때 올린
牋文 일부가 전한다(『十國春秋』卷15, 南唐1 烈祖 昇元 2년 6월 ;『陸氏南唐
書』卷18, 列傳15 高麗).

112)『陸氏南唐書』卷1, 本紀 烈祖 昇平 2년 6월 ;『十國春秋』卷15, 南唐1 烈祖
昇元 2년 6월.

113)『陸氏南唐書』卷18, 列傳15 高麗 ;『十國春秋』卷15, 南唐 1 烈祖 昇元 3년.

114)『陸氏南唐書』卷1, 本紀1 烈祖 昇平 4년 10월 ;『十國春秋』卷15, 南唐1 烈
祖 昇元 4년 10월.

115) 金庠基, 1985,『新編 高麗時代史』, 서울대출판부, 712쪽.

海外使程廣記』 외에도 『고려국해외사정기高麗國海外使程記』,[116] 『해외사신
광기海外使臣廣記』,[117] 『해외행정기海外行程記』[118] 등의 이름으로도 기술되
어 있다. 이 책의 정식 이름은 송대의 기록인 『문헌통고文獻通考』,[119] 원
대에 편찬된 정사인 『송사宋史』,[120] 청대淸代에 십국사十國史를 정리할 목
적으로 작성된 『십국춘추十國春秋』[121] 등의 주요 문헌에 나타난 이름인
『해외사정광기海外使程廣記』로 불러야 할 것이다.

『해외사정광기』는 작성된 시기에 다소 혼란이 있는데, 『십국춘추十國
春秋』에는 '후주시後主時(961~976)'로 보고, 『연번로演繁露』에는 '후주말년
後主末年'으로 보고 있다. 한편 『문헌통고文獻通考』의 경적지經籍志 등에는
송의 건국 1년전인 광종 10년(959)으로 보고 있다. 실제 작성된 시점을
규명하기 위해서는 우선 장료의 여정을 살펴볼 필요가 있다. 장료는 중
국의 해주海州를 출발하여 내주萊州를 경유해 고려로 들어갔고, 고려의
냉천冷泉을 돌아 해주海州의 장불현長沒縣으로 도착했다.[122] 여기서 주목
할 점은 장료가 출발하고 도착한 지역인 회수 하구인 해주海州라는 곳이
다. 남당은 광종 9년(958) 정월에 후주의 공격을 받아 해주를 빼앗겼다.
하지만 해주는 남당이 황해로 통하는 유일한 항구임과 동시에 주요한 소
금의 산지로 포기할 수 없는 곳이었다. 결국 남당은 후주에 회수~양자
강에 이르는 지역[淮南]을 넘겨주는 대신 해주에 대한 지배권을 인정받았
다.[123] 이후 이 지역은 광종 14년(963) 무렵에는 송宋의 영역에 포함된

---

116) 『通志』 卷66, 地理 朝聘.
117) 『江南通志』 卷191, 藝文志.
118) 『演繁露續集』 卷1, 制度 高麗境望 ; 『盛京通志』 卷108, 雜志.
119) 『文獻通考』 卷200·206, 經籍考27·33.
120) 『宋史』 卷204, 藝文3.
121) 『十國春秋』 卷28, 南唐14 列傳 章僚.
122) 『演繁露』 卷1, 服匿·刁斗·斯羅 ; 卷10, 犬戎雞林.
123) 당시 後周 世宗은 燕雲 16주를 탈환하기 위해 契丹에 대한 공격을 진행하고
     있었기 때문에 배후를 안정시키기 위해 南唐이 요구를 수용한 것으로 보인다(『陸
     氏南唐書』 卷2, 本紀2 元宗 中興 元年).

다.124) 따라서 그가 해주를 통해 출입할 수 있었던 것은 광종 10년(959)에서 광종 13년(963)까지이다. 여기에 『해외사정광기』의 잔편 가운데 고려 특유의 공복제도가 기록되어 있다. 이러한 공복제도는 두루 알 듯이 광종 11년(960)년 제정되었다. 『해외사정광기』의 기록은 고려의 공복제도가 시행된 이후에 작성될 수 있을 것이다. 따라서 장료가 고려에 파견된 시점은 광종 11년 이후였던 것으로 보인다. 이를 정리해 보면, 장료가 고려를 방문하고 돌아간 때는 남당이 해주를 일시 회복한 959년에서 963년 사이, 광종의 개혁이 진행된 960년 이후, 후주 연간인 961년에서 975년 사이이다. 이러한 조건에 가장 근접하는 시기는 961~963년 사이이다. 이 무렵 남당에서 고려에 사신을 파견할 정도의 중대 사건은 광종光宗 12년(961) 6월 후주後主 이욱李煜의 즉위 외에는 찾아지지 않는다. 즉 장료가 고려를 방문한 때는 후주 이욱이 즉위를 전후한 광종 12년(961)년으로 판단된다.

『해외사정광기』의 완전한 체제는 현재로서는 알 수 없으나, 『고려도경』 등을 참조하여 전체적인 편제와 구성의 복원은 가능하다. 현존하는 사행기 가운데 그 내용이 거의 완전한 형태로 남아있는 『선화봉사고려도경』과 『진랍풍토기』는 사행기의 전형적인 편제로 되어 있다. 그 편제와 구성은 대체로 건국·세차, 성곽·궁실, 관제·복식, 의례·풍습, 산천, 기물, 항해 등의 순서로 기술되어있다. 이에 준거하여 『해외사정광기』의 잔편殘編의 내용을 종합하여 복원復原하면 <표 1>과 같은 편제로 되어 있을 것으로 보인다.

---

124) 宋은 乾德 원년(963, 光宗 14년) 淮南의 지배권을 확보한 후 江南 지역 출신으로 淮南에 머무르고 있었던 사람들을 南唐에 돌려보냈다(『十國春秋』 卷17, 南唐3 後周本紀 乾德 元年 7월). 海州는 이 무렵에 宋의 영역에 들어갔던 것으로 보인다.

〈표 1〉『해외사정광기』복원 내용

구성		原　文	出典	
建國過程		高麗至五代初　國名曰大封　其王高氏　名躬乂 躬乂晩年　果於誅殺　吳順義二年　當梁之龍德二 年　爲海軍統帥王建所殺　建自立去大封之名　復 稱高麗　以開州爲東京　平壤爲西京	『陸氏南唐 書』권18	北宋
	後三國統一	吳天祚二年當晉之天福元年　敗新羅·百濟　於是 倭·耽·浮驪·於羅·鐵勒　東夷諸國皆附之	『陸氏南唐 書』권18	北宋
		高麗王建　用兵擊破新羅·百濟　於是東夷諸國皆 附之	『資治通鑑』 권280	北宋
	百濟	麗主王建　嘗資其馬萬疋　以平百濟	『演繁露續 集』권1	北宋
	新羅	張僚記新羅國一名斯羅　而其國多銅	『演繁露』 권1	北宋
	女眞	僚之使也　會女眞獻馬於麗　其人僅百餘輩　在市 商物價不相中　輒引弓擬人　人莫敢向則　其强悍 有素麗不能誰何矣	『演繁露續 集』권1	北宋
地方編制		有二京六府九節度百二十郡	『陸氏南唐 書』권18	北宋
		有二京六府九節度百二十郡	『十國春秋』 권28	淸
		有二京六府九節度百二十郡	『資治通鑑』 권280	北宋
		有二京六府九節度百二十郡	『歷代通鑑 輯覽』권68	淸
		建都松嶽卽開州也　謂之東京　而以平壤爲西京 又置六府九節度百二十郡	『讀史方輿 紀要』권38	淸
	康州	而麗之屬郡有康州者　又在麗南五千里	『演繁露續 集』권1	北宋
	武州	乃與明州相對康之鄰郡曰武州　自産橘柚	『演繁露續 集』권1	北宋
中央官制		內列十省四部	『陸氏南唐 書』권18	北宋
		內列十省四部	『十國春秋』 권28	淸
公服		官朝服紫丹緋綠靑碧	『十國春秋』 권28	淸
	遷官/	官朝服紫丹緋綠靑碧　靑碧以年序遷　綠以上選	『陸氏南唐	北宋

	祿俸	才能 賜之俸祿 賦以田租	『書』 권18	
儀禮	冠禮	尙冠禮 略如古制	『陸氏南唐書』 권18	北宋
	婚禮	婚姻 男女執手 自相媒許	『陸氏南唐書』 권18	北宋
風俗	區頭	俗喜區頭 生男旦日 按壓其首	『十國春秋』 권28	淸
		俗重區頭 生男旦日 且按壓其首 惟恐不區也	『陸氏南唐書』 권18	北宋
器物	服席	又言高麗多銅 田家餂具皆銅爲之 有溫器名服席 狀如中國之鐺 其底方 其蓋圓 可容七八升	『十國春秋』 권28	淸
		麗多銅器 田家餂具皆銅爲之 有溫器名服席 狀如中國之鐺 其底方 其蓋圓 可容七八升	『演繁露』 권1	北宋
		高麗 有銅器名服席	『盛京通志』 권108	淸
	俎豆	東夷箕子之國也 猶知重古三代俎豆 至漢常存則刁斗 尙其傳習而近者也	『演繁露』 권1	北宋
		東夷箕子之國 猶知重古三代俎豆 至漢尙存則刁斗 尙其傳習而近者矣	『盛京通志』 권108	淸
使行路	出發	今觀僚所書水程 乃自海萊二州 須得西南風 乃行則麗地之 與中國對者 已在山東之東矣	『演繁露續集』 권1	北宋
	回程	僚之回也 舟至冷泉 麗兵來衛中 有銅器畫 以供炊夜	『演繁露』 권1	北宋
		僚舟至冷泉 高麗遣兵夾衛 有銅器畫 以供炊夜	『盛京通志』 권108	淸
	到着	章僚回程 至海州長氵不縣東北百餘里 船巫祭小靑山神巫 具餠餌	『演繁露』 권10	北宋

　　『해외사정광기海外使程廣記』는 비록 잔편만이 전해질뿐이지만 건국建國에 관한 내용, 지방제도地方制度인 2경京·5부府·9절도節度·120군郡, 중앙관제中央官制인 10성4부, 광종대의 공복제정을 알려주는 자紫·단丹·비緋·녹綠·청靑·벽碧, 고려의 고유한 풍습風習과 기물器物, 사행로使行路 등 새롭고 다양한 정보를 담고 있다.[125] 그 가운데 특히 주목하고자 하는

---

125) 金大植, 2005, 「고려초기 使行 기록의 검토 -『海外使程廣記』를 중심으로-」 『역사와 현실』 58.

내용은 중앙관제中央官制인 10성4부이다. 10성4부는 태조대의 12관부가 성종대에 당의 3성6부제를 모델로 한 관제로 제정되는 과정에 있었던 고려의 중앙관제로 파악된다. 이러한 10성4부는 고려 중앙관제의 형성 과정을 이해하는 결정적인 단서를 제공한다.

2. 광종대 10성4부제의 성립 배경

광종은 고려 건국 초기의 혼란을 수습하고 고려사회 전반을 정비한 군주로 평가받는다. 그는 앞선 혜종惠宗과 정종定宗의 재위기간이 2년과 4년에 불과한데 비해 26년 동안 재위했다. 그리고 박술희朴述熙의 세력에 의탁했던 혜종惠宗과 왕식렴王式廉으로 대표되는 강력한 세력기반에 의지하여 왕권을 유지할 수밖에 없었던 정종定宗에 비해 광종光宗은 독자적인 세력기반을 구축하여 왕권의 확립에 힘썼다. 광종光宗은 26년의 재위기간 동안 많은 치적을 남겼다. 광종대는 그 치적治績의 내용에 따라 크게 세 시기로 나눈다. 첫째는 광종의 즉위년(949)에서 광종 7년(956)에 이르는 시기, 둘째는 광종 7년에서 광종 11년(960)에 이르는 시기, 셋째는 광종 11년에서 광종 26년(975)에 이르는 시기이다.[126] 광종대 개혁의 대부분은 즉위년에서 광종 11년에 이루어졌다.

우선 광종 즉위 직후에서 광종 7년까지의 개혁을 살펴보면, 광종은 즉위 직후에 대광大匡 박수경朴守卿에게 국초國初의 공역자功役者에 대한 식록食祿을 정하게 했다. 4역자役者에게는 쌀 25석石, 3역자役者에게는 20석石, 2역자役者에게는 15석石, 1역자役者에게는 12석石을 주고 이를 예식例食으로 삼게했다.[127] 이와 같은 조치는 호족출신세력에 대한 제도적인

---

126) 河炫綱, 1981,「豪族과 王權」『한국사』4, 국사편찬위원회, 130쪽.
127)『高麗史』卷2, 世家2 光宗 즉위년 8월.

무마책撫摩策임과 동시에 자신의 지지세력을 확보하기 위한 방안이었던 것으로 보인다. 한편으로 원보元甫 식회式會와 원윤元尹 신강信康 등에게 주현州縣의 세공액歲貢額을 정하여 지방세력에 대한 경제적 통제책을 시행했다.[128] 광종은 이러한 양면적인 정책을 통해 그동안 혼란스러웠던 고려사회를 추슬러 나갔다.[129]

광종대 개혁은 그 대부분이 광종 7년에서 11년까지 시행된 것이다. 광종의 이러한 개혁정책에 대해 최승로崔承老는 다음과 같이 평가했다.

쌍기雙冀가 등용된 이래로 문사文士를 숭상하고 중시하여 은혜와 예의가 지나치게 풍성하였습니다. 이로 말미암아 비재非才가 외람되게 진출하여 차례를 뛰어 빨리 승진하여 한 해를 채우지 않고 문득 경상卿相이 되었습니다. 혹은 밤마다 인견하고 혹은 날마다 불러 접견하여 이로써 환락을 도모하고 정사政事를 게을리하니 군국軍國의 요무要務는 막혀서 통하지 않고 주식酒食과 연유讌遊는 잇따라 끊어지지 않았습니다. 이에 남북용인南北庸人들이 다투어 의투依投하기를 원하니 그 지혜가 있고 재주가 있음을 논하지 않고 모두 특별한 은혜와 예절로 접대했습니다. 이 때문에 후생後生이 다투어 진출하고 구덕舊德은 점차로 쇠퇴하였습니다. 비록 중국의 풍속을 중히 하여도 중국의 영전令典은 취하지 않았고, 중국의 선비를 예우하였다 하여도 중국의 어진 인재는 얻지 못하였습니다.[130]

최승로는 쌍기雙冀가 등용된 광종 7년 이후 남북용인南北庸人들이 앞다투어 투화投化했고, 이에 후생後生이 다투어 진출하니 구덕舊德이 점차 쇠잔해졌다고 비판했다. 또한 그는 광종이 화풍華風을 중시하였으나 중화

---

128) 『高麗史』 卷78, 食貨1 田制 貢賦.
129) 光宗治績評에서 '自卽位之年 至于八載 政敎淸平 刑賞不濫'으로 光宗 7년까지의 치적을 말한다(『高麗史』 卷93, 列傳6 崔承老 ; 『高麗史節要』 卷2).
130) 『高麗史節要』 卷2, 成宗 元年 6月 光宗治績評. "雙冀見用以來 崇重文士 恩禮過豊. 由是 非才濫進 不次驟遷 未浹歲時 便爲卿相. 或連宵引見 或繼日延容 以此圖歡 怠於政事 軍國要務 壅塞不通 酒食讌遊 於是南北庸人競願依投 不論其有智有才 皆接以殊恩殊禮. 所以後生爭進 舊德漸衰. 雖重華風 不取華之令典 雖禮華士 不得華之賢才"

中華의 영전令典을 취하지 않았고, 화사華士는 예우했으나 중국의 현재賢才는 얻지 못했다는 평가를 내리고 있다.

최승로는 과거제科擧制·노비안검법奴婢按檢法·백관百官의 공복제정公服制定 등의 개혁改革을 추진한 주체를 '남북용인南北庸人'과 '후생後生'으로 지목했다. 이러한 '남북용인南北庸人'과 '후생後生'에 대한 파악은 개혁의 성격을 이해하기 위한 주요한 단서가 된다. 남북용인南北庸人에 대해서는 여러 검토가 있었는데, 후백제後百濟와 발해渤海계통의 인물이라는 시각과[131] 중국의 귀화인歸化人이라는 견해가 있다.[132] 우선 북北의 용인庸人을 발해인渤海人으로 남南의 용인庸人을 후백제인으로 보는 견해를 검토해보자. 태조 때 발해인의 귀화는 수 차례에 걸쳐 그 인원이 수십 명에서 수만 명에 이르기도 했지만, 광종대에 특별한 투화의 사례가 찾아지지 않는다. 그리고 광종대 급제한 전주全州 출신의 유방헌柳邦憲과 영암군靈岩郡 출신의 전공지田拱之의 사례로 후백제인後百濟人이라는 견해를 제시하고 있다.[133] 하지만 당시는 태조 19년(936) 후삼국이 통일된 이후 20년이나 경과한 후였기 때문에 후백제계後百濟系 인물들이 앞 다투어 투화하기를 원했다는 최승로의 표현은 맞지 않는다. 더욱이 유방헌柳邦憲의 경우, 그의 아버지 윤겸潤謙은 고려에서 검무조장檢務租藏으로 대감大監에 이른 인물로 고려왕조에 완전히 편입된 인물이다. 또한 유방헌柳邦憲은 광종 치세의 말년인 광종 23년에 정상적인 과거를 통해 급제한 유학인儒學人이다. 최승로가 그를 쓸모없는 사람[庸人]으로 불렀다는 것은 납득하기 힘들다. 특히 전공지田拱之의 경우『고려사』열전列傳에 성종대

---

131) 李基白, 1969,「新羅統一期 및 高麗初期 儒教的 統治理念」『大東文化研究』 6·7合, 154~155쪽 ; 金杜珍, 1979,「高麗 光宗代의 專制王權과 豪族」『韓國學報』15, 54~57쪽 ; 金塘澤, 1981,「崔承老의 上書文에 보이는 光宗代의 '後生'과 景宗元年의 田柴科」『高麗光宗研究』, 一潮閣, 52~56쪽.

132) 河炫綱, 1975,「高麗初期 崔承老의 政治思想研究」『梨大史苑』12, 16~17쪽.

133) 金杜珍, 1979,「高麗 光宗代의 專制王權과 豪族」『韓國學報』15, 54~55쪽.

成宗代에 등과登科한 인물로 나오기 때문에 광종대光宗代의 용인庸人에 속한 인물이 아닌 것은 분명하다.[134]

다음으로 남북용인南北庸人을 고려에 귀화한 중국인으로 보는 견해를 살펴보자. 중국인의 투화投化 사례는 태조대太祖代에 오월국吳越國 출신인 추언규酋彦規·박암朴巖 등의 귀화歸化한 사례가 있다.[135] 광종대光宗代에 남당南唐의 채인범蔡仁範과 후주後周의 쌍기雙冀·쌍철雙哲의 귀화가 있다. 그리고 신라말에 오월吳越로 피난 갔다가 돌아와 광종대에 활동한 장유張儒, 오월吳越에 유학했다가 광종대에 활동한 최행귀崔行歸와 후진後晉에 유학을 갔다 거란에 잡혀 관리로 임명된 최광윤崔光胤 등과 같은 사례도 있다. 그러므로 최승로가 언급한 '남과 북에서 몰려든 쓸모 없는 사람'이라는 뜻의 '남북용인南北庸人'은 이같이 고려로 귀화歸化한 후주後周와 남당南唐·오월吳越의 중국인中國人들과 이들 나라에 거주居住했거나 유학留學한 인물들로 보는 것이 타당할 것이다.

최승로崔承老가 지목한 또 하나의 주도세력인 '후생後生'은 '구덕舊德'과 상대되는 세력을 말한다. 과거科擧가 문예文藝나 유교 경전의 이해 능력을 평가하여 그 성적에 따라 관인官人을 등용하는 제도임을 감안한다면, 최승로가 '구덕舊德'과 상대되는 개념으로 말한 '후생後生'은 쌍기雙冀의 건의로 시행된 과거출신의 인물들로 보인다. 더욱이 과거科擧가 시행되자, 광종은 직접 위봉루威鳳樓에 나가 방榜을 발표하고 진사갑과進士甲科에 최섬崔暹 등 2인, 명경과明經科에 3인, 복업卜業에 2인을 선발했다. 이같은 내용은 최승로가 말하는 것과 부합한다. 이러한 과거제科擧制의 실시는 왕권을 중심으로 한 권력구조의 전반적 개편을 위한 기초작업이었다. 광종이 과거를 실시한 목적은 국초 이래 커다란 정치적 비중을 가지고 있던 무훈공신武勳功臣들을 약화시키는 대신 군주에 대한 충성을 본

---

134)『高麗史』卷94, 列傳7 田拱之.
135)『高麗史』卷1, 世家1 太祖 2년 9월 癸未 ; 太祖 6년 6월 癸巳.

분으로 하는 신진인사新進人士를 기용함으로써 왕권을 안정시키려는 것
이었다.[136] 따라서 과거제科擧制의 실시로 등장한 후생後生은 최승로가
말한 것과 같이 공신세력功臣勢力을 비롯한 호족세력豪族勢力들의 기득권
을 위협할 정도로 급부상했고, 기존의 세력들과는 달리 문예文藝와 학문
學問을 갖추고 있어 새로운 사회의 건설에 매진하였을 것이다.

이들 남북용인南北庸人과 후생後生이 주도한 광종대 개혁 가운데 가장
큰 변화를 일으킨 것은 광종 7년(956)에 시행한 노비안검법奴婢按檢法이다.
노비奴婢는 호족豪族과 공신功臣의 경제적·군사적 기반을 이루는 주요 요
소였다. 노비안검법奴婢按檢法의 실시는 태조 이래의 많은 공신 특히 호
족 출신의 공신들에게 큰 타격을 주었다.[137] 그 결과 호족과 관료들의
군사적 기반이 약화되어 실질적인 왕권의 강화를 이룰 수 있었다.

광종대 개혁을 대표하는 것이 백관百官의 공복제정公服制定이다.[138] 광
종대光宗代 백관공복百官公服의 제정은 이전의 개혁을 통해 호족세력豪族
勢力이나 개국공신開國功臣 계열의 구신舊臣·숙장宿將들을 축출시키고 난
이후 왕王을 중심으로 새롭게 부상한 후생後生과 남북용인南北庸人과 같
은 신진세력新進勢力들을 이러한 관료체제 속에 편입시키기 위한 것이 가
장 중요한 목적이었을 것이다.[139]

광종대光宗代 제정된 공복公服은 자삼紫衫·단삼丹衫·비삼緋衫·녹삼綠衫
으로 기존의 어대제魚袋制를 대치한 제도로 보인다.[140] 그런데 광종대光

---

136) 金龍德, 1959,「高麗光宗朝의 科擧制度問題」『論文集』4, 中央大, 145~57쪽.
137) 金甲童, 1993,「왕권의 확립과정과 호족」『韓國史』12, 103쪽.
138) 公服의 服色을 정하는 것은 官制·律令의 변화 등 상당한 정치적 함의가 내포되
    어 있다. 이는 唐初 관제의 개혁을 주도한 傅弈은 다음과 같이 표현하고 있다(『新
    唐書』卷107, 列傳32 傅弈傳).
139) 申虎澈, 1981,「高麗 光宗代의 公服制定」『高麗光宗研究』, 87쪽.
140) 公服制와 魚袋制의 관계에 대해 2가지 견해가 있다. 공복제가 어대제를 대체했
    다는 견해(金惠苑, 1996,「覺淵寺通一大師碑」『譯註 羅末麗初金石文』上, 혜
    안, 237쪽)와 공복제의 시행으로 어대제가 완성되었다는 견해(李賢淑, 1992,「新

宗代 고려를 방문한 장료章僚가 남긴 『해외사정광기海外使程廣記』에 따르면, 고려의 관조복官朝服에 자紫·단丹·비緋·녹綠·청靑·벽碧이라고 전한다. 이 기록이 특별한 의의를 가지는 까닭은 중국의 대표적인 복제服制가 당 태종唐太宗 때부터 사용한 자紫·비緋·녹綠·청靑의 4색色 복제服制라는 점이다.141)

여기서 두 기사를 비교해보면 '단삼丹衫'이 주목된다. 단삼丹衫 혹은 '단丹' 색色은 중국에서 사용된 용례가 찾을 수 없고, 당대唐代 이후 변형된 4색色의 복제服制 역시 자紫·주朱·녹綠·청靑으로 비색緋色이 주색朱色으로 바뀌는 정도이다.142) 이러한 단삼丹衫 혹은 단색丹色은 고려에서만 보이는 服色이다. 이후 『고려도경』에도 자紫·비緋·녹綠에 대한 기록은 있지만, '단丹' 색色에 대한 기록은 나오지 않는다.143) 이는 개정전시과改定田柴科 이후 성종대에 이러한 복색이 사라졌기 때문으로 보인다.

이상에서 살펴본 광종 11년까지의 개혁은 중국의 오대십국五代十國에서 귀화歸化한 중국인中國人과 중국에 유학留學했거나 거주했던 고려인高麗人들과 유학적儒學的 소양을 갖춘 과거출신자科擧出身者로 구성된 후대 남북용인南北庸人과 후생後生이라 불린 새로운 정치세력이 주도했고, 그 내용에 있어서 노비안건법과 백관의 공복 제정 등이다. 이러한 개혁에

羅末 魚袋制의 成立과 運用」『史學研究』43·44合, 54쪽)가 있다.

141) 唐 太宗 때는 三品 已上은 服紫, 五品 已上 服緋, 六品·七品은 綠, 八品·九品 青으로 정했고(『舊唐書』卷3, 太宗下 貞觀 4년 8월), 高宗 때에 이르러 文武官 三品 已上 服紫金玉帶, 四品 深緋, 五品 淺緋並金帶, 六品 深綠, 七品 淺綠並銀帶, 八品 深青, 九品 淺青鍮石帶으로 세분화했다(『舊唐書』卷4, 高宗下 上元元年). 唐末에 이르러 三品 服紫, 四品·五品 朱, 六品·七品 綠, 八品·九品 青으로 바뀌었는데, 緋色이 朱色으로 바뀌었음을 보여준다(『新唐書』卷98, 列傳23 馬周傳).

142) 唐末 이후 五代·宋의 服色은 紫·朱·綠·青이었다(『宋史』卷153, 輿服106 公服).

143) 章僚가 복색을 언급한 까닭은 그가 고려의 복식이 丹衫으로 언급된 기록을 보았기 때문으로 보인다(『宣和奉使高麗圖經』卷7, 冠服).

대해 최승로는 "화풍華風을 중시하였으나 중화中華의 영전令典을 취하지 않았다"는 평가를 내렸다. 그의 이와 같은 지적은 공복제公服制에서 '단삼丹衫'의 사례와 개경開京을 황도皇都로 서경西京을 서도西都로 개편한 사실을 볼 때 타당성이 인정된다. 당시의 개혁은 중국中國의 제도制度를 수용하되 고려의 상황에 맞게 상당히 변형된 제도였다.

이러한 광종대의 개혁의 내용에 '10성4부'라는 중앙관제의 개혁이 포함되었는가의 여부는 아직 알 수 없다. 하지만 일반적으로 공복의 제정은 중앙관제의 개혁이 전제된 상황에서 이루어지고 있다. 또한 연호年號의 개칭 역시 중앙관제의 개혁 전후에 시행되는데,[144] 광종의 개혁이 마무리 된 광종 11년에 연호를 광덕光德에서 준풍峻豊으로 개칭한 사실은 당시 중앙관제의 개혁이 있었음을 알려준다. 이러한 점으로 볼 때, 광종의 주요 개혁이 이루어지고 난 후 고려를 방문한 장료가 본 '10성4부'는 고려의 중앙관제였음은 분명해 보인다.

이러한 10성4부는 광종대 이루어진 개혁의 소산으로 그 전형에서 크게 벗어나지 않은 제도였을 것이다. 당시 5대 10국의 관제는 있어서 역사상 가장 혼란한 것이었기 때문에 이러한 제도를 수용할 수 없었다. 이때문에 10성4부의 중앙관제는 개혁의 주도세력이 중국 내지 중국문화에 대한 깊은 소양을 가졌음에도 불구하고 그 전형을 당시 중국의 제도로 삼지 않고 고려 나름의 독자적인 것으로 체계화시킨 제도였다.

3. 광종대 10성4부의 내용과 성격

10성省4부部는 『해외사정광기海外使程廣記』에 기록된 고려 초기의 중

---

144) 중국에서 北宋의 神宗은 王安石의 落鄕이후 스스로 新法黨을 이끌고 『唐六典』에 입각한 中央官制의 개혁을 실시할 때 그 연호를 '元豊'으로 바꾸었다. 이때 정비된 관제를 '元豊官制'라고 하는데, 이는 이후 宋代官制의 典型이 되었다.

앙관제로, 광종 11년 이루어진 중앙관제의 개편으로 성립된 것이다. 광종
대 중앙관제의 개혁은 학계의 상당한 주목을 받았다. 하지만 이와 관련된
내용은 광종 11년에 건국 이래의 순군부徇軍部가 군부軍部로, 근위군近衛軍
인 내군內軍이 장위부掌衛部로, 물장성物藏省이 보천寶泉으로 개편된 사항
이『고려사高麗史』백관지百官志에 나오는 기록이 전부이다. 이에 대해 병
권兵權을 장악한 국가國家의 최고기관最高機關인 순군부徇軍部가 병부兵部
로 개편된 것을 순군부徇軍部 권한權限의 약화를 의미하는 것으로 해석한
견해가 있다.[145] 그리고 이러한 순군부의 개편은 호족豪族들이 병권兵權
을 박탈당했다는 점을 부각시킨 논의도 있다.[146] 이를 호족들의 전병권典
兵權이 축소된 결과로 보는 시각도 있다.[147] 이러한 논의는 타당성을 갖
지만 어떠한 계기에서 이러한 개혁이 이루어졌고 그 결과 고려의 중앙관
제가 어떠한 구조로 개편되었는가에 대해서는 구명되지 않았다.

　순군부徇軍部가 군부軍部로 개편된 것과 내군內軍이 장위부掌衛部로 확
대 개편되는 것은 광종의 대숙청의 계기를 마련한 대상大相 준홍俊弘과
좌승佐丞 왕동王同의 모역謀逆사건과 관련된 것으로 보인다. 이 사건의 전
말은 알 수 없으나 광종 10년 말에 건립된 통일대사비通一大師碑 음기陰記
를 통해 당시의 상황을 추론할 수 있다. 그 순서는 내의성령內儀(議)省令
광겸匡謙, 내봉성령內奉省令 준홍俊弘, 광평시중廣評侍中 인봉仁奉, 광평시
랑廣評侍郎 흔양昕讓·윤겸尹謙 등으로 열거되어 있다.[148] 여기서 우선 광
종 11년 모역謀逆의 주체인 준홍俊弘이 서열 2위인 점이 눈에 띈다.[149]
특히 주목되는 사항은 관부의 서열이 내의성內議省·내봉성內奉省·광평성

---

145) 李基白, 1968,「高麗 京軍考」『高麗兵制史硏究』, 一潮閣, 61쪽.
146) 李泰鎭, 1972,「高麗 宰府의 成立 -그 制度史的 考察-」『歷史學報』56, 13쪽.
147) 邊太燮, 1981,「高麗初期의 政治制度」『韓㳓劤博士停年紀念 史學論叢』, 知
　　識産業社, 178쪽.
148) 趙東元, 1981,『韓國金石文大系』2, 圓光大出版局, 46쪽.
149) 高麗時代 佛敎關聯 金石文의 陰記 등에 나오는 名單은 慣例的으로 現職의 序
　　列順으로 記錄되어 있다.

廣評省이라는 사실이다. 이러한 것이 당시의 상황이 반영되어 있고, 통일대사비通一大師碑가 건립된 광종 10년 말에 이르면 그 동안 최고의 관부로 여겨졌던 광평성廣評省이 격하格下되고 내의성內議省이 최고最高의 관부官府로 부상한 것을 말한다.150) 이러한 양상은 다른 자료에도 나타나는데, 광종 23년 사행使行에서 정사正使에 내의시랑內議侍郎 서희徐熙, 부사副使로 내봉경內奉卿 최업崔業, 판관判官에 광평시랑廣評侍郎 강례康禮, 녹사錄事로 광평원외랑廣評員外郎 유은劉隱이 파견되었다는 기록이 그것이다.151) 이는 광종 10년 말부터 관부官府의 서열이 내의성內議省·내봉성內奉省·광평성廣評省의 순으로 재편되었음을 나타낸다.

이러한 사실은 광종 10년에 핵심적인 중앙관부의 개편과 서열의 변화가 일어났고, 이를 바탕으로 광종 11년에 중앙관제의 개혁이 이루어졌음을 알려준다. 이러한 개혁을 마무리짓는 조치로 백관百官의 공복公服을 제정制定하여 시행였다. 이러한 중앙관제의 개혁을 구체적으로 밝혀주는 내용이 광종 12년에 남당南唐의 사신使臣 장료章僚가 당시 고려의 중앙관부라고 기록한 '10성省4부部'이다.

이러한 10성4부가 구체적으로 어떠한 편제를 가졌는가는 현재로서는 명확하지 않다. 하지만 태조의 건국 직후부터 존재했던 광평성廣評省·내봉성內奉省·순군부徇軍部·병부兵部·창부倉部·의형대義刑臺·도항사都航司·물장성物藏省·내천부內泉部·진각성珍閣省·백서성白書省·내군內軍의 12개의

---

150) 通一大師碑의 건립 시점은 이 碑를 撰한 金廷彦의 魚袋變化를 통해 알 수 있다. 金廷彦은 通一大師碑文을 撰하기 전인 光宗 9년 8월에 洞眞大師碑를 撰했다. 그는 당시 丹金魚袋였으나, 이후 通一大師碑文을 撰한 다음 紫金魚袋를 수여받았다. 여기서 通一大師碑에는 光宗 11년 3월에 謀逆으로 貶黜된 大相 俊弘이 內議省令 匡謙 다음인 內奉省令으로 기록되어 있어 通一大師碑의 건립된 시점이 최소한 광종 11년 3월 이전임을 알려준다. 이를 통해 廣評省의 격하와 內議省의 부상이 이루어진 시기는 魚袋制가 公服制로 대치된 시점보다 먼저임을 알 수 있다.

151) 『高麗史』 卷2, 世家2 光宗 23년.

중앙관부中央官府가 확인되고, 내의성內議省·원봉성元鳳省과 같은 관부 역시 중앙관부中央官府임이 확인되고 있다. 따라서 고려 초기의 중앙관제는 14개 이상의 주요 관부로 이루어진 것은 분명하다.

태조 원년의 12관부와 광종대의 사료에 보이는 관부官府를 모아 정리해보면, <표 2>와 같이 10성省과 4부部로 배열할 수 있다. 즉 내의성內議省·내봉성內奉省·광평성廣評省·진각성珍閣省·보천寶泉·예빈성禮賓省·내서성內書省·원봉성元鳳省·의형대義刑臺·도항사都航司 등 10개의 성省과 군부軍部·병부兵部·장위부掌衛部·창부倉部 등 4개의 부部이다.

〈표 2〉 태조 원년 12관부와 광종대의 10성4부

太祖 元年		光宗代			
(2) 內奉省 ➡	十省	①內議省	光宗 원년	「大安寺廣慈大師碑」
(1) 廣評省 ➡		②內奉省	光宗 16년	『高麗史』권2, 『節要』권2
(8) 物藏省 ➡		③廣評省	光宗 3년	『高麗史』권2, 『節要』권2
(10) 珍閣省 ➡		④寶泉	光宗 11年	『高麗史』권76 百官1
(9) 內泉部		⑤珍閣省	太祖 5년	『高麗史』권77 百官2
(11) 白書省 ➡		⑥禮賓省	光宗 원년	「大安寺廣慈大師碑」
		⑦內書省	國初	『高麗史』권76 百官1
		⑧元鳳省	光宗 원년	「大安寺廣慈大師碑」
(6) 義刑臺 ➡		⑨義刑臺	太祖 원년	『高麗史』권1, 『節要』권1
(7) 都航司 ➡		⑩都航司	太祖 원년	『高麗史』권1, 『節要』권1
(3) 徇軍部 ⇨	四部	①軍部	光宗 11년	『高麗史』권76 百官1
(4) 兵部 ⇨		②兵部	光宗 16년	「鳳巖寺眞定大師碑」
(12) 內軍 ⇨		③掌衛部	光宗 11년	『高麗史』권76 百官1
(5) 倉部 ⇨		④倉部	惠宗 원년	『五代會要』권30

이와 같은 관부들은 광종光宗 10년 이후 내의성內議省·내봉성內奉省·광평성廣評省의 서열변화와 순군부徇軍部가 군부軍部로, 내군內軍이 장위부掌衛部로, 물장성物藏省이 보천寶泉으로 개편된 사항을 포괄하고 있다. 10성省은 '성省'의 이름을 갖는 내의성內議省·내봉성內奉省·광평성廣評省·진각성珍閣省·내서성內書省·예빈성禮賓省·원봉성元鳳省과 함께 '성省'의 명칭을 갖추

지 않은 보천寶泉·의형대義刑臺·도항사都航司로 구성된 것으로 보인다.

광평성廣評省은 비록 광종대에 격하되었지만, 고려 건국 때부터 최고의 관부로서 수장이 수상首相으로 간주되는 시중侍中이다. 그 기능상으로 후의 중서문하성中書門下省, 당唐의 문하성門下省과 비견된다. 내봉성內奉省은 국왕의 측근에서 인사의 업무를 포함한 정무를 총괄했다는 점에서 상서도성尙書都省과 유사한 것으로 보인다. 내의성內議省은 국왕의 측근에서 조칙詔勅을 기초했다는 점에서 당唐의 중서성中書省과 비견될 수 있을 것이다. 이러한 고려의 3성은 당의 3성제적인 요소를 가지고 있었지만, 그 기능에서 당唐의 3성과 같이 세분화된 직장職掌과 직제를 갖추었다고 보기는 어렵다. 또한 당제唐制의 3성은 행정의 중심으로 이하 6부部·9시寺·5감監과 이하 속사를 거느린데 반해, 고려초 3성은 병렬된 주요 관부 가운데 상위에 속하는 관부일 뿐 당唐의 3성과는 엄연히 구별되는 태봉과 신라의 제도를 계승한 고려의 독자적인 관부였다.

광평성廣評省·내봉성內奉省·내의성內議省 외의 기구 가운데 진각성珍閣省과 내서성內書省이 주목된다. 진각성珍閣省은 태조太祖 6년 서경유수관西京留守官의 편제編制 때 내천부內泉府가 진각성珍閣省으로 통합된 사례에 보이듯이 국초國初부터 설치된 기구였다.[152] 이 무렵에 이르러 중앙에서도 내천부內泉部가 진각성珍閣省으로 통합되었을 것으로 보인다. 진각성珍閣省은 명칭과 서경西京에 설치된 기사로 보았을 때, 시장市場과 물가조절物價調節을 담당하는 기구로 보인다. 이러한 기구는 당제唐制에서 호부戶部가 가장 유력하다. 하지만 태부시太府寺의 양경제시서兩京諸市署·평준서平準署·좌장서左藏署·우장서右藏署·상평서常平署와 유사한 기능도 가지고 있는 경제기구로 볼 수도 있다.

내서성內書省은 국초國初의 백서성白書省이 내서성內書省으로 개편된 것으로 성종成宗 14년에 비서성秘書省으로 개칭된다. 비서성秘書省은 경적經

---

152)『高麗史』卷77, 百官2 外職 西京留守官 太祖 6年.

籍·축소祝疏를 담당한 기구로 내서성 역시 이러한 성격의 기구였던 것으로 파악된다. 하지만 당唐의 비서성秘書省이 내삼성內三省의 하나로 경적經籍과 도서圖書를 담당한 기구인 것과는 비교된다. 축소祝疏라는 기능을 가진 것으로 보아 3성6부제로 개편하기 이전 조칙詔勅을 작성하는 역할을 한 기구로 추정된다. 당시 관부의 성격은 비서秘書의 관부官府라기보다는 학사직學士職으로 보아야 할 것으로 판단된다.

태조대의 12관부에는 속하지 않으나 10성에 새롭게 추가된 것으로 보이는 관부는 예빈성禮賓省과 원봉성元鳳省이다. 예빈성禮賓省은 태조 4년에 설치된 관부였다. 태조의 즉위 직후의 12관부 가운데 당제唐制의 6부의 기능이 빠져 있었던 유일한 기구가 예부禮部였다. 예부에 해당했던 것으로 보이는 춘부春部가 태조 4년에 예빈성禮賓省으로 개편된 것은 분명해 보인다. 고려는 건국직후부터 당시 오대십국五代十國과의 활발한 교류를 진행했기 때문에 예빈성禮賓省은 도항사都航司와 함께 중요한 관부로 부각될 수 있었을 것이다. 예빈성禮賓省은 태조 원년의 12관부에 보이지 않았던 관부로 당제唐制의 예부禮部가 가진 기능과 비견된다. 하지만 예빈성은 당제唐制의 구시九寺 가운데 하나인 홍려시鴻臚寺의 속사屬司인 예빈원禮賓院과 유사한 점을 찾을 수 있다. 당제唐制의 예빈원禮賓院은 원래 회흘回鶻·토번吐蕃·당항党項·여진女眞 등 중국에 조공朝貢하러 온 사신使臣의 숙박, 통역通譯, 교역 등의 업무를 관장한 기구였다.[153] 한편으로 당제唐制에서 예빈원禮賓院이 예부禮部의 통제를 받는 홍려시鴻臚寺의 속사인데 반해, 고려 예빈성禮賓省은 이후 예부禮部와 예빈시禮賓寺로 분화되기 이전까지 당제의 예부禮部와 홍려시鴻臚寺의 기능을 통합하여 가지고 있었던 관부로 판단된다.

원봉성元鳳省은 태봉泰封의 13위에 해당하는 관부官府로 태조 즉위 직

---

153) 설치시기는 唐 顯宗 天寶 13년(754) 이전으로 보인다(『唐會要』 卷66, 鴻臚寺). 職掌에 대해서는 元豊官制에서 확인된다(『宋史』 卷165, 職官5 鴻臚寺).

후에 태조를 구명한 최응崔凝이 지원봉성사知元鳳省事에 임명된 것에서 알 수 있듯이 중요한 기구였다. 중국의 관제에서 학사직學士職은 정치기구가 아닌 별도의 기구로 설치되었지만, 이후 재상의 지위를 갖는 관부로 부상했다. 고려 역시 학사직學士職에 해당하는 원봉성元鳳省은 국왕國王과 직접 대면하는 고문직으로 핵심적인 관부로 여겨졌기 때문에 10성省의 하나로 포함되었다고 보아도 무리가 없을 것이다.

10성省 가운데 '성省'명을 갖지 않은 보천寶泉·의형대義刑臺·도항사都航司는 태조대와 마찬가지로 주요 관부에 포함된 것으로 보인다. 보천寶泉은 신라의 물장전物藏典을 계승한 태조대 물장성物藏省의 기능을 가진 당제唐制의 내관內官·궁관宮官·내시성內侍省과 유사한 궁정관부宮廷官府로 파악된다. 그리고 대상大相 준홍俊弘과 좌승佐丞 왕동王同의 모역謀逆사건을 시작으로 진행된 대규모의 숙청 작업을 담당했던 기관으로 보이는 의형대義刑臺 역시 그대로 존속했을 것으로 보인다. 또한 광종대는 오대五代의 후한後漢·후주後周와 이를 이은 송宋뿐만 아니라 남중국南中國의 오월吳越·오吳·남당南唐·민閩 등과의 활발한 교류가 진행된 시기였다. 이 때문에 이러한 교류를 위한 관부가 중요한 비중을 차지했을 것이다. 국초의 관부 가운데 이러한 업무를 담당할 수 있는 관부는 도항사都航司로 추정할 수 있을 것이다. 도항사都航司는 명칭과 기능에서 중국 당제唐制의 5감監의 하나로 주즙舟楫과 하천·못 등의 정령政令을 관장하는 도수감都水監과 비견된다.[154]

그리고 '부部'명을 가진 관부官府 가운데 창부倉部의 경우, 혜종원년惠宗元年 후진後晉에 파견된 사신인 대상大相 수창부령守倉部令 상주국上柱國 사자금어대賜紫金魚袋 왕신일王申一의 사례를 통해 태조대 이후에도 창부倉部가 존속했음을 알 수 있다.[155] 성종 원년의 중앙관제의 개편에 이은

---

154)『舊唐書』卷44, 職官3 都水監.
155)『五代會要』卷30, 高麗 後晉出帝 開運元年 正月.

후속적인 조치로 성종成宗 2년 지방의 주부군현州府郡縣의 개편 때 지방의 병부兵部를 사병司兵, 창부倉部를 사창司倉으로 고쳤다. 즉 성종대 이전까지 중앙의 관부에 창부倉部가 있었던 것은 분명하다. 이러한 창부倉部는 국왕과 관련된 물품을 관리하는 부서로서 당제唐制에서 내삼성內三省의 하나인 전중성殿中省이 상식尙食·상약尙藥·상의尙衣·상승尙乘·상사尙舍·상련尙輦을 관장하며 황제와 관련된 모든 물품의 정령政令을 담당한 기능과 유사하다. 고려 역시 이러한 기능을 담당하는 관부가 있었다고 보여지는데, 현재까지 알려진 관부 가운데 창부가 가장 유사하다.

다음으로 군사적 기구인 순군부徇軍部·병부兵部·내군內軍이 군부軍部·병부兵部·장위부掌衛部로 개편되었는데, 이는 당제唐制의 좌우위左右衛가 관할하는 친부親府·훈부勳府·익오부翊五府와 유사한 구조였던 것으로 보인다.[156] 여기서 순군부徇軍部가 군부軍部로 개편된 사실은 전병권典兵權의 약화를 뜻한다. 이와는 반대로 내군內軍이 장위부掌衛部로 개편된 것은 그 기능의 강화를 의미한다. 순군부徇軍部·병부兵部·내군內軍의 군사조직은 고려 건국 직후에 편성된 조직으로 후삼국이 정립鼎立된 상황에서 이에 효율적으로 대처하기 위한 것이었다. 후삼국을 통일한 이후 20여년 동안 왕실 내부의 왕위를 둘러싼 분쟁은 있었지만, 대외적인 안정이 지속되면서 병마통수권兵馬統帥權을 가진 순군부徇軍部와 같은 조직의 필요성은 상당 부분 감소했을 것으로 보인다. 이에 반해 태조太祖의 혼인정책으로 인해 왕위王位 계승이 가능한 서열에 들 수 있는 대상이 상당수에 달했고, 이와 연계된 외척外戚세력의 발호를 억제하기 위해 국왕國王의 친위군親衛軍인 내군內軍의 강화는 직면한 과제였다. 이러한 군제軍制의 개편이 시행된 배경은 준홍俊弘 등의 모역謀逆사건과 깊은 관련을 맺고 있었던 것으로 보인다. 신료들 가운데 2위의 서열로 정무를 총괄하는 내봉성령內奉省令 준홍俊弘이 모역謀逆의 주역이었음을 감안한다면 그

---

156) 『唐六典』 卷24, 左右衛.

파장은 엄청난 것이었을 것이다. 따라서 광종이 국왕의 친위군親衛軍인 내군內軍을 장위부掌衛部로 개편하여 그 기능을 확대 강화한 것은 당연한 조치로 판단된다. 이렇듯 3개의 군사관련 부서를 중심으로 편제된 4부部는 국왕의 친위적親衛的 군사조직軍事組織의 성격을 가지고 있음이 분명해 보인다.

이상과 같이 10성4부의 체제는 태조대太祖代의 12관부와 이후 추가된 관부를 재정비한 것이다. 하지만 그 구조에 있어서는 적지 않은 차이점이 발견된다. 우선 최고의 정치기구가 광평성廣評省·내봉성內奉省에서 내의성內議省·내봉성內奉省·광평성廣評省의 구조로 바뀐 것이다. 이러한 구조는 태조대太祖代의 관부에 비해 당제唐制의 3성과 외형적으로 유사한 것으로 보여진다. 내의성內議省·내사성內史省은 조칙詔勅을 기안起案했다는 점에서 당제의 중서성中書省에 비견되지만 왕명의 출납이라는 점에서는 차이를 보인다. 광평성廣評省은 시중侍中·시랑侍郎·원외랑員外郎이라는 구조를 통해 당제唐制의 문하성門下省에 비견되지만, 신라新羅의 집사부執事部를 계승한 기구로 최고정치기구라는 점에서 당唐의 문하성과 구별된다. 그리고 당제의 상서도성尙書都省은 최고의 정무기관으로 내봉성內奉省과 그 기능의 일부가 유사하지만, 내봉성內奉省은 인사행정人事行政을 담당한 이부吏部의 성격을 갖고 있었다는 점에서 당제와는 다른 구조였다. 이들 관부는 광종대에 이르러 태조대太祖代에 비해 보다 당제唐制와 유사한 구조로 변화되었던 것으로 보인다. 하지만 이들 관부는 율령律令에 입각해 편제된 삼성三省과는 달리 고려사회에 맞게 적용된 제도였다.

다음으로 10성이 갖는 구조상의 특징을 당제唐制와 비교해보면, 내의성內議省·내봉성內奉省·광평성廣評省의 권력기구는 당제唐制의 삼성三省과 비견되고, 여기에 육부六部의 호부戶部에 해당하는 진각성珍閣省과 내시성內侍省에 비견되는 보천寶泉이 있었고, 학사직學士職에 해당하는 내서성內書省·원봉성元鳳省, 그리고 구시오감九寺五監에 해당하는 예빈성禮賓省·의

형대義刑臺·도항사都航司로 구성되어 있다. 이러한 구조는 전근대 동아시아사회의 정치기구의 전형典型인 삼성육부三省六部·구시오감九寺五監·내삼성內三省·학사직學士職의 요소를 두루 갖추고 있지만, 명칭과 기능은 고려사회 특유의 구성원리에 따라 설치된 것이었다. 이는 최승로가 중화中華의 영전令典을 취하지 않았다고 한 평가와 부합한다.

또한 4부의 구조상의 특징을 당제唐制와 비교하면, 군부軍部·병부兵部·장위부掌衛部는 친위적親衛的 군사조직軍事組織인 당제唐制의 좌우위左右衛와 비견될 수 있고, 창부倉部는 내삼성內三省의 하나인 전중성殿中省과 유사한 것으로 파악된다. 4부는 광종의 개혁을 뒷받침할 군사·경제적인 기반을 갖춘 조직이었던 것으로 파악된다.

광종대의 10성4부라는 중앙관제는 태조 원년의 12관부를 계승한 것으로 후삼국통일과 이에 따른 고려사회의 발전으로 인해 개편된 제도였다. 그 구성은 당제唐制 등의 중국의 관제를 수용하여 편제한 것이 아니라 고려의 독자적인 구성원리에 의해 편제된 것임을 알 수 있다. 특히 4부部는 광종대 개혁의 전위적前衛的인 역할을 수행하기 위해 구성된 친위적인 군사·경제조직이라는 성격을 갖고 있었다. 이들 조직은 역할이 종료된 이후 새로운 형태의 관제로 탈바꿈할 수밖에 없었다. 즉 광종대의 10성4부는 후삼국통일 이후 고려사회의 발전에 따라 기존의 관제를 개편한 것임과 동시에 개혁을 위한 과도적인 기구라는 성격을 갖는다. 이러한 성격으로 인해 고려의 중앙관제는 이후 새로운 제도를 전망하게 한 발판을 마련할 수 있었다. 이후 성종대에 이르러 이러한 정비를 바탕으로 당제唐制를 도입導入하여 고려의 상황에 맞게 구성한 중앙관제가 성립되게 된다.

이상에서 광종대光宗代 10성4부의 중앙관제中央官制가 성립된 배경, 10성4부의 내용과 성격을 광종 12년(961)에 고려를 방문한 남당南唐의 사신使臣 장료章僚가 남긴 사행기使行記인 『해외사정광기海外使程廣記』의 기록을 바탕으로 살펴보았다. 장료의 『해외사정광기』는 그동안 고려 초기 중국의 고려관련 문헌으로 이름만 전하는 사행기使行記의 하나로 알려져 있을 뿐이었다. 따라서 장료를 파견한 남당과 고려와의 관계에 대해서는 검토된 바가 없었다. 여러 자료에 잔편殘編만이 전재轉載되어 전하는『해외사정광기』의 복원復原을 시도하여 재구성하였다. 그 결과『해외사정광기』에 나타난 기록은 광종대 고려사회를 알 수 있는 귀중한 자료임이 밝혀졌다. 이에 대한 분석을 통해 현재까지 알려지지 않았던 남중국南中國의 남당이 고려와의 외교관계가 태조太祖 때부터 긴밀하게 진행되었다는 사실이 드러났다. 그리고 남당이 장료를 고려에 파견된 이유도 밝혀졌는데, 광종대光宗代에 이루어진 후주後周 세종世宗의 남당南唐에 대한 공세로 인해 고려의 원조를 받기 위한 목적이 이 문헌을 작성하게 된 직접적인 동기였음을 알 수 있었다. 또한 장료가 고려를 방문하기 위해 파견된 시점이 광종 12년(961) 6월 남당 후주後主 이욱李煜의 즉위 직후였음을 알게되었다. 이 시기는 광종대의 개혁이 적극적으로 추진되던 때였다. 이로서 광종대 개혁의 일단을 살펴볼 수 있는 계기가 바련되었다.

『해외사정광기』에 나타난 10성4부라는 중앙관제는 광종대 개혁의 산물이다. 이러한 광종대의 개혁은 광종 7년의 노비안검법, 9년의 과거제, 11년의 공복제정을 중심으로 한 것으로 이해되고 있다. 이러한 개혁을 주도한 정치세력인 남북용인南北庸人과 후생後生의 구성에 대해 검토하였다. 그 중 남북용인은 남중국의 남당에서 귀화한 채인범, 북중국의 후주에서 귀화한 쌍기·쌍철 그리고 오월에 거주하다 귀국한 장유, 오월에 유학했던 최행귀와 후진에 유학했던 최광윤 등의 사례와 같은 중국으로부터 들어와 고려에 정착한 사람들임이 밝혀졌다.

광종대 10성4부에 대해 다시 정리하면, 10성4부는 태조대의 12관부와 이후 추가된 관부를 조정하여, 내의성內議省·내봉성內奉省·광평성廣評省·진각성珍閣省·보천寶泉·예빈성禮賓省·내서성內書省·원봉성元鳳省·의형대의형대大義刑臺·도항사都航司 등 10개의 성省과 군부軍部·병부兵部·장위부掌衛部·창부倉部 등 4개의 부部로 구성된 것을 말한다. 10성省의 구조는 당제唐制의 삼성三省과 비견되는 내의성內議省·내봉성內奉省·광평성廣評省의 권력기구와 육부六部의 호부戶部에 해당하는 진각성珍閣省과 내시성內侍省에 비견되는 보천寶泉이 있었고, 학사직學士職에 해당하는 내서성內書省·원봉성元鳳省, 그리고 구시오감九寺五監에 해당하는 예빈성禮賓省·의형대義刑臺·도항사都航司로 구성되어 있다. 4부部는 친위적親衛的 군사조직인 당제唐制의 좌우위左右衛와 비견되는 군부軍部·병부兵部·장위부掌衛部가 있었고, 내삼성內三省의 하나인 전중성殿中省과 유사한 것으로 파악되는 창부倉部가 있었다. 이러한 구조는 전근대 동아시아사회의 전형典型적인 특징인 삼성육부三省六部·구시오감九寺五監·내삼성內三省·학사직學士職·십이위十二衛 등의 요소는 가지고 있지만, 명칭과 기능은 고려사회 특유의 구성원리에 따라 설치된 것이었다.

광종대光宗代의 10성4부는 후삼국통일 이후 고려사회의 발전에 따라 기존의 관제를 개편한 것임과 동시에 개혁을 위한 과도적過渡的인 기구機構라는 성격性格을 갖는다. 이러한 성격으로 인해 고려의 중앙관제는 이후 새로운 제도를 전망하게 한 발판을 마련할 수 있었다. 이후 성종대成宗代에 이르러 이러한 정비를 바탕으로 3성6부제를 도입하여 고려의 상황에 맞게 구성한 중국식 중앙관제中央官制가 성립된다.

제4절 성종대 3성6부제의 도입

1. 성종 원년 관제개혁

당말오대 이후 북송초 즉 고려 성종 초까지 동아시아에서 3성6부제는 법률적 근거나 정통성을 확인하기 위해 이름만 걸려있는[掛名] 제도였다. 앞서 검토했듯이 3성6부제는 당말오대唐末五代를 거치면서 영외관令外官이 중추를 이루는 구조로 변질되어 북송의 독특한 제도로 바뀌어져 있었다. 심지어 거란에서 한족을 대상으로 한 남면조관제南面朝官制가 북송의 관제보다는 3성6부제에 가까울 정도였다.[157] 이러한 상황에서 성종 초에 이루어진 관제개혁은 중국관제의 전형을 이룬 3성6부제에 입각해서 이루어진 것이다.

3성6부제와 관련해『고려사』에 가장 먼저 보이는 것은 태조 2년 정월 기사이다.

> (태조) 2년 봄 정월에 송악松嶽의 남쪽에 도읍을 정하여 궁궐을 짓고 삼성三省·육상서관六尙書官·구시九寺를 설치하고 시전을 세우고 방리坊里를 갈라 오부五部로 나누고 육위六衛를 설치했다.[158]

'삼성三省·육상서관六尙書官·구시九寺'를 설치했다는 것이다. 이것은 백관지百官志에서도 '입삼성立三省·육상서六尙書·구시九寺·육위六衛 약방당제略倣唐制'로 언급하고 있다. 태조 2년의 기사는 실제에서는 태조 원년의 12관부官府를 중심으로 한 기본 골격이 경종대까지 유지되고 있어

---

157) 遼의 南面官制는 全面的으로 中國風이었다. 三省·六部·院·臺·監으로 설치되었으나 盛唐시기 律令制에 따른 설치가 아니었다. 令外官인 樞密院이 軍政을 총괄하는 한편, 때에 따라서는 政府를 총괄하기도 했다. 唐制의 9寺는 太常寺에서 司農寺까지는 그대로 구성되었지만 太府寺가 빠진 8寺로, 5監은 軍器監을 제외하고 國子監·少府監·將作監·都水監에 秘書監·司天監·太府監이 첨가된 7監의 체제로 구성되었다. 이와 같은 거란의 관제구성은 宋의 관제보다 오히려 唐制에 가까운 것이다 (愛宕松男, 1970,「遼王朝の成立とその國家構造」『世界歷史9 - 中世3·內陸アジア世界の展開1』, 岩波書店, 30쪽 ;『遼史』卷47, 百官3 南面朝官의 中書省·門下省·尙書省條).

158)『高麗史』卷1, 太祖 2年 春正月. "定都于松嶽之陽 創宮闕 置三省六尙書官九寺 立市廛 辨坊里 分五部 置六衛"

사실이 아님을 알 수 있다. 태조 원년의 12관부는 앞서 검토한 바와 같이 광종의 개혁으로 십성사부+省四部로 정비되지만, 그 골격은 12관부의 구조를 크게 벗어나는 것이 아니었다. 이에 대해 성종 원년 관제개혁을 주도한 최승로는 다음과 같이 비판했다.

> 비록 화풍華風을 준수했으나 중국의 영전令典을 취하지 않았고, 중국의 선비를 예우하였으나 중국의 어진 인재는 얻지 못하였습니다.[159]

최승로는 광종대光宗代 남북용인南北庸人과 후생後生에 의해 추진된 개혁이 중국의 영전令典 즉 3성6부제에 입각한 개혁이 아니라 기존의 체제를 정비하는 데 그친 것을 비판했다. 하지만 당唐 현종玄宗 개원開元 10년(722)의 제도를 260년이 더 지난 고려 성종대에 그대로 이식移植한다는 것은 현실적으로 가능한 일이 아니었다. 이에 대해 최승로崔承老는 개혁의 현실적 방향을 다음과 같이 제시했다.

> 중국中國의 제도制度는 준수하지 않을 수 없지만, 그러나 사방四方의 습속習俗은 각기 지방의 특성에 따르는 것이므로 이를 다 변화시키기는 어려울 것 같습니다.[160]

이상적인 중국의 제도는 당연히 본받아야 하지만, 세상의 여러나라는 각기 지역의 풍토와 성격이 다르기 때문에 (제도의) 모두를 수용할 필요는 없다라는 입장을 밝혔다. 이러한 점은 성종 원년 관제에 그대로 반영되었다.

고려에서 당제唐制에 따른 3성6부제가 성립한 것은 성종대이다. 이러

---

159) 『高麗史節要』卷2, 成宗 元年 時務 28條 光宗治績評 가운데 "雖重華風 不取華之令典 雖禮華士 不得華之賢才"
160) 『高麗史節要』卷2, 成宗 元年 時務 28條 中 11條. "華夏之制 不可不遵 然四方習俗 各隨土性 似難盡變"

한 사실은 성종 2년 5월에 3성省·6조曹·7시寺가 처음으로 제정되었다는
기사를 통해 확인된다. 하지만 이러한 3성6부제는 이미 성종 원년 3월의
개혁을 통해 성립되었다. 주지周知하듯이 내사문하성內史門下省은 광평성
廣評省과 내의성內議省의 기능이 합쳐진 구조이고, 어사도성御事都省은 내
봉성內奉省에서 비롯된 것이다.[161] 이는 태조 원년 12관부를 정비한 '십
성사부十省四部'에서 『당육전唐六典』에 입각한 새로운 '삼성육부三省六部'
체제로의 본질적인 전환이다. 또한 내사문하성內史門下省과 어사도성御事
都省으로 고친 '관호官號'는 중국의 역대관제에서 찾아볼 수 없는 명칭이
지만, 용어用語 자체는 중국의 대표적인 고전古典에 근거한 것이다.

　　성종 원년에 제정된 내사문하성內史門下省은 문종文宗 15년에 중서문하
성中書門下省으로 개칭된다. 고려의 중서문하성中書門下省은 그 직능이 백
규서무百揆庶務를 관장하는 것이고, 그 낭사郞舍는 간쟁諫諍과 봉박封駁을
담당했다. 이는 내사문하성內史門下省이 고려의 최고정무기관最高政務機關
임을 말한다. 고려의 중서문하성中書門下省은 그 구성에 있어서는 2품品
과 3품品을 획선劃線으로 성재省宰와 성랑省郞이 구분된다. 성재省宰는 종
1품의 내사령內史令과 문하시중門下侍中, 정2품의 제평장사諸平章事와 종2
품의 참지정사叅知政事·정당문학政堂文學·지문하성사知門下省事 등으로 구
성되었다. 성랑省郞은 정3품의 좌우산기상시左右散騎常侍 이하 종6품의 좌
우습유左右拾遺로 구성되었다.[162]

　　고려의 중서문하성中書門下省의 구성構成은 전형적인 당제唐制와 같이
중서령中書令-중서시랑中書侍郞-중서사인中書舍人-중서주서中書注書, 문하시
중門下侍中-문하시랑門下侍郞-급사중給事中-문하녹사門下錄事의 2원적 조직
으로 동등하게 병렬並列되고 있다. 낭관郞官 역시 산기상시散騎常侍 이하

161) 邊太燮, 1970, 「高麗時代 中央政治機構의 行政體系 - 尙書省機構를 중심으로
　　-」『歷史學報』 47 ; 1971 『高麗政治制度史硏究』, 一潮閣, 5～6쪽.
162) 邊太燮, 1967, 「高麗의 中書門下省에 대하여」『歷史敎育』 10 ; 1971 『高麗政
　　治制度史硏究』, 一潮閣, 37～39쪽.

습유拾遺에 이르기까지 모두 좌우직左右職으로 병치並置되어 좌직左職은 문하성門下省, 우직右職은 중서성中書省에 영속領屬됨으로써 양성兩省이 동렬적同列的으로 병립並立하여 편성되어 있다. 하지만 중서령中書令은 최지 몽崔知夢의 사례를 제외하고 실제로 임명되는 직職이 아닌 치사직致仕職 혹은 증직贈職으로 사용될 뿐이었다. 따라서 중서문하성中書門下省의 종1 품직은 문하성門下省의 문하시중門下侍中뿐이었다. 이는 중서문하성中書門下省이 중서령中書令과 문하시중門下侍中을 양두兩頭로 하는 2원적二元的 조직組織이 아니라 문하시중門下侍中 1인을 수반으로 한 1원적一元的 체제體制였다.163) 이러한 고려의 중서문하성中書門下省은 당말오대시기唐末五代時期 중서성中書省과 문하성門下省이 병렬적으로 합해진 '양성兩省'과 유사한 구조를 가지고 있지만,164) 양성兩省에 수장인 중서령中書令과 시중侍中이 모두 존재하고 중서령中書令이 중심이 된 조직이라는 점에서 차별성을 갖는다. 한편 송초宋初의 중서문하中書門下는 이름뿐인 중서성中書省·문하성門下省·상서성尙書省과 함께 설치된 것으로 삼성三省과는 전혀 다른 구조였다.

성종 원년에 설치된 내사문하성內史門下省은 문종대文宗代의 중서문하성中書門下省과 크게 다르지는 않았던 것으로 보인다. 하지만 처음부터 이러한 구조가 갖추어진 것은 아니었다. 그 대표적인 예는 성종 원년 내사문하성의 장관이 내사령內史令이라는 것이다. 고려에서 '내사령內史令'이란 관직이 처음으로 사용된 것은 광종 16년에 태자 주伷가 정윤正胤으로 책봉되면서 받은 내사內史·제군사諸軍事·내의령內議令에서였다. 여기서 태자의 지위는 내사령內史令·내의령內議令을 합치고 모든 군권軍權까지 가지는 정도로서 그 어떤 유력有力한 신하臣下보다도 우위優位라는 것을 명시明示하고자 한 조처였지만, 당시 10세에 불과한 태자太子가 띤 이

---

163) 邊太燮, 위의 논문, 45쪽.
164) 『舊五代史』 卷149, 職官志 兩省條.

직함이 실권을 가질 수는 없었을 것이다.[165] 내사령內史令은 경종景宗 원년에 순질荀質과 신질申質이 좌우집정左右執政을 겸직하면서 실직으로 바뀌었다. 하지만 이러한 내사령內史令도 새로운 기구의 설치에 따른 것으로 보기는 어려울 것이다.[166]

최지몽崔知夢은 성종 원년에 이를 이어받아 권병權柄의 직으로 삼았다. 성종 2년에 중앙관제의 정비가 마무리되면서 집정執政이 최승로崔承老보다 하위에 있었던 이몽유李夢游에게 좌집정左執政으로 주어졌다. 이는 그동안 권병의 직이었던 '집정執政'이 격하되어 내사문하성 아래의 직으로 밀려난 것을 말한다. 이러한 사실은 북송에서 재상 아래에 집정執政이 있었던 것과 같은 유형으로 이해 할 수 있을 것이다.

내사령內史令이 실직으로 기능한 것은 최지몽崔知夢이 유일하고, 이후에도 줄곧 임명되었으나 주로 치사직致仕職이나 종실宗室이 임명되는 관직이었다. 하지만 중서령中書令은 편제상 중서문하성中書門下省의 최고 직위로서 실제적인 정치권력의 행사와는 별도로 자기의 지위에 상응하는 대우를 받는 존재였다.[167]

여기서 '내사內史'라는 명칭에 대해 검토해 보면, 그 기원이 주대周代의 관직명에서 비롯되어 '성省'의 이름으로는 수隋 문제文帝 때 오성五省의 하나로 사용되었다.[168] 고려에서 당육전唐六典과 오대五代·북송北宋에서 사용되는 중서中書라는 명칭 대신 내사內史를 사용한 이유는 삼대三代

---

165) 李泰鎭, 앞의 논문, 15쪽.
166) 朴龍雲, 1997, 「高麗時期 中書令에 대한 검토」『金容燮停年紀念論叢』；
    2000, 「고려시대의 中書令」『고려시대 中書門下省宰臣 연구』, 一志社, 14쪽.
167) 朴龍雲, 위의 논문, 17쪽.
168)『通典』卷19, 職官1 設官沿革. "周 : 太傅·少師·少保·冢宰·宗伯·內史 秦置
    內史 治京師 如諸郡守 後周有內史中丞大夫 隋改中書爲內史監令 大唐亦嘗
    以中書爲內史·太僕正·前後左右將軍"；『通典』卷19, 職官典1 歷代官制總序.
    "隋文帝 大業三年 始行新令 有三臺·五省·五監·十二衛·十六府 殿內·尙書·
    門下·內史·秘書 五省也"

의 하나인 주대周代의 명칭이었기 때문이라는 점과 광종대光宗代부터 사
용하여 익숙한 명칭이었기 때문으로 보인다. 이는 최승로가 주장한 '화
지영전華之令典'과 '토성론土性論'의 설명과 부합한다.

　문하시중門下侍中은 성종 원년 내사문하성內史門下省이 설치될 때부터
직제職制에 있었던 것으로 보이지만, 최초의 임명사례는 성종 7년에 최
승로崔承老가 문하수시중門下守侍中에 제수除授된 것에서 비롯된 것이다.
이때부터 최승로가 조정을 이끄는 수상首相이 되는데, 그 직위가 내사령
이 아닌 문하시중門下侍中이었음이 주목된다. 최승로의 사후 박양유朴良柔
가 시중侍中으로 임명되어 이러한 문하시중門下侍中의 지위는 수상首相의
직職으로 제도화된다.[169)]

　문하시중門下侍中의 품계品階는 비록 종1품이었지만 최고의 대우를 받
는 수상首相·총재冢宰였다. 국가의 비상시에는 직접 군사를 지휘하기도
하고, 외교사절外交使節로 활동하는 일을 담당했다. 하지만 기본적으로
중서문하성中書門下省의 장관으로서 성내省內 업무를 관장하고, 판이부사
判吏部事를 겸임하여 상서이부尚書吏部의 행정을 총괄하며, 아울러 수상首
相으로서 국왕을 상대하거나 또는 다른 재상宰相들과 함께 중요 국정에
관한 논의를 주관하는 의정기능議政機能이 그 직무였다.[170)] 이러한 고려
의 문하시중門下侍中과 당唐의 시중侍中과의 공통점은 의례儀禮를 관장하
는 정도로 보인다. 반면 차이점은 고려의 문하시중門下侍中이 1인의 수상
首相의 지위였던데 반해 당唐의 시중侍中은 중서령中書令과 같이 2인으로
이들은 모두 진재상眞宰相이라는 개념으로 사용되어 수상首相과는 차이
를 보이고 있다. 직능職能에서도 고려의 문하시중門下侍中이 심의봉박審議
封駁의 업무와 함께 비상시 군대를 지휘했지만, 당唐의 문하성은 조칙詔

---

169) 朴龍雲, 1998,「高麗時代의 門下侍中에 대한 검토」『震檀學報』85 ; 2000,「고
　　려시대의 門下侍中」『고려시대 中書門下省宰臣 연구』, 一志社, 43~44쪽.
170) 朴龍雲, 위의 논문, 59쪽.

勅의 심의審議와 봉박封駁의 권한만 있었을 뿐 군국軍國의 서무庶務는 중서령中書令이 담당했다.

그리고 고려의 '문하시중門下侍中'이라는 직명職名은 고려에서만 사용되었던 용어였다. 중국의 직명職名에 '시중侍中'이라는 직명은 진秦나라 때 처음 나타나고,171) 이후 당대唐代에 이르러 문하성門下省이 성립되면서 진재상眞宰相이 되었다. 하지만 '문하시중門下侍中'이라는 용례는 발견되지 않는다. 이러한 명칭 역시 최승로가 주장한 토성론土性論에 기인한 것으로 볼 수 있을 것이다.

고려의 직제에서 문하시중門下侍中과 함께 문하시랑평장사門下侍郎平章事와 내사시랑평장사內史侍郎平章事는 재상직宰相職을 대표한다. 고려에서 당연히 재상宰相에 포함된 '시랑侍郎'이라는 직職은 당제唐制에서 원래부터 재상宰相인 것은 아니었다. 『당육전唐六典』에 중서시랑中書侍郎은 정4품상으로 정3품 이상만이 재상회의에 참석할 수 있는 재상의 반열班列에 들지 못하는 것으로 나온다. 이후 대종代宗 대력大曆 2년(767)에 정3품이 되면서 정식의 재상이 되었다. '평장사平章事'라는 이름은 당태종唐太宗 정관貞觀 8년(634) 복야僕射 이정李靖이 병이 들어·사직辭職을 청하자 당태종이 "병세가 다소 나아지면, 3일이나 2일에 한번 중서中書와 문하門下에서 바로잡는 일[平章事]을 하라"고 한 것에서 유래했다. 이후 평장사平章事는 고종高宗 영순永淳 원년에 황문시랑黃門侍郎 곽대거郭待擧와 병부시랑兵部侍郎 잠장천岑長倩 등을 재상직을 의미하는 동중서문하평장사同中書門下平章事로 임명한 것을 시작으로 아상亞相을 의미하는 것으로 정착했다.172)

---

171) 『通典』 卷19, 職官1 設官沿革. "秦條 太尉 左右丞相·丞相·相國 侍中·黃門侍郎 散騎常侍"

172) 『新唐書』 卷46, 百官1 宰相之職. "貞觀八年, 僕射李靖以疾辭位, 詔疾小瘳, 三兩日一至中書門下平章事, 而「平章事」之名蓋起於此. … 永淳元年, 以黃門侍郎郭待擧·兵部侍郎岑長倩等同中書門下平章事「平章事」入銜 自待擧等

　　고려에서 평장사직平章事職이 확립된 것은 성종 원년의 관제개혁 때였다. 실제로 성종成宗 2년 정월에 최승로崔承老가 문하시랑평장사門下侍郎平章事에 임명되고 있다. 고려에서는 당제唐制와는 달리 문하시랑門下侍郎과 내사시랑內史侍郎이 처음부터 평장사平章事에 결합되어 문하시랑평장사門下侍郎平章事와 내사시랑평장사內史侍郎平章事의 형태로 나타났다.173) 이러한 평장사平章事에 대한 본격적인 연구에 따르면, 고려전기에 평장사직平章事職에 해당하는 인물이 131명에 달하고 있다. 구체적으로 중서시랑평장사中書侍郎平章事(內史侍郎平章事)가 72차례, 문하시랑평장사門下侍郎平章事가 65차례, 중서시랑中書侍郎(內史侍郎)이 20차례, 문하시랑門下侍郎이 16차례, 평장사平章事라고만 한 사례가 66차례, 단순히 평장平章이라고 한 사례가 9차례로 조사되었다. 즉 중서시랑평장사中書侍郎平章事(內史侍郎平章事)·문하시랑평장사門下侍郎平章事를 기본으로 하여 약칭으로 평장사平章事·중서시랑中書侍郎(內史侍郎)·문하시랑門下侍郎·평장平章 등이 아울러 사용되었다는 사실을 알려준다.174) 그리고 이들 평장사의 서열은 성종 12년 거란의 침입에 대비하기 위해 시중侍中인 박양유朴良柔를 상군사上軍使로 삼은 데 이어 내사시랑內史侍郎 서희徐熙를 중군사中軍使, 문하시랑門下侍郎 최량崔亮을 하군사下軍使로 삼은 사례를 통해 살펴볼 수 있다. 즉 내사시랑평장사內史侍郎平章事가 문하시랑평장사門下侍郎平章事 보다 위의 서열이었다. 또한 최량崔亮이 문하시랑門下侍郎에서 내사시랑內史侍郎으로 천직遷職하고 있는 사실을 통해서도 동일한 내용임을 알 수 있다. 이같은 상황은 목종 원년의 전시과 규정에서도 동일하게 나타나므로 경종景宗 초년初年까지도 변함이 없었던 것으로 보인다.175)

　　始 自是以後 終唐之世不能改"
173) 邊太燮, 1967,「高麗宰相考－三省의 權力關係를 중심으로－」『歷史學報』35 ; 1971『高麗政治制度史研究』, 一潮閣, 65~66쪽.
174) 朴龍雲, 2000,「고려시대의 平章事」『고려시대 中書門下省宰臣 연구』, 一志社, 128~129쪽.

어사도성御事都省은 성종 원년 3월에 내사문하성內史門下省과 함께 설치되었다. 어사도성御事都省이 내봉성內奉省에서 비롯되었다는 사실은 앞서 검토한 바와 같다. 어사도성御事都省은 어사성御事省의 상층기관으로서의 역할은 기구 설립 당시부터 시작된 것으로 보인다. 이는 성종 원년 6월에 "가까운 곳의 주현州縣의 장리들에 대한 검핵檢劾을 어사도성御事都省이 맡아야 한다"는 최승로의 건의를 통해 알 수 있다.[176] 또한 어사도성御事都省 관원의 임명사례도 보이는데, 성종 2년 12월에 좌승左丞인 노혁盧奕이 보이고,[177] 6년에는 유방헌柳邦憲이 어사좌사원외랑御事左司員外郎에 임명되었고,[178] 9년에는 공관어사工官御事 지도성사知都省事인 박양유朴良柔의 사례가 확인된다.[179] 어사도성御事都省과 어사육관御事六官은 동일한 어사성御事省의 상·하 조직이었음에도 불구하고 실제적으로 발족 당시부터 후대에서와 같이 상당한 독자적 성격을 가지고 있었고, 그 업무도 분리되어 있었던 것으로 보인다.[180]

어사도성御事都省이 설치되면서 어사육관御事六官도 함께 설치되었다. 이로부터 2개월이 지난 5월에 서희徐熙가 병관어사兵官御事, 정겸유鄭謙儒가 공관어사工官御事에 임명되고,[181] 6월에는 설신우薛神祐가 형관어사刑

175) 朴龍雲, 위의 논문, 143쪽.
176) 『高麗史』卷85, 刑法2 禁令 成宗 六月. "正匡崔承老上書曰 願嚴加禁斷令 遠而安南·安東 近而御事都省 撿劾罪其長吏 以除百姓勞役"
177) 『高麗史』卷73, 選擧1 科目1 成宗 2년 12월. "正匡 崔承老·左執政 李夢游·兵官御事 劉彦儒·左丞 盧奕 取進士 王覆試 賜甲科姜殷川 乙科二人 明經一人 及第"
178) 金龍善, 1993, 『高麗墓誌銘集成』, 翰林大出版部, 17쪽.「柳邦憲墓誌銘」"上襃之 制可御事左司員外郎 賜緋"
179) 『高麗史』卷3 成宗 9년 12월. "今遣使工官御事·知都省事朴良柔 使副殿中監 趙光等 持節備禮冊"
180) 朴龍雲, 1995, 「高麗時代의 尙書都省에 대한 檢討」『國史館論叢』61 ;『高麗時代 尙書省 硏究』, 景仁文化社, 13쪽.
181) 『高麗史』卷3, 成宗 2년 5월 戊午. "以佐丞徐熙 爲兵官御事 大相鄭謙儒 爲工官御事"

官御事에,[182] 12월에는 유언유劉彦儒가 병관어사兵官御事로서 최승로崔承老 등과 함께 진사進士의 선발에 관여했고,[183] 이해에 최승로崔承老도 선관 어사選官御事에 임명되고 있어[184] 성종 원년에 6관官이 설치된 것은 분명 한 것으로 보인다. 그리고 6관과 함께 선관選官의 속사屬司인 사적司績, 병관兵官의 고조庫曹, 민관民官의 사도司度·금조金曹·창조倉曹, 형관刑官의 도관都官, 예관禮官의 사조祠曹, 공관工官의 우조虞曹·수조水曹 등 9속사屬 司 역시 설치되었다.

그리고 6관官의 직제는 성종 3년(984) 5월 형관刑官 문주門柱의 낙뢰 사 건으로 형관刑官의 전면적 인사이동에서 어사형관御事刑官의 직제가 어사 御事 1인, 시랑侍郎 2인, 낭중郎中 2인, 원외랑員外郎 1인임이 확인된다.[185] 문종대文宗代 직제에서 육부六部의 직제가 동일한 점을 감안하면, 6관官 의 직제도 유사했다고 보여진다.

성종 원년의 3성省 6관官의 설치는 곧 상서성제尚書省制의 성립을 의미 한다. 이는 고려가 국가행정기구國家行政機構로서 당제唐制를 모방한 3성6 부제의 상서성제尚書省制를 성립시켰음을 의미한다. 그러나 성종 원년의 尚書省의 명칭은 어사도성御事都省과 선관選官·병관兵官·민관民官·형관刑 官·예관禮官·공관工官의 6관官이었다. 이러한 명칭은 당제唐制는 물론 이 후 중국中國의 관제에서 찾아보기 어려운 것이다.

어사도성御事都省에서 '어사御事'라는 명칭은 중국의 역대관제에서 관 직명으로 사용된 사례가 발견되지 않는다. 어사御事의 용례는 『한서漢書』

---

182) 『高麗史』卷3, 成宗 2년 6월 庚寅. "以光祿卿薛神祐 爲刑官御事"
183) 『高麗史』卷73, 選擧1 科目1 成宗 2년 12월. "正匡 崔承老·左執政 李夢游· 兵官御事 劉彦儒·左丞 盧奕 取進士 王覆試 賜甲科姜殷川 乙科二人 明經一 人 及第"
184) 『高麗史』卷93, 列傳6 崔承老. "成宗元年 爲正匡·行選官御事·上柱國"
185) 『高麗史』卷3, 成宗 3년 夏五月 庚戌. "朔 震刑官門柱責御事侍郎郎中員外並 罷之. 以主農卿李謙宜爲御事 禮官侍郎韓彦恭·內史舍人崔延澤並爲侍郎 殿 中丞朴俊光·民官員外郎韓光默爲郎中 考功員外郎黃至仁爲員外郎"

에 '치사지리治事之吏' 혹은 '주사主事'의 의미이다.[186] 그렇다면 왜 '상서
尙書'라는 명칭을 사용하지 않았는가의 문제가 제기된다. 『통전通典』설
관연혁設官沿革 진조秦條에 상서尙書의 기원에 대해 다음과 같이 설명하고
있다.

> 소부리少府吏는 궁중에 기거하면서 문서文書의 발송을 담당했는데, 이를
> 상서尙書라고 불렀다.[187]

'상서尙書'라는 명칭은 진대秦代의 소부리少府吏로 궁중에서 발서發書를
주관하는 관직에 기원한 것이다. 따라서 고려에서 상서尙書라는 명칭 대
신 굳이 어사御事라는 명칭을 사용한 것은 법가法家의 진秦나라 제도에
기원한 상서尙書라는 명칭보다는 유교적儒敎的 국가인 한漢의 어사御事라
는 명칭이 '화지영전華之令典'에 보다 가까운 것으로 인식했기 때문으로
보인다.

보다 명확한 사례는 성종이 12목牧을 설치하며 내린 조서詔書에 보인다.

> 우서虞書의 12목牧 제도를 본받아 지방관을 설치하였으니 주周나라의 국
> 운이 800년이 이어지진 것처럼 우리나라의 국운도 장구할 것이다.[188]

즉 우서虞書를 본받아 12목牧을 설치할 때처럼 덕치德治를 실천하면,
고려도 주周나라처럼 국운이 장구할 것이라는 내용이다. 성종이 12목牧
을 설치할 때 참조한 우서虞書는 『서경書經』 순전舜典에서 찾아진다.

---

186) 『漢書』 卷73, 韋賢. "司直御事 我熙我盛 師古曰 司直 丞相司直也 御事 治事
之吏也": 『漢書』 卷84, 翟方進. "諸侯王公列侯卿大夫元士御事 應劭曰 言以
大道告於諸侯以下也 御事 主事也"
187) 『通典』 卷19, 職官1 設官沿革 秦條. "少府吏 在殿中主發書 謂之尙書"
188) 『高麗史』 卷3, 成宗 2年 2月. "効虞書之十二牧 延周祚之八百年"

(순舜이) 12목牧을 두며 이르기를, 때에 맞추어 (백성을) 먹게 하고 멀리 있는 자를 포용하면 능력 있는 자가 등용되고, 덕德을 돈독히 하면 재주 있는 자가 믿고 따르게 된다. (이렇게 되면) 간악한 자들이 물리쳐지고, 오랑캐가 앞다투어 복속服屬한다.189)

성종成宗이 12목牧을 설치한 것은 이러한 순舜의 덕치이념德治理念을 표현하고자 한 것이다. 이는 성종 원년 관제 제정의 정치적 이유가 성종을 즉위하게 한 정치세력이 그들의 정통성을 확보하고자 하는 목적에 의한 것이었지만, 당제唐制를 모방하거나 송제宋制를 참고로 급조한 것이 아니라 치밀하게 준비된 것임을 보여준다.

또한 6관官의 '관官'명 역시 주목된다. 6부의 명칭에 '관官'명을 붙인 사례는 6부의 기원인 『주례周禮』의 관직인 천관총재天官冢宰·지관사도地官司徒·춘관종백春官宗伯·하관사마夏官司馬·추관사구秋官司寇·동관고공기冬官考工記의 6관官과, 측천무후則天武后 때 이러한 『주례周禮』의 6관官을 그대로 차용한 사례 외에는 고려의 6관官이 전부이다. 고려의 6관官 역시 『주례周禮』의 6관官에서 '관官'명을 차용한 것으로 판단된다.

어사御事의 경우와 같이 선관選官은 '관원의 선발'·관원를 선발하는 관리,190) 혹은 '자질로서 관원을 선발한다[依資入選官員]'는191) 정도의 의미로 사용되었을 뿐이지 정식의 관직명으로 사용되지 않았다. 하지만 '선부選部'라는 명칭은 선관選官과는 달리 후한後漢 때부터 이부吏部를 대치하는 정식의 관명으로 사용되었고,192) 양梁·진陳에 이어 수대隋代까지

189) 『書經』 第1篇 虞書 舜典. "咨十有二牧 曰 食哉惟時 柔遠能邇 惇德允元 而難任人 蠻夷率服"

190) 『通典』 卷19, 職官1 歷代官制, 梁·陳의 選官의 규정. "凡選官無定期 隨闕卽補 多更互遷官 未必卽進班秩 其官唯論淸濁 從濁官得微淸 卽勝於轉" 무릇 選官에 정해진 기한이 없고, 비게 되면 바로 보임한다. 대부분 다시 서로 관을 옮길 뿐 아직 반드시 바로 班秩을 승진시키지 않는다. 대개 그 관은 청탁을 논해서 탁에서 관을 얻어서 조금 청관이 되면 승급에 유리하다.

191) 『魏書』 卷66, 列傳54 李世哲.

사용되었다.193)

　민관民官의 경우 후위後魏 때 '민民으로서 임명된 관관官'의 용례가 확인
되고,194) 호부戶部에 해당하는 관명은 한대漢代부터 사용된 민조民曹와
혹은 진대晉代의 탁지度支, 수대隋代의 민부民部 등의 사례가 있다. 또한
병관兵官·예관禮官·형관刑官·공관工官 역시 정식의 관직명으로 사용된 예
는 발견되지 않는다.

　성종 원년의 개혁은 3월 '개백관호改百官號'로 관제개혁을 완료한 것
이 아니라 이후 14개월 후인 2년 5월에 이르러서야 '시정삼성始定三省·
육조六曹·칠시七寺'라는 결과를 내놓고 있다. 특히 '어사御事'와 '관官'명
처럼 '육조六曹'라는 표현이 등장한 것은 당시 개혁을 추진했던 사람들
이 가졌던 고심한 흔적이 배어있다. 개혁의 담당자들이 굳이 당唐의 명
칭을 피한 것은 그것과의 어떤 차이를 의식했기 때문에 육부六部라는 명
칭을 피한 것으로 보이는데,195) 그렇다고 '육관六官'이라 부를 경우 측천
무후則天武后가 시행한 육관제六官制를 연상시킬 수 있기 때문이다. 따라
서 송宋·제齊 이래 가장 많이 사용되어온 '육조六曹'라는 용어를 선택한
것이다.196)

---

192) 『通典』卷23, 職官5 吏部尙書. "漢成帝初置尙書 有常侍曹 主公卿事 後漢改
　　爲吏曹 主選擧·祠祀 後又爲選部 靈帝以梁鵠爲選部尙書 魏改選部爲吏部 主
　　選事"
193) 유사한 사례로 고려의 관직명에서 『周禮』의 '六官'인 天官·地官·春官·夏官·
　　秋官·冬官 가운데 春官에 해당하는 '春部'의 職名이 발견되는데, 태조 6년(同
　　光元年) 後唐에 파견된 朴巖의 職啣이 春部少卿이었다.
194) 『通典』卷35, 職官17 俸祿條. "後魏初 無祿秩者 至孝文太和八年 始班俸祿
　　罷諸商人 以簡民事 戶增調三疋·穀二斛九斗 以爲官司之祿 均預調爲二疋之
　　賦 祿行之後 贓滿一疋者死 其祿每季一請 於是百官受祿有差 至十年 議定民
　　官依戶給俸"
195) 李泰鎭, 앞의 논문, 30쪽.
196) 『通典』卷23, 職官5 吏部尙書. "自宋齊以來 多定爲六曹 稍似『周禮』至隋六
　　部 其制益明 大唐武太后遂以吏部爲天官 戶部爲地官 禮部爲春官 兵部爲夏
　　官 刑部爲秋官 工部爲冬官 以承周六官之制"

이상과 같이 성종 원년의 관제개혁은 당육전唐六典을 근간으로 한 당제唐制의 기본 골격을 그대로 수용하여 고려의 체제에 맞게 다소의 변형을 가한 것이다. 하지만 어사육관御事六官의 명칭에서 보이듯이 개혁의 담당자들은 『서경書經』·『주례周禮』의 경전經典과 『한서漢書』 등의 사서史書는 물론 『통전通典』과 같은 백과사전 등 중국의 수많은 자료를 참조하여 관제를 완성한 것이다.

성종 초에 당육전唐六典에 입각한 중앙통치기구를 도입하게 된 계기는 앞서 지적했듯이 성종의 비정상적인 즉위와 밀접한 관련을 맺고 있다. 성종대成宗代 정치세력은 이전의 정치세력들이 중국의 책봉을 통한 정통성을 인정받으려는 방식이 아니라 근본적인 정치개혁을 통해 정통성을 확보하려 했다. 따라서 광종 11년 정비된 십성사부제十省四部制가 태조 이래 이어온 기존의 체제를 정비하는 것이었다면, 성종 원년의 개혁은 동아시아사회에서 이상적理想的 관제로 간주된 당육전唐六典을 고려에 도입한 것이다.

실제로 고려사회에 당제唐制의 원형을 그대로 도입한다는 것은 현실적으로 가능한 일이 아니었고, 새로운 제도가 도입될 경우 광종대 개혁의 예와 같이 내부적으로 수많은 반발은 예견될 수 있었다. 성종대 정치세력은 이러한 반발을 미연에 방지하기 위해 그 누구도 반발할 수 없는 권위를 가진 제도를 필요로 했다. 따라서 요순堯舜의 『서경書經』, 주공周公의 『주례周禮』, 반고班固의 『한서漢書』, 두우杜佑의 『통전通典』, 이임보李林甫의 『당육전唐六典』 등 거의 절대적인 권위를 갖는 고전古典을 통해 역대의 이상적인 명칭들을 조합한 관제가 탄생하게 되었다. 이러한 과정을 통해 고려의 기존관제를 당육전唐六典의 틀로 재편할 수 있었다.

성종 원년 관제의 운영 상황은 성종의 즉위 직후 수내사령守內史令에 임명된 최지몽崔知夢의 정치적 위상과 밀접한 관련을 맺고 있다. 그는 관제개혁이 완료된 성종 3년에 치사致仕를 요청했다. 하지만 성종은 조회에 참석하지말고 내사방內史房에서 업무를 관장하게 했다. 이후 그는 성종 6년에 내사령內史令의 직함으로 사망한다. 그는 수상首相인 내사령內史令의 직함으로 성종의 즉위와 관제의 개혁에 이르는 전 과정에서 정국을 주도했다. 이는 성종 초의 관제가 내사성內史省이 중심이 되어 운영되었음을 알려준다. 그 예로 앞서 지적했듯이 내사시랑內史侍郎이 문하시랑門下侍郎보다 상위직이었다는 사실이 이를 말해준다. 이러한 운영은 중국의 당과 오대의 제도에서 삼성三省 혹은 중서문하성中書門下省의 수장이 중서성中書省의 수장인 중서령中書令이 맡았던 것과 흡사하다. 하지만 고려의 내사문하성內史門下省은 그 조직과 운영에서 이들과는 구별되기 때문에 동일한 것으로는 볼 수 없다.

성종 초 정치세력을 대표하던 최지몽崔知夢이 성종 6년(987) 3월에 사망한 후 정치적 실권은 최승로崔承老로 옮겨진 것으로 보인다. 최승로는 다음 해인 성종 7년에 문하수시중門下守侍中에 임명되었고, 성종 8년 5월에 수시중守侍中으로 사망한다. 최승로는 최지몽의 내사령직內史令職을 계승하지 않고 문하수시중門下守侍中의 직함으로 정국을 주도했다. 이는 이후 고려에서 수상首相의 지위가 문하시중門下侍中으로 정착되었음 보여주는 대표적인 사례이다.

최승로의 사망으로 정치세력의 구심점이 사라지자, 성종은 친정체제親政體制를 강화하는 방향으로 개혁의 방향을 돌렸다. 당육전에서 지향하는 삼성제三省制는 군신君臣의 화합和合과 상호견제相互牽制의 결과물이다. 즉 황제皇帝의 조칙을 기안하는 중서성中書省과 그 조칙의 심사審査·봉박封駁을 맡은 문하성門下省의 팽팽한 긴장관계를 통해 황제권의 독단은 물론 신료들의 전횡을 막고자한 장치이다.

고려 삼성제三省制의 대표적인 특징은 중서령中書令과 상서령尚書令이 실직實職이 아닌 것으로 바뀌었고, 수상首相을 내사문하성內史門下省의 수장인 문하시중門下侍中이 맡는다는 점이다. 아울러 상서육부尚書六部의 장관인 상서尙書보다 상위직인 판사직判事職은 재상宰相이 맡았다는 사실이다. 당제唐制에서 판사判事의 의미는 실무의 총책임을 맡은 관직이 수행하는 기구機構 자체를 총괄하여 관리한다는 '총판성사總判省事' 정도의 뜻을 갖는 것이다. 예를 들어 상서성尙書省의 실무 책임을 맡은 복야僕射의 업무 가운데 하나가 '총판성사總判省事'였고,197) 도성都省의 실무 총책임을 맡은 좌우승左右丞의 업무가 '총판도성사總判都省事'였다.198) 재상宰相의 육부판사六部判事 겸임제兼任制는 고려의 특유한 제도로199) 중국의 제도에서 말하는 판사判事의 의미意味와는 전혀 다른 성격의 제도이다.

이러한 특징을 종합해보면, 고려의 내사문하성內史門下省은 설립 초기부터 조칙을 기안起案하는 중서성中書省과 조칙詔勅을 심의審議하는 문하성門下省이 통합되어 운영된 기구였다. 여기에 어사도성御事都省의 장관인 상서령尙書令(御事令) 역시 허설되어 있고, 내사문하성內史門下省의 재상宰相이 어사6관의 판사判事로 있어 6관官을 실질적으로 통제하고 있어 어사성御事省은 내사문하성內史門下省에 복속되는 구조인 것이다. 이러한 점에서 고려의 삼성제三省制는 기안起案·봉박封駁·시행施行이 일원적으로 이루어지는 일원적인 조직으로 볼 수 있을 것이다.

성종 원년의 관제에서 채용한 당육전唐六典은 당唐의 최전성기인 현종玄宗의 개원開元 무렵 정리된 당대唐代의 법법과 제도制度의 이상적理想的 지향점을 추구한 결과이고 이는 후대에 제도의 '전형典型'이 되었다.200) 당육전唐六典의 이상을 담은 3성6부제는 안사安史의 난亂 이후 사회의 기본 질서인 균전제均田制·조용조租庸調·부병제府兵制가 무너지면서 실제적

---

197) 『舊唐書』 卷43, 職官2 尙書都省. "左右僕射各一員 掌統理六官 綱紀庶務 以貳令之職 自不置令 僕射總判省事"

198) 『舊唐書』 卷43, 職官2 尙書都省. "左右丞各一員 左丞掌管轄諸司 糾正省內勾吏部·戶部·禮部十二司 通判都省事"

199) 李泰鎭, 앞의 논문, 33쪽.

200) 奧村旭三, 1993, 「大唐六典」 『中國法制史-基本資料の研究』, 東京大學出版會, 242쪽.

인 효력은 상실해 갔지만, 당말오대唐末五代를 거쳐 송대宋代에 있어서도 그들의 제도의 근간을 3성6부제로 삼았다. 송宋은 이후 원풍년간元豐年間의 관제개혁을 비롯한 관제개혁을 실시할 때마다 그 근거를 당육전唐六典의 이상理想에서 찾았다. 하지만 성종대 당시 당육전과 가장 유사한 제도를 가진 나라는 고려였다.

실제로 고려사회高麗社會에서 당제唐制와 같이 복잡하고 조직적이며 이상적인 제도를 그대로 적용하는 것은 불가능했지만, 기존의 제도를 새로운 조직의 틀로 재분류하고 조직을 개편함으로써 능률을 극대화하는 도구로서의 3성6부제는 이상적理想的인 제도였다. 하지만 당육전唐六典으로 지칭되는 3성6부제는 너무 이상적이어서 중국에서도 당대는 물론 이후 어느시기에서도 실제로 실행된 제도도 아니었고, 시행 될 수도 없는 제도였다.

이러한 상황에서 고려가 옛 문헌에 따라 원형에 가깝게 3성6부제를 복원한 이유를 당시 정치세력들의 집권의 정당성을 확보하려는 목적에서 찾을 수 있다. 하지만 보다 근본적인 이유는 변화된 사회에 걸맞는 새로운 집권체제執權體制를 확립해야 할 필요성 때문이었다. 고려사회는 신라말 골품제의 붕괴 이후, 태조 원년의 12관부와 태조 23년 역분전役分田으로 새로운 질서를 잡아갔다. 광종대光宗代 이르러 태조대의 12관부는 10성4부제로 정비되었고, 이러한 정비의 결과 경종대景宗代 전시과田柴科로 대표되는 새로운 질서체계가 만들어졌다. 이러한 변화는 사회적 토대의 변화에 따른 것이다. 하지만, 이에 조응하는 상부구조인 법과 제도의 정비가 뒤따르지 않았다. 성종 전반기 정치세력들은 변화된 사회에 적합한 집권체제執權體制의 전형典型을 당육전唐六典에서 찾았고, 그 원활한 시행을 위해 당육전唐六典에 역대 중국 고전의 외피를 씌워 기존의 제도를 탈바꿈시켰다.

고려의 3성6부제의 도입은 이러한 고려사회의 내적 필요성에 의해 주체적인 역량을 총동원하여 이루어진 것이다. 운영의 실제에 있어서 내사성內史省 중심의 운영에서 문하성門下省 중심의 운영으로 바뀌었다. 결국 고려의 삼성三省은 일원적인 운영되는 방식으로 나아갔다. 이후 고려의 3성6부제는 다소의 변모를 거치지만 근대 이전 한국사회의 기본적인 제도로 정착하게 된다.

2. 성종 14년 관제개혁

고려 중앙 관제는 성종 원년의 개혁으로부터 13년이 지난 뒤에 다시 한번 변화를 겪었다. 성종成宗은 대거란對契丹 전쟁戰爭 당시 비상대권非常大權이 자신에게 집중된 상황에서 중앙관제·지방제도를 비롯한 고려사회 전반의 개혁을 가속화했다.

우선 성종 원년의 중앙관제를 고려사회에 보다 적합한 체제로 변화시켜 나갔다. 성종 원년의 중앙관제는 그 변화 추이에서 보듯이 고려의 특성에 맞게 재구성되어 정착되어 갔다. 따라서 이에 걸맞는 '명칭'이 요구되었던 것으로 보인다. 이는 성종 14년(995) 5월의 관제개혁에서 성종의 교서에 다음과 같이 밝히고 있다.

> 당唐(堯)·우虞(舜)의 제制와 주周·한漢의 의儀는 모두 백벽百辟의 명名을 갖추어 일인一人의 경사慶事를 받드는 데 있다. 지금 제관사諸官司의 사체事體는 비록 예전禮典을 따랐으나 액명額名은 자못 권칭權稱한 바가 있으니 그 전거典據를 밝혀 가부可否를 분별하여 가호假號를 제거하고 통규通規가 있게 하라"[201]

12목牧과 같은 당우唐虞(堯舜)의 제도와 '관官'명의 『주례周禮』, '어사御

---

201) 『高麗史』卷3, 成宗 14年 5月 戊午. "敎曰 唐虞之制 周漢之儀 皆鑿百辟之名 求奉一人之慶 今以諸官司事體 雖遵於禮典 額名頗有所權稱 考厥典常 分其可否 悉除假號 克示通規"

事'명의『한서漢書』의 제도는 모두 제후들이 명분을 바르게 하여 천자의 경사를 받드는 데 있다. 지금 제관사諸官司의 기본골격(事體)은 비록 예전 禮典에 따랐으나, 액명額名에 권칭權稱한 것이 있다. 그 전거典據를 검토하고 가부可否를 분별하여, '가호假號'를 모두 제거하고 통규通規를 제시하라는 내용이다. 성종은 원년의 제도에 대해 앞서 검토한 것과 같이 지금의 제관사諸官司의 모습은 당우지제唐虞之制·주한지의周漢之儀와 같은 예전禮典에 의거했음을 자부自負하고 있다.

하지만 성종은 관제를 개혁하게 된 이유를 성종 원년 관제의 명칭인 '액명額名'이 권도權道에 의한 명칭(權稱)임을 재인식했기 때문이라는 점을 명확히 밝히고 있다. 즉 3성6부제가 10여년 동안 시행되고 있는 상황에서 굳이 '어사御事'와 '관官'명 등의 명칭을 고집할 필요가 없었고, 전쟁으로 흐트러진 기강을 바로잡을 필요가 있었다.

따라서 성종 14년의 개혁은 어사도성御事都省과 6관官의 명칭을 교체하는데 주안점이 두어졌다. 우선 어사도성御事都省을 상서도성尙書都省으로 성省의 이름이 고쳐졌고, 6관官도 상서육부尙書六部로 개칭되었다. 이에 따라 선관어사選官御事를 이부상서吏部尙書, 민관어사民官御事를 호부상서戶部尙書, 병관어사兵官御事를 병부상서兵部尙書, 예관어사禮官御事를 예부상서禮部尙書, 형관어사刑官御事를 형부상서刑部尙書, 공관어사工官御事를 공부상서工部尙書로 바꾸었다. 그리고 속사屬司의 명칭도 어사선관御事選官의 어사고공御事考功을 상서고공尙書考功, 어사병관御事兵官의 어사고조御事庫曹를 상서고부尙書庫部, 어사민관御事民官의 어사사도御事司度·어사탁지御事度支·어사금조御事金曹를 상서사도尙書司度·상서금부尙書金部·상서창부尙書倉部, 어사예관御事禮官의 어사사조御事祠曹를 상서사부尙書祠部, 어사공관御事工官의 어사우조御事虞曹·어사수조御事水曹를 상서우부尙書虞部·상서수부尙書水部로 고쳤다. 또한 어사도성御事都省의 직제 역시 상서좌우복야尙書左右僕射·지도성사知都省事·상서좌우승尙書左右丞·상서좌우사낭중尙

書左右司郎中·상서좌우사원외랑尚書左右司員外郎·상서도사尚書都事로 개칭하였다.202)

성종 14년의 개혁은 어사도성御事都省과 어사육관御事六官뿐만 아니라, 사헌대司憲臺를 어사대御史臺, 내서성內書省을 비서성秘書省, 사위시司衛寺를 위위시衛尉寺, 예빈성禮賓省을 객성客省, 전옥서典獄署를 대리시大理寺, 액정원掖庭院을 액정국掖庭局으로 명칭을 변경한 것이다. 하지만 이러한 개혁은 성종의 교서敎書에서 말한 것처럼 2년 5월에 제정된 3성省·6조曹·7시寺를 비롯한 제관사諸官司에 걸친 포괄적이었던 것으로 보인다. 이러한 성종 14년에 정비된 제관사諸官司는 목종穆宗 원년 전시과田柴科 규정規定을 통해 그 실체를 파악할 수 있다.

목종穆宗 원년의 전시과는 전시수급자田柴受給者의 과등科等을 18과科로 나누어 제1과 전田100결結 시柴70결結을 수령하는 내사령內史令·시중侍中으로부터 제18과 전20결 산전전부승旨散殿前副承旨·태상사의大常司儀 등에 이르기까지 같은 형식으로 각 과등科等에 대한 전시수급액田柴受給額을 규정하고, 그 아래 수급자受給者의 해당 관직명을 세주細註로 명기하고 있다. 그 내용은 <표 3>과 같이 정리할 수 있다.

〈표 3〉 목종 원년 개정전시과203)

科	支給額數		受 給 者
	田地(結)	柴地(結)	
1	100	70	內史令, 侍中
2	95	65	內史侍郎平章事, 門下侍郎平章事
			致仕侍中
3	90	60	叅知政事, 左·右僕射
			檢校太師

202) 穆宗 元年 改定田柴科에 이들 직제가 반영되어 左右僕射는 3과, 侍郎은 6과, 郎中은 9과, 員外郎은 10과, 都事는 13과에 적용되고 있다.
203) 姜晋哲, 1997, 『改定高麗土地制度史研究』, 一潮閣, 39쪽.

4	85	55	六尙書, 御史大夫, 左·右散騎常侍, 大常卿
			致仕左·右僕射, 致仕太子太保
5	80	50	秘書監, 殿中監, 少府監, 將作監, 開城尹, 上將軍
			散左右僕射
6	75	45	左右丞, 諸侍郎, 諫議大夫, 大將軍
			散六尙書
7	70	40	軍器少卿, 太常少卿, 給舍中丞, 太子賓客, 太子詹事
			散卿, 散監, 散侍郎
8	65	35	諸少卿, 諸少監, 國子司業, 諸衛將軍, 太卜監
			散軍器監, 散上將軍, 散太子庶子
9	60	33	諸郎中, 軍器少監, 秘書丞, 殿中丞, 內常侍, 國子博士, 中郎將, 折衝都尉, 大醫監, 閣門使, 宣徽諸使判事
			散少卿, 散少監
10	55	30	諸員外郎, 侍御史, 起居郎, 起居舍人, 諸局奉御, 內給事, 諸陵令, 郎將, 果毅, 太卜少監, 太史令, 閣門副使
			散郎中, 散大將軍, 散閣門使, 散大醫監, 散太子諭德, 散太子家令, 散太子率更令, 散太子僕
11	50	25	殿中侍御史, 左右補闕, 寺丞, 監丞, 秘書郎, 國子助敎, 大學博士, 大醫少監, 尙藥奉御, 通事舍人, 宣徽諸使使, 太子中允, 中舍人
			散員外郎, 散太卜少監, 散太史令, 散諸奉御, 散閣門副使
12	45	22	大常博士, 左右拾遺, 監察御史, 內謁者監, 六衛長史, 六局直長, 軍器丞, 太子洗馬, 四官正
			散諸衛將軍, 散寺丞, 散監丞, 散大醫少監, 散尙藥奉御, 散宣徽諸使使
13	40	20	主書, 錄事, 都事, 內侍伯, 寺注簿, 監注簿, 四門博士, 大學助敎, 中尙令, 京市令, 武庫令, 大官令, 大倉令, 典廐令, 供御令, 典客令, 大樂令, 諸陵丞, 別將, 太卜丞, 太史丞, 侍御醫, 尙藥直長, 內殿崇班, 大理評事, 閣門祗候, 宣徽諸使副使
			散直長, 散中郎將, 散折衝都尉, 散四官正, 散藥藏郎, 散典膳內直, 散宮門郎, 散典設郎
14	35	15	六衛錄事, 正八品丞令, 內謁者, 東西頭供奉官, 散員, 指揮使, 恊律郎, 太子監丞
			散寺·監注簿, 郎將, 果毅, 內殿崇班, 閣門祗候, 太卜·太史丞, 侍御醫, 尙藥直長, 宣徽諸使副使
15	30	10	(從)八品丞, (從)八品令, 秘書校書郎, 四門助敎, 諸尉校尉, 靈臺郎, 保章正, 挈壺正, 大醫丞, 大醫博士, 律學博士, 左·右侍禁, 左·右班殿直
			散正八品, 散別將, 散指揮, 散供奉官
16	27		大祝, 司廩, 司庫, 九品丞, 九品主事, 九品錄事, 秘書正字, 製述

		登科將仕郎, 明經登科將仕郎, 書學博士, 筭學博士, 司辰, 司曆, 卜博士, 卜正, 監候, 食醫, 醫正, 醫佐, 律學助教, 篆書博士, 宣徽諸使判官, 諸尉隊正, 殿前承旨, 中樞別駕, 宣徽別駕, 銀臺別駕
		散校尉, 散左·右班殿直, 散侍禁
17	23	諸業將仕郎, 令史, 書史, 監事, 監作, 書令史, 揩書內承旨, 客省承旨, 閤門承旨, 借殿前承旨, 親事, 內給事, 馬軍
		散殿前承旨, 散隊正
18	20	散殿前副承旨, 大常司儀, 太常齋郎, 國子典學, 知班, 注藥, 藥童, 軍將官, 通引, 廳頭, 直省, 殿驅官, 堂引, 追仗, 監膳, 引謁 (等 流外雜職), 諸步軍

목종穆宗 원년의 개정전시과改定田柴科에 나타난 문반직文班職에 대해서는 내사문하성內史門下省·상서도성尙書都省·6부六部·어사대御史臺·시감寺監·6국局·제서諸署로 나누어 볼 수 있다.[204] 이들 가운데 내사문하성內史門下省의 참지정사參知政事, 상서도성尙書都省의 좌우복야左右僕射, 7시寺·3감監, 그리고 특징적인 관서官署에 대해 검토한다.

우선 내사문하성內史門下省의 참지정사參知政事가 주목된다. 『고려사』백관지에 "목종대穆宗代에 참지정사參知政事가 있었다"라는 기사가 보인다.[205] 참지정사參知政事라는 직명은 이미 광종대光宗代 김정언金廷彦[206]의 사례 등에서 보이지만 이를 실직實職으로 보기는 어렵다. 실직實職으로 확인되는 것은 성종대成宗代 한언공韓彦恭[207]과 최량崔亮[208]의 사례이

---

204) 李基白, 1975,「貴族的 政治機構의 成立」『한국사』 5, 국사편찬위원회, 36~37쪽 <표 9>.
205) 『高麗史』卷76, 百官1 評理條 穆宗時 有叅知政事.
206) 趙東元, 1988, 『韓國金石文大系』卷5, 22·493쪽에 開寶 8년(975, 光宗 26)에 세워진 高達寺元宗大師惠眞塔碑의 撰者인 光祿大夫·太丞·翰林學士·內奉令·前禮部使·叅知政事·監修國史 金廷彦의 직함에서 叅知政事라는 직함이 확인된다.
207) 『高麗史』卷93, 列傳6 韓彦恭. "成宗時 … 俄轉爲使殿中監知禮官事進叅知政事上柱國. 穆宗卽位授內史侍郎平章事"
208) 『高麗史』卷93, 列傳6 崔亮. "崔亮慶州人性寬厚能屬文 光宗朝登第爲攻文博士 成宗在潛邸引爲師友及卽位遂加擢用甚愜人望累授左散騎常侍叅知政事兼

다. 따라서 참지정사參知政事는 성종 원년 내사문하성內史門下省이 제정될 때 문하시중門下侍中이나 평장사平章事가 설치된 것과 같은 시기에 설치되었던 것으로 보인다.209)

참지정사參知政事라는 말은 글자 그대로 '정사政事에 참여한다'라는 의미이고,210) 그 유래는 정관貞觀 연간에 "두엄杜淹은 이부상서吏部尙書로서 참의조정參議朝政했고, 위징魏徵은 비서감秘書監으로 참예조정參預朝政했다"하여 사인舍人이나 상서尙書의 관리가 재상회의인 정사당政事堂에 참여할 경우 '참의득실參議得失'·'참지정사參知政事'이라는 임시 직함을 부여한 것에서 유래했다.211) 참지정사參知政事는 평장사平章事와 같이 재상宰相임을 나타내지만, 3품 상서尙書 이하 4품 중서사인中書舍人 이상의 관리가 임명되는 것이 특징이다.212) 오대시기는 물론이고, 송대宋代에 들어와 태조太祖 건덕乾德 2년(964)부터 당제와 같이 임시 재상을 나타내는 용어로 사용되었다.213) 이후 태종太宗 지도至道 원년(995)에 정식으로 재상宰相인 동중서문하평장사同中書門下平章事·소문관대학사昭文館大學士·동중서문하평장사감수국사同中書門下平章事監修國史·동중서문하평장사현집전대학사同中書門下平章事集賢殿大學士 다음의 부재상副宰相의 직직으로 정착되었다.214) 이와 유사하게 거란契丹에서도 성종聖宗 통화統和 12년(994)

司衛卿以疾解官"
209) 朴龍雲, 2000,「고려시대의 參知政事」『고려시대 中書門下省宰臣 연구』, 一志社, 244쪽.
210) 『職官分紀』卷5, 參知政事. "太武時 爲尙書令參知政事"
211) 『新唐書』卷46, 百官1 宰相之職. "自太宗時 杜淹以吏部尙書參議朝政 魏徵以秘書監參預朝政 其後或曰「參議得失」·「參知政事」之類, 其名非一 皆宰相職也"
212) 『職官分紀』卷3, 宰相. "唐制領館職 昭文殿大學士·監修國史 首相領之, 集賢殿大學士 次相領之 … 中書舍人以上至尙書 爲參知政事貳宰相之任也"
213) 『宋史』卷1, 太祖 乾德 2년 4월 乙丑. "始置參知政事 以兵部侍郎薛居正·呂餘慶爲之"
214) 『職官分紀』卷3, 宰相. "唐制領館職 昭文殿大學士·監修國史 首相領之 集賢

무렵에 참지정사參知政事가 정식의 관제로 정착된 것으로 보인다.[215]

고려高麗의 참지정사參知政事에 대해 송제宋制와 같은 실직實職이 아니라 당제唐制와 같이 겸직을 나타내는 계관階官이라는 견해가 있다.[216] 반면 참지정사參知政事는 당제唐制와 같이 타관他官에게 가하는 재상직宰相職이 아니라 종2품의 엄연한 관직명官職名인 한편으로 6부상서와 좌우복야가 겸兼하는 관직으로 파악하는 견해[217]와 문하시중門下侍中이나 평장사平章事와 같이 완전한 재상宰相의 하나로 독립된 재상직으로 좌우복야나 6부상서에 중첩重疊하여 임명된 것으로 파악하는 견해로 나뉜다.[218]

고려의 참지정사參知政事는 종2품의 재상직宰相職이고, 좌우복야左右僕射나 6부상서六部尙書를 겸직하기도 한다. 이러한 제도는 당시 북송北宋의 참지정사參知政事가 부재상副宰相이라는 재상직을 본관本官으로 하면서 타관他官인 추밀직학사樞密直學士나 병부시랑兵部侍郎 등을 겸직하는 것과 유사하다.[219] 고려의 참지정사參知政事와 북송北宋의 참지정사參知政事는 성격이 다르지만, 겸직으로 운영되었다는 점은 유사하다. 따라서 이러한 운영은 고려에서 북송北宋의 운영방식을 수용하면서 이를 변형하는 과정에서 나타난 것으로 보인다.

殿大學士 次相領之 … 中書舍人以上至尙書 爲參知政事貳宰相之任也";『宋史』卷161, 職官1 宰執. "參知政事 至道元年 詔宰相與參政輪班知印 同升政事堂"

215) 『遼史』卷47, 百官3 南面朝官. "參知政事 聖宗統和十二年見參知政事邢抱朴"

216) 周藤吉之, 1974,「高麗初期の官吏制度－特に兩府の宰相について－」『東洋大學大學院紀要』11, 174～175쪽.

217) 邊太燮, 1967,「高麗宰相考－三省의 權力關係를 중심으로－」『歷史學報』35 ; 1971 『高麗政治制度史研究』, 一潮閣, 66～67쪽.

218) 朴龍雲, 2000,「고려시대의 參知政事」『고려시대 中書門下省宰臣 연구』, 一志社, 251쪽.

219) 『宋史』卷161, 職官1 參知政事條. "掌副宰相 毗大政 參庶務 乾德二年置 以樞密直學士薛居正·兵部侍郎呂餘慶 並本官參知政事"

감전中監(5科), 종4품의 소감少監(8科), 종5품의 전중승殿中丞(9科), 종6품의
내급사內給事(10科)이다. 이러한 고려 전중성殿中省은 직제에 있어서 당제
唐制와 유사하지만, 종6품의 내급사內給事에서 차이를 보인다. 당제唐制의
내급사內給事는 내시성內侍省 종6품하의 관직으로 내시성內侍省의 업무를
관장하는 직이다.[224] 그렇다면 고려의 전중성殿中省은 당제唐制의 내시성
內侍省 관직을 포함하고 있는 것으로 보인다. 이러한 특성은 고려초에 내
시성內侍省을 설치하지 않고, 대신 전중성殿中省에 내시성內侍省의 관직이
포함시켰기 때문이다.

전중성殿中省의 6국六局은 상식국尙食局·상약국尙藥局·상의국尙衣局·상
사국尙舍局·상승국尙乘局·상련국尙輦局이다. 『고려사』백관지에는 상련국
尙輦局을 제외한 상식국尙食局·상약국尙藥局·상의국尙衣局·상사국尙舍局·
상승국尙乘局과 유사한 직제가 확인된다. 그리고 개정전시과改定田柴科에
10과에 제국봉어諸局奉御와 12과에 6국직장六局直長으로 나타나고 있어 6
국六局으로 비정되는 직제를 모두 찾을 수 있다. 하지만 실제로 당제唐制
와 같은 6국의 체제는 아니었던 것으로 보인다.

성종 14년의 관제개혁에서 당唐의 내삼성內三省 가운데 내시성內侍省은
설치되지 않았던 것으로 보인다. 이는 앞서 지적했듯이 내시성內侍省의
업무를 처리하는 내급사內給事가 전중성殿中省에 포함된 것을 보면 그 성
격이 명확해진다. 내시성內侍省과 유사한 명칭을 갖는 기구는 공민왕恭愍
王 5년에 설치된 내시부內侍府를 상정해 볼 수 있지만, 이는 당의 내시성
과는 구조와 기능면에서 좀 다른 성격의 관제로 파악된다.

고려의 7시寺는 성종 2년 5월에 제정되었다. 하지만 백관지百官志나
여타의 기록에서 7시寺에 대해서는 명시하지 않았기 때문에 이에 대해
선행 연구에서 『고려사』 백관지를 근거로 위위시衛尉寺·태복시大僕寺·예

---

224) 『舊唐書』卷44, 職官3 內侍省. "內給事八人 從五品下 主事二人 從九品下 令
史八人 書令史十六人 內給事掌判省事"

빈성禮賓省(禮賓寺)·사농시司農寺·태부시大府寺·사재시司宰寺·사수시司水寺로 파악했다.[225] 다른 연구는 태상시太常寺·광록시光祿寺·사위시司衛寺·태복시太僕寺·예빈성禮賓省·사농시司農寺·태부시大府寺로 설명하고 있다.[226] 백관지百官志를 근거한 견해에서 지목한 사수시司水寺는 7시寺의 하나로 보기 어렵다. 그것은 그 담당업무가 병선군兵船軍으로 나타나는데, 이는 제서諸署에나 해당될 수 있는 협소한 기능이다. 그리고 관원이 여타의 시寺와는 다를뿐만 아니라, 직제 역시 도진사都津司 하나뿐이다. 또한 설치시기가 충렬왕대忠烈王代를 전후한 시기로 보이기 때문이다. 사수시司水寺는 그 명칭이 '시寺'라는 것이 들어있을 뿐 여타의 7시寺와는 구별된다.

사재시司宰寺는 직장職掌이 어량魚梁·천택川澤으로 직제職制가 경卿·소경少卿·승丞·주부注簿로 되어 있어 시寺의 구조를 가지고 있다.[227] 사재시司宰寺가 광록시光祿寺의 전신前身이라는 견해가 있다. 이에 따르면 광록시光祿寺는 성종 14년 혹은 목종 연간에 사재시司宰寺로 바뀌었으나『고려사』찬자의 실수로 직장職掌을 잘못 기술했다는 것이다.[228] 광록시光祿寺는 그 관장하는 업무가 환구圜丘·태묘太廟·적전籍田의 제사祭祀이고, 광록경光祿卿은 그 제사祭祀의 아헌관亞獻官으로 참여하게 되어 있었다. 따라서 광록시光祿寺는 성종 원년의 관제개혁 때부터 설치된 것으로 보인다. 이는 광록경光祿卿 설신우薛神祐를 형관어사刑官御事에 임명한 사례를 통해 확인된다.[229] 광록시光祿寺가 사재시司宰寺와 같은 기구라는 것은 당唐 용삭龍朔 2년 2월에 광록시光祿寺를 사재시司宰寺로 개명한 사실에서

225) 李基白, 1975,「貴族的 政治機構의 成立」『한국사』5, 국사편찬위원회, 41쪽.
226) 朴天植, 1981,「高麗前期의 寺·監 沿革考 - 太祖에서 文宗관제의 成立期間을 中心하여 - 」『全北史學』5, 52쪽.
227)『高麗史』卷76, 百官1 司宰寺 掌魚梁·川澤.
228) 朴天植, 위의 논문, 32쪽.
229)『高麗史』卷3, 成宗 2년 6월 庚寅. "以光祿卿薛神祐 爲刑官御事"

찾아볼 수 있다.[230] 이러한 광록시光祿寺는 성종 14년의 개혁 때 사재시司宰寺로 개명한 것으로 보인다. 그리고 개정전시과改定田柴科에 당제唐制에서 광록시光祿寺의 속사屬司인 태관서太官署의 직제인 태관령太官令·감선監膳과 비견되는 태관령大官令(13科)·감선監膳(18科)이 보이고 있다. 즉 태관서大官署는 기능면에서 사재시司宰寺의 속사屬司의 역할을 했던 것으로 보이지만, 실제로 상하관계가 주어졌는가에 대해서는 정확히 판단하기 어렵다.

문제는 사재시司宰寺가 어량魚梁·천택川澤의 업무를 관장했다는 것이다. 이는 충렬왕 24년 충선왕이 즉위하면서 사재시司宰寺를 사진감司津監으로 개편한 것에서 비롯된 것으로 보인다.[231] 사진감司津監은 당唐 용삭龍朔 2년 2월에 도수감都水監을 개칭한 명칭이다.[232] 당제唐制의 도수감都水監에서 사자使者가 맡은 직장職掌이 천택川澤·진량津梁이었다.[233] 사진감司津監은 이후에 다시 사재시司宰寺로 바뀌었지만 기능은 도수감都水監의 기능을 갖게 된 것이다. 즉 고려의 사재시司宰寺는 당제唐制의 광록시光祿寺의 기능에서 도수감都水監의 기능으로 전환된 것이다. 따라서 『고려사』백관지百官志의 찬자撰者가 광록시光祿寺를 도수감都水監으로 서술한 것은 이러한 사실을 몰라서가 아니라 충선왕忠宣王의 개혁으로 광록시光祿寺가 도수감都水監으로 바뀌었기 때문이다.

7시寺 가운데 개정전시과에서 『고려사』백관지에 시寺의 직제職制가 보이는 유일한 사례가 태상시太常寺이다.[234] 그 내용은 태상경太常卿(4科)·

230) 『舊唐書』卷42, 職官1 龍朔 2년 2월 甲子. "改百司及官名 改尙書省 爲中臺 僕射 爲匡政 … 光祿 爲司宰"
231) 『高麗史』卷76, 百官1 司宰寺. "忠烈王二十四年 忠宣 改司津監 革判事 改卿 爲監 少卿爲少監. 尋復稱司宰寺 改監爲尹 少監爲少尹"
232) 『舊唐書』卷42, 職官1 龍朔 2년 2월 甲子. "改百司及官名 改尙書省 爲中臺 僕射 爲匡政 … 都水 爲司津監"
233) 『舊唐書』卷44, 職官3 都水監. "使者二人 丞二人 主簿二人 錄事一人 府五人 史十人 掌固三人 使者掌川澤津梁之政令"

태상소경大常少卿(7科)·태상박사大常博士(12科)·협률랑協律郎(14科)·대축大祝(16科)·사의司儀(18科)·재랑齋郎(18科)이다. 여기서 협률랑協律郎은 당제唐制의 태상시太常寺에는 편제되어 있지만235) 『고려사』백관지의 조항에는 보이지 않는데, 이는 기록의 누락일 가능성이 높다.

당제唐制에서 태상시太常寺의 속사로 태악서太樂署의 직제에 속한 태악령太樂令은 고려의 직제에서도 태악령大樂令(13科)으로 확인되는데,236) 태악서大樂署는 태상시大常寺의 제사祭祀에 반드시 필요한 관서였으므로 당제唐制와 같이 속사屬司로 포함되었을 것으로 판단된다. 그리고 당제唐制에서 태상시太常寺의 속사屬司인 태복서太卜署는 고려에 들어와 태복감大卜監으로 변화된 것으로 보인다. 하지만 태복감太卜監은 고려초高麗初부터 있었던 사천대司天臺가 당제唐制의 본격적인 도입과 더불어 태복감太卜監과 태사국太史局으로 나누어진 것에서 비롯되었다.237) 따라서 그 직제도 당제唐制와는 다른 구조로 되어 있다.238) 개정전시과改定田柴科에 그 직제가 태복감大卜監(8科)·태복소감大卜少監(10科)·사관정四官正(12科)·태복승大卜丞(13科)·복박사卜博士(16科)·복정卜正(16科)으로 나타나고 있어 당제唐制의 그것과 구별된다. 특히 사관정四官正은 춘관정春官正·하관정夏官正·추관정秋官正·동관정冬官正을 말하는 것으로, 당제唐制에서는 중관정中官正을 포함한 오관정五官正이다. 이는 비서성秘書省의 속사屬司인 사천대司天臺에 속했던 관직과 비견된다.239) 즉 고려의 태복감大卜監은 국초國初의 사천

---

234) 『高麗史』 卷76, 百官1 典儀寺. "穆宗朝 有大常卿·少卿·博士·司儀·齋郎"
235) 『新唐書』 卷48, 百官1 太常寺. "協律郎 二人 正八品上 掌和律呂"
236) 『高麗史』 卷77, 百官2 典樂署. "穆宗朝有大樂署令"; 『舊唐書』 卷44, 職官志 3 太常寺. "太樂署 令一人 從七品下"
237) 『高麗史』 卷76, 百官1 書雲觀. "國初 分爲太卜監·太史局 太卜監 有監·少監·四官正·丞·卜博士·卜正. 太史局 有令·丞·靈臺郎·保章正·挈壺正·司辰·司曆·監候"
238) 『新唐書』 卷48, 百官3 太常寺. "太卜署 令一人 從七品下 丞二人 從八品下 卜正·博士各二人 從九品下"
239) 『新唐書』 卷47, 百官2 秘書省 司天臺. "春官·夏官·秋官·冬官·中官正 各一

대司天臺의 요소와 당제唐制인 태복서太卜署의 성격을 모두 갖고 있는 관서로 볼 수 있다. 당의 태복서太卜署는 태상시太常寺의 속사屬司인 반면 고려의 태복감太卜監은 태상시太常寺의 속사가 아닌 독립된 관서였다.

태의감太醫監은 당제唐制에서 태의서太醫署였으나[240] 고려에서 재정비된 기구이다.[241] 개정전시과改定田柴科에 태의감太醫監(9科)·태의소감太醫少監(11科)·태의승太醫丞(15科)·태의박사太醫博士(15科)·의정醫正(16科)·주약注藥(18科)·약동藥童(18科)이 나타나고 있다. 이처럼 직제의 편성이 당제唐制와 유사한 구조였지만, 태의감太醫監은 당제唐制의 부府와 사史가 빠져 있는 반면 당제에 없는 소감少監이 첨가되어 있어 고려의 실정에 맞게 변형한 것을 알 수 있다.

이들 관서官署는 당제唐制에서 태상시太常寺의 속사인 태복서太卜署·태의서太醫署로 '서署'에 불과했지만 고려에서는 태복감太卜監·태의감太醫監으로 승격되고 있어 태상시太常寺의 속사로 보기 어렵다. 그 연원도 태복감太卜監은 국초國初의 사천대司天臺에 기원하고 있어, 중국에서 도입된 관제가 고려에서 어떠한 방식으로 변형되어 갔는가를 보여주는 사례의 하나이다.

위위시衛尉寺는 의장儀仗과 기계器械를 관장하는 관서로, 태조 원년의 12관부의 하나인 내군內軍에서 비롯하여 광종대 10성4부의 하나인 장위부掌衛部로, 이후에 사위시司衛寺로 바뀌었다가 성종 14년에 7시寺의 하나인 위위시衛尉寺로 바뀌었다.[242] 당제唐制의 위위시衛尉寺 역시 유사한 기능을 담당했다.[243] 개정전시과改定田柴科에 『고려사』 백관지에는 나타나

人 正五品上"；"副正各一人, 正六品上"

240) 『舊唐書』 卷44, 職官3 太常寺 太醫署. "令二人 從七品下 丞二人 從八品下 府二人 史四人 主藥八人 藥童二十四人 醫師四人 從八品下 醫正八人 從九品下 藥園師二人 藥園生八人 掌固四人"

241) 『高麗史』 卷76, 百官1 典醫寺. "穆宗朝 有太醫監 監·少監·丞·博士·醫正"

242) 『高麗史』 卷76, 百官1 衛尉寺. "掌儀物器械 太祖元年 置內軍卿 光宗十一年 改內軍爲掌衛部 後稱司衛寺 成宗十四年 改衛尉寺"

지 않는 무고령武庫令(13科)이 보이는데, 무고武庫는 당제唐制의 위위시衛尉寺 속사이다. 즉 고려에도 무고武庫를 관리하는 무고령武庫令이 있었음은 분명하고, 이 같은 관서는 국가의 운영에서 반드시 필요하기 때문에 당제唐制와 같이 위위시衛尉寺의 속사屬司로 보아도 무리가 없을 것이다. 하지만 고려의 위위시衛尉寺는 그 연원이 국왕의 시위侍衛를 담당한 관서에서 비롯되었기 때문에 의례儀禮와 무기武器의 관리를 담당한 당제唐制의 위위시와는 그 성격이 달랐던 것으로 판단된다.

종정시宗正寺는 당제唐制에서는 9시寺의 하나였지만,[244] 고려 관제에서는 충렬왕 24년에 전중성殿中省의 후신인 전중시殿中寺가 종정시宗正寺로 개편된 관서이다.[245] 따라서 고려의 종정시宗正寺는 당제唐制의 종정시宗正寺와는 전혀 다른 성격일 수밖에 없다. 개정전시과改定田柴科에 당제唐制에서 종정시宗正寺의 속사屬司인 제릉서諸陵署가 보인다. 이러한 제릉서의 직제는 제릉령諸陵令(10科)·제릉승諸陵丞(13科)이 확인되는데, 고려의 제릉서諸陵署는 당제唐制와는 달리 시寺의 속사가 아니라 개별적인 관서로 파악된다.

태복시太僕寺는 수레·말·목장·축사를 관장하는 관서로[246] 당제唐制의 그것과 유사하다.[247] 당제에서 태복시太僕寺의 속사인 전구서典廐署를 담

---

243) 『新唐書』 卷48, 百官3 衛尉寺. "卿一人 從三品 少卿二人 從四品上 丞二人
　　從六品上 掌器械文物 總武庫·武器·守宮三署 兵器入者 皆籍其名數 祭祀·朝
　　會 則供羽儀·節鉞·金鼓·帷帟·茵席 凡供宮衛者 歲再閱 有敝則脩於少府 主
　　簿二人 從七品上 錄事一人"
244) 『新唐書』 卷48, 百官3 宗正寺. "卿一人 從三品 少卿二人 從四品上 丞二人
　　從六品上 掌天子族親屬籍 以別昭穆"
245) 『高麗史』 卷76, 百官1 宗簿寺. "忠烈王二十四年 改宗正寺 革判事 改尹爲卿
　　少尹爲少卿 丞內給事 仍舊 新置注簿 從七品 後改殿中監 復稱尹·少尹"
246) 『高麗史』 卷76, 百官1 司僕寺. "掌輿馬廐牧"
247) 『舊唐書』 卷44, 職官3 太僕寺. "卿一員 從三品 少卿二人 從四品上 卿之職
　　掌邦國廐牧 車輿之政令 總乘黃 典廐 典牧 車府四署及諸監牧之官屬 少卿爲
　　之貳 凡國有大禮及大駕行幸 則供其五輅屬車之屬 凡監牧羊馬所通籍帳 每

당한 전구령典廐令[248]이 개정전시과에 13과로 나타난다. 고려의 전구서
典廐署는 잡축雜畜을 사육하는 기구였지만, 당제에서는 소牛와 말馬, 잡축
雜畜을 사육하는 관서였다. 그 기능상으로 보았을 때 전구서典廐署는 당
제와 같이 태복시太僕寺의 속사屬司로 이해될 수 있겠지만 고려의 전구서
典廐署는 별도의 기구였던 것으로 판단된다.

사농시司農寺는 의례에 필요한 자성粢盛을 공급供給하는 것을 담당하는
관서로,[249] 당제唐制의 그것이 육종育種·저수지·창고·꼴 등 농업의 기반
을 제공하는 등의 업무를 관장하는 것과는 다른 양상을 보이고 있다.[250]
당제에서 사농시司農寺의 속사인 태창서太倉署를 담당한 태창령太倉令이
개정전시과에 태창령太倉令(13科)으로 나타난다. 고려의 태창서太倉署의 직
제職制는 종7품의 영令 2인과 종8품의 승丞 4인, 그리고 이속吏屬으로 사
史 5인, 기관記官 4인, 산사算士 2인이지만,[251] 당제唐制의 태창서太倉署는
종7품하의 영令 3인, 종8품하의 승丞 2인, 종9품하의 부府 10인·사史 20
인·감사監事 10인으로 구성되어 있다.[252] 영令과 승丞은 유사하지만 이
하의 관원에서 차이가 보인다. 이는 고려에서 당제唐制를 선택적으로 수
용하였음을 보여주는 것이다. 고려의 사농시司農寺의 기능에 태창서太倉

歲則受而會之 以上尚書駕部 以議其官吏之考課 凡四仲之月 祭馬祖 馬步 先
牧 馬社"

248) 『新唐書』卷48, 百官3 太僕寺. "典廐署 令二人 從七品下 丞四人 從八品下
掌飼馬牛·給養雜畜 良馬一丁 中馬二丁 駑馬三丁 乳駒·乳犢十給一丁"

249) 『高麗史』卷76, 百官1 典農寺. "掌供粢盛 穆宗時 有司農卿 後廢之"

250) 『舊唐書』卷44, 職官3 司農寺. "卿一員 從三品上 少卿二員 從四品上 卿之職
掌邦國倉儲委積之事 總上林·太倉·鉤盾·導官四署與諸監之官屬 謹其出納
少卿爲之貳 凡京百司官吏祿給及常料 皆仰給之 孟春藉田祭先農 則進未耜
季冬藏冰 仲春頒冰 皆祭司寒"

251) 『高麗史』卷77, 百官2 大倉署. "穆宗元年 有大倉署令 文宗 定令二人 秩從七
品 丞四人 從八品 沿革未攷"

252) 『舊唐書』卷44, 職官3 司農寺 太倉署. "令三人 從七品下 丞二人 從八品下
府十人 史二十人 監事十人 從九品下"

署에 해당하는 부분이 보이지 않으므로 태창서大倉署는 사농시司農寺의 속사로 보기는 어렵다.

태부시大府寺는 재화財貨와 늠장廩藏을 관장하는 관서이고,253) 당제唐制의 태부시太府寺는 재화財貨·늠장廩藏·무역貿易을 담당했다.254) 즉 당제와의 기능상의 차이점은 '무역貿易'이다. 무역과 관련된 속사는 양경제시서兩京諸市署인데, 개정전시과改定田柴科에도 경시서京市署의 경시령京市令(13科)이 확인된다. 대부시大府寺의 직장職掌에 무역貿易이 빠져 있어 경시서京市署를 태부시大府寺의 속사로 보기는 어렵다.

지금까지 진행된 연구에서 한결같이 예빈성禮賓省을 7시寺의 하나로 지목하고 있다. 예빈성禮賓省의 구조가 시寺의 구조를 갖고 있고, 문종 18년 예빈시禮賓寺에서 서여진西女眞의 고지지高之知 등에게 향연을 베풀었다는 사례도 보이기 때문이다.255) 그러나 성종 5년에 객성客省이라는 명칭이 보이고,256) 성종 14년에 예빈성禮賓省을 객성客省으로 고쳤다257)는 기록으로 미루어 시寺라는 명칭과는 부합하지 않는다. 객성客省이라는 직명은 오대의 후진後晉에서 비롯되어258) 송대宋代에는 홍려시鴻臚寺의 기능을 수행하는 관서였다.259) 고려의 객성客省 역시 이와 유사한 기능

---

253) 『高麗史』卷76, 百官1 內府寺. "掌財貨廩藏 文宗定 大府寺判事 秩正三品 卿一人 從三品 少卿二人 從四品 知事兼官 丞二人 從六品 注簿四人 從七品"
254) 『新唐書』卷48, 百官3 太府寺. "卿一人 從三品 少卿二人 從四品上 掌財貨·廩藏·貿易 總京都四市·左右藏·常平七署 凡四方貢賦·百官俸秩 謹其出納 賦物任土所出 定精粗之差 祭祀幣帛皆供焉"
255) 『高麗史』卷8, 文宗 18년 5월 乙巳. "命祭知政事異惟忠 饗西女眞 寧遠將軍 高之知等十三人 于禮賓寺 賜例物"
256) 『高麗史節要』卷2, 成宗 5년 7월. "仍差通事舍人 高榮岩 就客省宣諭 賜酒果"
257) 『高麗史』卷76, 百官1 禮賓寺. "成宗十四年 改客省 後復改禮賓省"
258) 『舊五代史』卷149, 職官志 改制 晉天福 5년 4월 丙午. "詔曰 承旨者 承時君之旨 非近侍重臣 無以稟朕命·宣予言 是以大朝會宰臣承旨 草制詔學士承旨 若無區別 何表等威 除翰林承旨外 殿前承旨宜改爲殿直 密院承旨宜改爲承宣 御史臺·三司·閤門·客省所有承旨 並令別定其名"
259) 『宋史』卷166, 職官6 客省·引進使. "掌國信使見辭宴賜 及四方進奉·四夷朝

을 가지고 있어, 이러한 제도를 수용한 것으로 보인다. 따라서 7시寺에 예빈성禮賓省 혹은 객성客省이 처음부터 포함되었다고 보기는 어렵다.

그 대신 7시寺의 하나로 대리시大理寺를 지목할 수 있다. 대리시는 국초國初에 옥수獄囚를 관장한 전옥서典獄署가 성종 14년에 개편한 관서官署로, 여기에 평사評事라는 관직이 있었다.[260] 개정전시과에도 이러한 대리평사大理評事(13科)가 나타난다. 당제唐制의 대리시大理寺는 절옥折獄·상형詳刑을 관장하는데, 그 중에서도 특히 유죄流罪나 사죄死罪에 해당하는 중죄重罪를 담당하는 관서였다.[261] 성종 14년에 개편된 고려의 대리시大理寺는 직제에서 당제의 종8품하에 속하는 평사評事만이 확인되지만, 전옥서典獄署에서 대리시大理寺로 개편하면서 경卿·소경少卿·승丞의 구조를 갖추었던 것으로 보인다. 하지만 이후 다시 전옥서典獄署로 환원되면서 다시 축소된 것으로 파악된다.

이상과 같이 성종 14년에 정비된 7시寺는 사재시司宰寺·태상시太常寺·위위시衛尉寺·태복시太僕寺·사농시司農寺·태부시大府寺·대리시大理寺였다. 하지만 이후 대리시大理寺가 전옥서典獄署로 환원되고, 이를 대신하여 객성客省이 예빈성禮賓省으로 바뀌면서 7시에 포함되었다. 이후 7시寺는 사재시司宰寺·태상시太常寺·위위시衛尉寺·태복시太僕寺·사농시司農寺·태부시大府寺·예빈성禮賓省으로 정착된 것으로 보인다.

고려의 행정구조行政構造는 3성省을 중심으로 6부部·7시寺·3감監·6국局·제서諸署가 병렬적으로 나열된 체제로 구성되어 있다.[262] 여기서 7시寺와 함께 3감監은 성종대에 성립되었다. 3監은 당제唐制에서 국자감國子

觀貢獻之儀 受其幣而賓禮之 掌其饔餼飮食 還則頒詔書 授以賜予 宰臣以下 節物 則視其品秩以爲等"

260) 『高麗史』卷77, 百官2 典獄署 掌獄囚. "國初 始置典獄署 成宗十四年 改爲大理寺 有評事"

261) 『新唐書』卷48, 百官3 大理寺. "卿一人 從三品 少卿二人 從五品下 掌折獄·詳刑 凡罪抵流·死 皆上刑部 覆於中書·門下 繫者五日一慮"

262) 李基白, 1975,「貴族的 政治機構의 成立」『한국사』5, 국사편찬위원회, 41쪽.

監·소부감少府監·장작감將作監·군기감軍器監·도수감都水監의 5감監에서 비
롯되었다. 그 중 도수감都水監은 사재시司宰寺에서 지적했듯이 고려후기
에 고포함되었다. 따라서 3監은 국자감國子監·소부감少府監·장작감將作監·
군기감軍器監 가운데 3개의 감監을 말할 것이다. 선행한 연구에서 3감監
을 국자감國子監·장작감將作監·소부감少府監으로 보는 견해가 있다.[263] 그
근거로 문종 30년 녹봉祿俸 규정을 들고 있다. 하지만 장작감將作監 역시
이들 3감과 유사한 녹봉을 받고 있고, 국자감國子監은 장작감將作監·소부
감少府監과 다소의 차이를 보이고 있어 명확한 근거를 제시했다고 보기
는 어렵다. 3감監을 보다 명확히 구별하기 위해 4개의 감을 검토해 보자.

우선 국자감國子監에 대해 검토해보면, 국자감의 직제는 백관지에 따
르면 성종成宗 때 국자사업國子司業·박사博士·조교助敎, 태학박사大學博士·
조교助敎, 사문박사四門博士·조교助敎를 두었다. 문종文宗 때 정해진 직제
는 겸관兼官이 역임하는 제거提擧·동제거同提擧·관구管勾·판사判事가 있
다. 본관本官은 좨주祭酒·사업司業·승丞·국자박사國子博士·태학박사大學博
士·주부注簿·사문박사四門博士·학정學正·학록學錄·학유學諭·직학直學·서학
박사書學博士·산학박사算學博士 등이 있다.[264] 개정전시과改定田柴科에는
국자사업國子司業(8科)·국자박사國子博士(9科)·국자조교國子助敎(11科)·태학박
사大學博士(11科)·태학조교大學助敎(13科)·사문박사四門博士(13科)·사문조교四
門助敎(15科)·율학박사律學博士(15科)·율학조교律學助敎(16科)·서학박사書學博
士(16科)·산학박사算學博士(16科)가 확인된다. 당제唐制의 경우 좨주祭酒·사
업司業·승丞·주부主簿·녹사錄事와 아래의 7학박사七學博士·조교助敎의 구

---

263) 朴天植, 앞의 논문, 48쪽.

264) 『高麗史』 卷76, 百官2 成均館. "成宗 置國子監 有國子司業·博士·助敎 大學
博士·助敎 四門博士·助敎 文宗定 提擧·同提擧·管勾各二人 判事一人 皆兼
官 祭酒一人 秩從三品 司業一人 從四品 丞 從六品 國子博士二人 正七品 大
學博士二人 從七品 注簿 從七品 四門博士 正八品 學正二人·學錄二人 並正
九品 學諭四人·直學二人·書學博士二人·算學博士二人 並從九品"

조로 편제되어 있다.[265] 고려의 국자감은 이러한 당제唐制를 바탕으로 제거提擧·동제거同提擧·관구管勾 등의 송제宋制와 고려의 독자적인 제도인 판사判事까지 가미한 독특한 구조로 되어 있다.

소부감少府監은 태조대 12관부의 하나인 물장성物藏省이 광종 11년 보천寶泉으로 바뀌었고, 이후 성종대에 소부감小府監으로 재편된 것으로 보인다.[266] 개정전시과에서는 장작감將作監과 함께 5과에 해당했고, 당제唐制에서는 소부감少府監의 속사인 중상서中尙署의 중상령中尙令(13科)이 나타난다. 고려의 소부감少府監은 관장업무가 공기工技와 보장寶藏을 담당하고 있었는데, 당제唐制에서 소부감少府監이 공기工技를 담당하고, 그 속사인 중상서中尙署가 교사郊祀의 규벽圭璧과 천자天子의 기완器玩, 후비后妃의 복식服飾 등을 보장寶藏하고 있어 고려의 소부감少府監과 비견된다.[267] 따라서 고려의 소부감少府監은 중상서中尙署와 같은 기능을 하는 관서였고, 여기에 본래의 직장을 가진 중상서中尙署를 속사屬司로 포함시켰다. 문종대文宗代 직제는 판사判事·감監·소감少監·승丞·주부注簿로 나타나는데 이는 장작감將作監과 유사하다.

장작감將作監은 토목土木과 영선營繕을 관장하는 관서로 성종대成宗代에 설치되었다.[268] 개정전시과에 소부감少府監과 함께 5과에 해당하고,

---

265) 『新唐書』 卷48, 百官3 國子監. "祭酒一人 從三品 司業二人 從四品下 掌儒學 訓導之政 總國子·太學·廣文·四門·律·書·算凡七學 丞一人 從六品下 掌判 監事 每歲 七學生業成 與司業·祭酒莅試 登第者上於禮部 主簿一人 從七品 下 掌印 句督監事 七學生不率教者 舉而免之 錄事一人 從九品下"

266) 『高麗史』 卷76, 百官1 小府寺. "太祖 仍泰封之制 置物藏省 有令·卿 光宗十 一年 改爲寶泉後改小府監 有監·少監·丞"

267) 『新唐書』 卷48, 百官3 少府. "監一人 從三品 少監二人 從四品下 掌百工技巧 之政 總中尙·左尙·右尙·織染·掌冶五署及諸冶·鑄錢·互市等署 中尙署 令一 人 從七品下 丞二人 從八品下. 掌供郊祀圭璧及天子器玩·后妃服飾彫文錯綵 之制"

268) 『高麗史』 卷76, 百官1 繕工寺. "掌土木營繕 穆宗朝 有將作監 監·少監·丞· 注簿 文宗定 判事 秩從三品 監一人 正四品 少監一人 從四品 丞二人 從六品

직제는 당唐의 장작감將作監과 같이 감監·소감少監·승丞·주부注簿·녹사錄事로 편제되었다.[269]

　군기감軍器監은 영조營造·병기兵器를 관장하는 관서로, 성종대에 설치된 것으로 보인다. 그 직제는 감監·소감少監·승丞·주부注簿이다.[270] 이는 당唐의 군기감軍器監이 감監·승丞·주부主簿인 것과 비교된다.[271] 즉 고려의 군기감軍器監에 소감少監이 더해진 것은 실제 기능의 차이인지 소부감少府監·장작감將作監의 구조와 같이 맞추려한 것인지는 알 수 없다. 개정전시과에서 소부감少府監·장작감將作監이 5과인데 비해 군기감軍器監은 7과로 나타나고 있어 이들보다 격이 낮지만, 문종 30년의 경정양반전시과更定兩班田柴科에서는 6과에 장작將作·소부少府·군기감軍器監이 연이어 나타나고,[272] 문무반녹봉文武班祿俸에서도 173석石 5두斗에 장작將作·소부少府·군기감軍器監이 연이어 보인다.[273] 이와 같은 사실은 이들 3개의 감監을 삼감三監으로 불렀다는 것을 반증하는 것이다. 이들 관서官署는 담당 업무가 공기工技와 보장寶藏, 토목土木과 영선營繕, 영조營造·병기兵器로서 기술직技術職이라는 공통점을 가지고 있다. 따라서 고려에 도입된 5감監이 변형되면서 기술직을 의미하는 3감監으로 바뀌었던 것으로 판단된다.

注簿二人 從七品"

269)『舊唐書』卷44, 職官3 將作監. "大匠(監)一員 從三品 少匠(少監)二員 從四品下 大匠 掌供邦國修建·土木·工匠之政令 丞四人 從六品下 主簿二人 從七品下 錄事二人 從九品下 府十四人 史二十八人 計史三人 亭長四人 掌固六人"

270)『高麗史』卷76, 百官1 軍器寺. "掌營造·兵器 穆宗朝 有軍器監 監·少監·丞·注簿"

271)『新唐書』卷48, 百官3 軍器監. "監一人 正四品上 丞一人 正七品上 掌繕甲弩 以時輪武庫 總署二 一曰弩坊 二曰甲坊 主簿一人 正八品下 錄事一人 從九品下"

272)『高麗史』卷78, 食貨1 田制. "田柴科 文宗三十年 更定兩班田柴科 第六科 田七十結 柴二十七結 吏部諸曹侍郎 將作·少府·軍器 大醫監 左·右庶子 左·右諭德 諸中郎將"

273)『高麗史』卷80, 食貨志3 祿俸. "文武班祿 文宗三十年定 一百七十三石五斗 司天監 左右諫議 將作·少府·軍器監"

고려에서 당제의 5감監을 수용하면서 도수감都水監을 배제한 것은 도수감都水監이 주즙舟楫·하거河渠를 담당하는 부서로 중국의 대운하大運河와 관련된 기관으로 고려의 실정에서 필요하지 않았기 때문으로 보인다. 그리고 국자감國子監을 수용하면서 송제宋制인 제거提擧·동제거同提擧·관구管勾 등의 관직을 부가附加하면서 독자적인 관제로 탈바꿈했다. 국자감國子監은 직제職制와 관부官府의 성격이 이들 3감監과는 구별되었기 때문에 독립된 것으로 인식되었던 것으로 보인다.

개정전시과는 구체적인 시감寺監의 직제를 명시하지 않은 제경諸卿(散卿 7科)·제감諸監(散監 7科)의 형태로 제소경諸少卿(8科)·제소감諸少監(8科), 시승寺丞(11科)·감승監丞(11科), 시주부寺注簿(13科)·감주부監注簿(13科), 제국봉어諸局奉御(10科), 육국직장六局直長(12科)과 같이 일괄적으로 규정하고 있다. 이러한 지급규정支給規定은 직제의 정비에 따른 후속조처로 성종 14년 관제정비가 광범위하게 이루어졌음을 알려준다.

개정전시과의 내용 가운데 주목되는 사항은 동궁관東宮官이다. 동궁관은 백관지百官志에는 현종 13년에 처음 나타나 문종 22년에 완성되는 것으로 기술되어 있다. 하지만 개정전시과의 4과에 치사태자태보致仕太子太保, 7과에 태자빈객太子賓客·태자첨사太子詹事, 8과에 산태자서자散太子庶子, 10과에 산태자유덕散太子諭德·산태자가령散太子家令·산태자솔경령散太子率更令·산태자복散太子僕, 11과에 태자중윤太子中允·중사인中舍人, 12과에 태자세마太子洗馬, 13과에 산약장랑散藥藏郞·산궁문랑散宮門郞, 14과에 태자감승太子監丞 등이 나타난다.

동궁관東宮官은 성종이 경종景宗의 아들 왕송王誦을 개령군開寧君으로 책봉하면서 설치되어 성종 14년에 정비된 것으로 보인다. 성종은 최승로 사후 집권체제를 강화하는 정책을 펼치며 왕권강화王權强化의 필수불가결한 요소인 후계문제를 경종의 아들인 왕송王誦으로 정하는 것으로 해결하려 했던 것으로 보인다.

하지만 고려의 동궁관東宮官은 당제唐制의 10관부官府 가운데 7개의 관부에 걸쳐있으나 태자빈객太子賓客(7科)·태자첨사太子詹事(7科)·태자중윤太子中允(11科)·중사인中舍人(11科)·태자세마太子洗馬(12科)·태자감승太子監丞(14科)의 7개의 관직만이 실직實職이고 치사태자태보致仕太子太保(4科)·산태자서자散太子庶子(8科)·산태자유덕散太子諭德(10科)·산태자가령散太子家令(10科)·산태자솔경령散太子率更令(10科)·산태자복散太子僕(10科)·산약장랑散藥藏郎(13科)·산궁문랑散宮門郎(13科)의 8개의 관직은 산직散職이다. 실직實職도 본관本官과 태자첨사부太子詹事府·태자춘방太子春坊에 한정되어 있다. 이는 태자太子가 직접 부府를 이끄는 구조가 아니라 태자의 교육을 위한 관부였던 것으로 보인다. 실직보다 산직散職이 많은 이유는 산직散職이 훈직勳職의 성격을 갖기 때문으로 보인다.[274] 이러한 사실은 성종이 실질적인 동궁관東宮官의 설치를 원했던 것이 아니라 이를 명분으로 삼았기 위한 목적이었음을 보여준다.

성종 14년의 관제개혁은 거란과의 전쟁 이후 송宋과의 관계가 단절된 상황에서 이루어졌다. 앞서 검토한 관부官府는 대체로 당대唐代 3성6부제를 기본 골격으로 하고 있다. 하지만 주목해야 할 점은 당제唐制가 원형 그대로 적용된 예는 거의 없다고 보아도 좋을 정도로 고려의 3성6부제는 고려의 실정에 맞게 변형되어 소화 흡수되고 있다는 것이다. 이는 고려관제의 출발점이 신라·태봉으로 이어지는 고유의 관제인 태조 원년의 12관부에서 비롯되었기 때문이다. 즉 성종대 형성된 3성6부제는 고려의 고유의 관제를 바탕으로 전형적인 당제를 적용하여 명칭으로는 당제와 유사하지만 그 내용이나 성격에서는 상당한 차이가 나타나고 있다.

한편으로 성종 14년 관제개혁의 특징 가운데 하나는 3성6부제의 틀을 벗어나는 당말오대唐末五代에 제도화된 관제의 영향을 받고 있다는 것

---

274) 朴龍雲, 1996,「高麗時代의 官職과 官階」『高麗時代 官職·官階硏究』, 高麗大出版部, 31쪽.

이다. 이 역시도 고려적인 변형이 가해졌음은 물론이다. 이러한 관제가
도입된 것은 당말오대唐末五代 시기에 고려는 다각적인 외교노선을 추구
하여 이를 통해 다양한 제도를 수용했기 때문일 것이다.

　오대五代에서 시작되어 송대宋代 구축된 '내직內職'인 추밀원樞密院·선
휘원宣徽院·삼사사三司使·학사직學士職은 성종 14년의 개혁을 통해 고려
의 관직체계의 일부로 흡수되었다. 이러한 '내직內職'은 오대五代의 혼란
기에 효율적인 직제職制의 운영을 위해 번다한 제도를 통폐합하여 임시
로 사용했던 것에서 유래한다. 즉 오대五代와 북송北宋의 내직內職은 국왕
國王과 관련된 기능을 통폐합한 기구라는 의미로 사용되었다. 추밀원樞密
院은 왕명출납王命出納과 군기軍機와 관련된 업무를 총괄하여 관장했고,
선휘원宣徽院은 국왕의 통치행위와 관련된 의례儀禮인 조회朝會·교사郊
祀·향연饗宴·의장儀仗 등의 업무를 검교직檢校職 혹은 추밀원樞密院 등의
관리가 맡아 관리했다. 또한 학사직學士職은 여러 부서로 나누어져 있던
국왕의 고문직顧問職을 통폐합한 것이다.

　여기서 성종 14년의 관제개혁과 관련된 것은 중추원中樞院과 선휘원宣
徽院이다. 우선 중추원中樞院에 대해 검토해보면, 중추원中樞院은 성종 10
년 송宋에 사신으로 파견되었던 한언공韓彦恭의 주장으로 설치되었다.[275]
처음의 기능은 한언공이 말처럼 '직숙원리지직直宿員吏之職'에 불과했던
것으로 보인다. 이는 개정전시과改定田柴科에 중추원사中樞院使나 부사副使
는 제외되어 있고 중추별가中樞別駕(16科)만 나타난다. 하지만 성종 12년
거란과의 전쟁을 수행하러 갈 때 전선傳宣한 중추부사中樞副使 급사중給事
中 최숙崔肅이나,[276] 성종 14년 거란에 청혼請婚한 좌승선左承宣 조지린趙
之遴의 사례로[277] 보아 성종대에 직제의 상당부분이 이루어졌던 것으로

---

275)『高麗史』卷76, 百官1 密直司.
276)『朝鮮金石總覽』上, 玄化寺碑 242쪽. "成宗大王 親領雄師 出摧巨敵 未行之
　　前 先差中樞副使·給事中 崔肅 傳宣"
277)『高麗史』卷3, 世家3 成宗 14년. "遣左承宣趙之遴 如契丹 請婚 以東京留守·

보인다.

　고려의 선휘원宣徽院은 개정전시과改定田柴科에 선휘제사판사宣徽諸使判事(9科)·선휘제사사宣徽諸使(11科)·선휘제사부사宣徽諸使副使(13科)·선휘제사판관宣徽諸使判官(16科)·선휘별가宣徽別駕(16科)로 나타난다. 앞서 검토했듯이 송宋의 선휘원宣徽院 직장職掌은 궁정의 내제사內諸司를 총괄하고, 연회宴會·내외內外의 진봉물進奉物 등을 담당한 것이었다.『고려사』백관지에는 나타나지 않기 때문에 그 직장職掌의 구체적인 사항을 알 수 없다.

　북송北宋·거란契丹·고려高麗의 선휘원宣徽院 직제職制를 비교하면 <표 4>와 같다.

〈표 4〉북송·거란·고려의 선휘원직제[278]

北宋		契丹		高麗
宣徽南院使 副使	宣徽北院使 副使	宣徽北院 北院宣徽使. 知北院宣徽事. 北院宣徽副使. 同知北院宣徽事	宣徽南院 南院宣徽使. 知南院宣徽事. 南院宣徽副使. 同知南院宣徽事	宣徽諸使 宣徽判事 宣徽諸使使 散宣徽諸使使 宣徽諸使副使 散宣徽諸使副使 宣徽諸使判官
吏屬	都勾押官 勾押官 前行 後行			宣徽別駕

　고려의 선휘원의 직제는 북송관제北宋官制의 선휘원과는 다른 구조임을 할 수 있다. 반면 고려의 선휘원宣徽院은 거란契丹에서 회동會同 원년(938) 제정된 선휘사宣徽使·지선휘원사知宣徽院事·선휘부사宣徽副使·동지선

　　駙馬蕭恒德女　許嫁"
278)『宋史』卷162, 職官2 宣徽院 ;『遼史』卷47 百官3 宣徽院 ;『高麗史』卷78 食貨1 穆宗 元年 改定田柴科.

휘사사同知宣徽使事·동지선위원사同知宣徽院事의 직제와 유사하다.[279] 당시 거란과의 관계를 고려하면 거란의 직제職制에서 일부 영향을 받은 것으로 보인다. 하지만 고려의 선휘원宣徽院은 판사判事·사使·부사副使·판관判官·별가別駕로 구성되어 있고, 선휘宣徽 '제사諸使'라는 표현처럼 다수의 속사屬司를 포함한 구조로 고려만의 독특한 구조였던 것으로 파악된다.[280]

고려의 선휘원宣徽院은 목종대穆宗代 전시과田柴科의 지급 규정에서 상당한 비중으로 다뤄지고 있다.[281] 선휘제사宣徽諸使는 제9과로 전田 60결結과 시柴 33결結을 받는 종5품에 상당하는 것으로 되어 있다. 덕종 2년(1033)의 피마식避馬式에서도 급사중승給舍中丞과 대장군大將軍과 같이 재신宰臣·참지정사參知政事·정당문학政堂文學·좌우복야左右僕射 등 문반文班 4품 이상에 대해 '마상지읍馬上祗揖'만 하면 되는 5품관品官이었다.[282] 아울러 선휘제사宣徽諸使와 같이 제9과로 분류된 선휘판사宣徽判事도 같은 대우를 받았을 것이다.

피마식避馬式에 보이는 남반선휘사南班宣徽使의 명칭을 남반南班인 선휘사宣徽使라는 것으로 이해하는 데는 무리가 따른다. 고려사회에서 남

---

279) 『遼史』卷47, 百官3. "南面朝官 宣徽院 太宗會同元年置 宣徽使 知宣徽院事 馬得臣 統和初知宣徽院事 宣徽副使 同知宣徽使事 同知宣徽院事"

280) 宣徽院의 구조가 가장 방대했던 시기는 이후 金代로 그 屬司로 拱衛直使司·客省·引進司·閤門·尙衣局·儀鸞局·尙食局·尙藥院·太醫院·御藥院·敎坊·內藏庫·頭面庫·段匹庫·金銀庫·雜物庫·宮闈局·內侍局·典衛司·孝靖宮·懿安家·宮苑司·尙醞署·典客署·侍儀司(『金史』卷56, 百官2 宣徽院條) 등이 파악된다.

281) 『高麗史』卷78, 食貨1 田制. "田柴科 穆宗元年 十二月 改定文武兩班 及軍人 田柴科"

282) 『高麗史』卷84, 刑法1 公式. "避馬式 德宗二年十二月判 政要曰 三品以上六尙書九卿遇親王不合下馬親王班皆次三公下 諸王立一品文班從三品以上與武班上將軍以上馬上祗揖文班四品以下武班大將軍以下馬迴避 於宰臣叅知政事政堂文學左右僕射文班四品以上及給舍中丞武班大將軍南班宣徽使馬上祗揖文班五品以下及武班諸衛將軍南班引進使文班四品慢路少卿少監國子司業下馬迴避"

반南班의 직職이 5품에 해당한다는 점과, 이들이 무반武班 대장군大將軍과
같은 동렬同列에 위치한다는 것은 이해하기 어렵다. 선휘사宣徽使는 개정
전시과에 선휘제사宣徽諸使라고 표현되어 있다. 선휘사宣徽使가 남원南院
과 북원北院으로 나누어진 송제宋制는 물론 거란契丹의 제도에서도 같은
양상으로 나타나기 때문에283) 선휘남원사宣徽南院使와 선휘북원사宣徽北
院使를 표현한 것으로 보인다. 즉 선휘제사宣徽諸使는 남반선휘사南班宣徽
使와 북반선휘사北班宣徽使로 구성되었고, 그 명칭은 남북원南北院으로 약
칭되었을 것으로 이해할 수 있다.284) 실제로 선휘원宣徽院의 관리가 임명
된 사례는 목종말穆宗末에 대량군大良君 순詢(현종)을 후사로 맞아들이는
사신으로 선정된 황보유의皇甫兪義의 직함이 선휘판관宣徽判官이었다. 황
보유의의 아버지와 조부祖父는 모두 국가에 공훈을 세웠던 인물이었다.
이 때문에 음서蔭敍를 통해 품관品官으로 입사入仕한 것은 분명하다. 따라
서 선휘판관宣徽判官은 남반직南班職으로 보는 것은 곤란할 것이다.

성종 14년의 관제개혁에서 북송北宋의 관제와 오대五代의 관제가 같이
나타나는 특색 있는 관서官署가 액정국掖庭局이다. 액정국은 『고려사』 백
관지에 국초國初의 액정원掖庭院을 액정국掖庭局으로 고쳤다는 내용만 전
하고 문종대文宗代 관제가 제정된 것으로 나온다.285) 하지만 개정전시과

---

283) 邊太燮은 宣徽院을 '安徽院'으로 기술하고, 南北院은 安徽院을 채용한 것으로
   보았다. 그 근거로 宋에서 安徽院이 南北 2院으로 갈라져 있었음을 제시했다.
   (邊太燮, 1993, 「중앙의 통치기구」 『한국사』 13) 南北院이 宣徽院인 점은 동의
   하지만, 그 직제는 <표 4>와 같이 거란의 제도와 더 유사한 것을 알 수 있다.
   하지만 宣徽院의 연원이 五代이기 때문에 고려에서 거란의 제도를 수용했다기
   보다는 五代의 제도를 수용하여 독자적으로 정착시킨 것으로 보는 것이 타당할
   것이다.
284) 『高麗史』 卷74, 百官1 密直司. "顯宗初即位 罷中樞院及銀臺·南北院 置中臺
   省以掌三官機務 有使副使直中臺兼直中臺" 中臺省의 설치과정에서 三官은
   中樞院·銀臺·南北院인데, 南北院은 宣徽院을 지칭하는 것으로 볼 수 있다.
285) 『高麗史』 卷77, 百官2 掖庭局. "國初 稱掖庭院 成宗十四年 改掖庭局 文宗定
   官制 內謁者監一人 正六品 內侍伯一人 正七品 內謁者 從八品 監作一人·書

에 문종대 제정된 관제와 거의 유사한 형태가 나타난다.

액정국에 구체적으로 어떠한 것을 관장하는 관서라는 것에 대해 밝혀지지 않았다. 이러한 의문을 풀기 위해 액정국의 연원을 찾아보자. 당제唐制에서 액정국掖庭局은 궁인명부宮人名簿의 관리와 여공女工을 관장하는 것을 임무로 하는 관서였다. 주임무는 죄를 지어 배몰配沒된 여자(婦人)로서 바느질에 능한 사람을 예속시켜 국가에서 필요로 하는 의복의 제작을 관리하는 부서였다.[286] 고려 액정국의 직제는 개정전시과改定田柴科의 내알자감內謁者監(12科), 내시백內侍伯(13科), 내알자內謁者(14科)로 나타난다. 하지만 당제에서 이와 같은 구조가 나타나는 관서는 액정국掖庭局이 아니라 내시성內侍省에 속한 내알자감內謁者監으로 그 직제가 내알자감內謁者監(6人, 正6品下), 내사백內寺伯(2人, 正7品下), 내알자內謁者(12人, 從8品下)로 거의 같은 구조임을 알 수 있다. 당제의 내알자감內謁者監은 내명부內命婦의 명령전달(內宣傳), 조회朝會, 비위非違의 규찰糾察을 담당하는 관서였다.

또한 액정국掖庭局에 포함된 내전숭반內殿崇班(13科), 동서두공봉관東西頭供奉官(14科), 좌우시금左右侍禁(15科), 좌우반전직左右班殿直(15科)이라는 직제職制는 북송초北宋初 건륭이후합반지제建隆以後合班之制로 무신武臣의 최하위직인 삼반차직三班借職에서 삼반봉직三班奉職, 우반전직右班殿直, 좌반전직左班殿直, 우시금右侍禁, 좌시금左侍禁, 서두공봉관西頭供奉官, 동두공봉관東頭供奉官, 내전숭반內殿崇班의 순서으로 진급규정에 나타난 하급무관직下級武官職이다.[287] 그리고 전전승지殿前承旨(16科)는 5대의 후진後晉 때

令史·記官·給使三人 又南班之職 本限七品 職事員 凡三十六人 內殿崇班四人 正七品 東·西頭供奉官各四人 從七品 左·右侍禁各四人 正八品. 左·右班殿直各四人 從八品 殿前承旨八人 正九品 又有殿前副承旨·尙乘內承旨·副內承旨爲 南班初入仕路"

286) 『新唐書』卷47, 百官2 內侍省. "掖庭局 令二人 從七品下 丞三人 從八品下 掌宮人簿帳·女工 凡宮人名籍 司其除附 公桑養蠶 會其課業 供奉物皆取焉 婦人以罪配沒 工縫巧者隸之 無技能者隸司農"

287) 『宋史』卷169, 職官9 武臣三班借職至節度使敍遷之制.

사용되었던 하급무관직이다.[288] 이상과 같이 액정국掖庭局에 포함된 2개의 직제는 내용과 성격이 전혀 다름을 알 수 있다. 또한 내알자감內謁者監은 당唐의 관제官制를 수용했고, 전전승지殿前承旨는 오대五代의 후진後晉에서만 사용되던 직명職名을 도입했고, 북송초北宋初의 하급무관직下級武官職을 수용한 것이다. 이러한 전혀 다른 성격의 관서를 어떻게 한 관서官署에서 포용하여 운영하였는가는 현재로서는 알 수 없다. 하지만 여기서 알 수 있는 것은 고려에서 관제를 도입하고 운영하는 원칙이 당제唐制나 송제宋制라는 전형典型이 아니라 고려사회의 필요에 따라 어떠한 제도라도 수용하고 변형하여 흡수하고 있다는 점이다. 고려의 관제는 당제唐制나 송제宋制의 기준으로 했을 때 이름과 실제가 다른 관제가 많이 보이는데 그 대표적인 예가 액정국일 것이다.

액정국掖庭局과 함께 주목되는 관서官署는 합문閤門(閣門)이다. 합문은 조회朝會와 의례儀禮를 관장하는 관서였다. 『고려사』 백관지百官志에는 성종대 정비된 직제가 합문사閤門使·합문부사閤門副使·합문지후閤門祗候로 나타난다.[289] 개정전시과에는 합문사閤門使(9科)·합문부사閤門副使(10科)·통사사인通事舍人(11科)·합문지후閤門祗候(13科)·합문승지閤門承旨(17科)로 보다 구체적인 사항을 보여주고 있다. 송제宋制에서 동서상합문東西上閤門역시 조회朝會와 의례儀禮를 관장하는 관서였고, 직제에서도 사使·부사副使·선찬사인宣贊舍人·지후祗候로 유사하다.[290] 합문閤門은 원래 편전便殿

---

288) 『舊五代史』 卷149, 職官志 改制 晉天福 5年 4月 丙午條에 殿前承旨에서 殿直으로 직명이 바뀌었음을 보여주는 기사가 있고, 殿直은 北宋初에 內殿直으로 궁전을 호위하는 殿前司의 하위 武臣職이다. 『宋史』 卷166, 職官6 殿前司條. "騎軍有殿前指揮使·內殿直·散員·散指揮·散都頭·散祗候·金鎗班·東西班·散直·釣容直及捧日以下諸軍指揮"

289) 『高麗史』 卷76, 百官1 通禮門. "掌朝會儀禮 穆宗朝 有閤門使·副使·祗候 文宗定 判事秩正 三品 知事兼官 使 正五品 引進使二人 正五品 引進副使 從五品 閤門副使 正六品 通事舍人四人·祗候四人 正七品 權知祗候六人"

290) 『宋史』 卷166, 職官6. "東·西上閤門·東上閤門·西上閤門 使各三人 副使各二

의 앞문의 의미였으나, 당중기唐中期 이후 대표적인 영외관令外官의 하나
인 내시직內侍職이었다.[291] 오대五代를 거쳐 북송北宋에 이르러 동서상합
문東西上閤門으로 정착했다.[292] 이러한 합문閤門은 오대五代·북송北宋의
경우 황제皇帝의 전제권專制權과 관련된 최측근最側近의 내시관료內侍官僚
였다. 고려에서도 이와 유사한 구조로 전제적專制的 왕권王權은 아니지만
왕권의 강화와는 관련이 있는 것으로 이해된다.

개정전시과에는 녹사錄事 이하 이직吏職의 지급규정支給規定 역시 확인된
다. 여기서 녹사錄事·영사令史·서령사書令史로 녹사錄事(16科)·주사主事(16
科), 감사監事(17科)·서사書史(17科)·영사令史(17科)·서령사書令史(17科) 등이 나
타나고, 서령사書令史 이하로 청두廳頭(18科)·통인通引(18科)·직성直省(18科)·
전구관殿驅官(18科)·당인堂引(18科)·추장追仗(18科)·인알引謁(18科) 등의 직제
가 확인된다. 특히 청두廳頭와 통인通引은 송제宋制에도 보이는 하리下吏
의 명칭이다. 전구관殿驅官·당인堂引·추장追仗·인알引謁 등은 중국의 직제
에서 찾아 볼 수 없는 고려의 독자적인 직명임이 확인된다. 이렇듯 이속
吏屬職의 정비에서도 당제唐制·송제宋制 및 고려의 독자적인 것이 혼합
되어있고, 이들 직제는 고려사회에 맞게 정착되었다.

성종 14년의 관제개혁은 성종 원년의 어사도성기구御事都省機構를 보

人 宣贊舍人十人 舊名通事舍人 政和中改 祇候十有二人 掌朝會宴幸·供奉贊
相禮儀之事 使·副承旨稟命 舍人傳宣贊謁 祇候分佐舍人"

[291] 閤門은 『後漢書』 卷42, 列傳2 彭寵傳 "… 明且 閤門不開 官屬踰牆而入見
…"처럼 便殿의 門이었다. 唐高宗 이후 皇帝의 紫宸殿에서 홀수날(單日) 조회
를 여는 것을 '上閤'이라 불렀고, 이 때 仗衛가 宣政殿(正衙)의 東·西門을 통
해 紫宸殿으로 들어오는데, 이를 '東西上閤門'이라 불렀다. 본래는 朝會의 儀
禮의 하나를 지칭했으나, 唐中期 이후 閤門은 朝會를 담당하는 官署로 바뀌었
고, 그 職은 宦官이 담당했다(『資治通鑑』 卷250, 唐紀66 懿宗上 咸通 4년 8
월. "唐中世 置閤門使 以宦者爲之 掌供奉·朝會·贊引親王宰相百官蕃客朝見
辭唐初中書通事舍人之職也").

[292] 『宋史』 卷166, 職官6 東·西上閤門. "東上閤門·西上閤門 使各三人 副使各二
人 宣贊舍人十人 舊名通事舍人 政和中改 祇候十有二人"

완하는 한편, 중앙의 각종 관부官府를 재편하거나 새로 설치하여 중앙관제의 체제를 변화시켰다. 성종 원년의 관제가 3역대 중국의 외피를 씌운 원형에 가까운 3성6부제인데 반해, 14년의 관제는 외형이 당의 3성6부제에와 보다 흡사해졌지만 내용상으로는 고려의 실정에 맞추어 변형된 3성6부제였다. 또한 원년의 관제는 당육전唐六典의 필요부분을 제한적으로 수용한데 반해, 14년의 관제는 당唐의 역대歷代 관제는 물론이고 북송·오대·거란의 관제까지 선택적으로 수용하여 융합시켰다.

성종 14년 당시 고려는 북송과의 외교를 단절하고 거란에 대해 공세적인 외교를 펼치고 있었다. 이러한 상황에서 북송의 관제를 도입한 것은 이전까지의 적극적인 대송외교對宋外交의 결과 북송의 사회와 관제에 대해 상당한 이해를 가졌음을 의미한다. 또한 고려는 정치적 이해관계와는 별도로 철저히 실용적인 태도로 고려사회에 적합한 제도를 찾았기 때문에 북송北宋의 관제를 비롯하여 거란契丹의 관제까지도 그 일부를 수용한 것으로 보인다.

이념적으로 원년의 관제가 관념적인 '삼대의 치三代之治'가 이상理想이었다면, 14년의 관제는 '정관의 치貞觀之治'와 '개원의 치開元之治'라는 실제의 정치政治가 이상理想이었다. 이 점은 고려사회가 오대십국五代十國의 개별적인 국가들과 가졌던 오랜 대외교류의 경험을 통해 체제體制와 이념理念의 수용에 대해 보다 유연하고 실용적인 태도를 취할 수 있었던 점과 상통한다.

성종 원년에 도입된 3성6부제는 집권체제執權體制 내부에서 삼성三省의 위상과 운영방식을 놓고 상당한 진통을 겪으면서 고려에 적합한 구조로 형성되었다. 그 결과 당唐·오대五代·거란契丹의 삼성三省은 모두 중서성中書省 중심으로 중서령中書令이 수상首相이 되는 구조로 운영되었던데 반해 고려의 삼성三省은 내사문하성內史門下省으로 통합되어 문하시중門下侍中이 수상首相인 구조로 운영되었다. 고려의 내사문하성內史門下省과 같

이 양성兩省이 통합적으로 운영되는 구조는 중당시기中唐時期 이래 오대
五代·거란契丹 등에서 일반적으로 운영되는 방식이다. 단지 북송의 중서
문하中書門下는 삼성三省과는 별도로 독립된 구조였다. 성종 원년의 내사
문하성門下省은 형식적으로 내사성內史省과 문하성門下省이 독립된 것이었
으나 실제에서는 통합되었고, 또한 상서판사尙書判事를 재상宰相이 맡음
으로써 결국 고려의 삼성三省은 서로 융합된 단일한 기구로 정착된 것으
로 판단된다.

3. 성종대 3성6부제의 성격

당 현종玄宗 개원 26년(738)에 완성된『당육전』은 당대唐代 행정체계를
총체적으로 살펴볼 수 있는 유일한 행정법전으로 후대 동아시아 여러 나
라의 국가 법전체제의 모범이었다.293) 그 기본 골격은 오대五代·송宋·원
元·명明·청淸으로 이어졌다.『당육전』은 명대明代에 이르러 변화된 사회
에 맞추어 새롭게 개편된『대명회전大明會典』으로 다시 나타났고, 청대淸
代에 이를 계승한『대청회전大淸會典』으로 이어졌다. 이는 조선朝鮮의『경
국대전經國大典』의 원형이다.

성종대 성립된 중앙관제는『고려사』백관지 서문에 '기본골격이 당제
를 모방하였다[略倣唐制]'라고 표현한 것과 같이 당제와 기본 골격이 유사
하다. 하지만 태조 때의 중앙관제와 광종대 개혁 때 이루어진 10성4부는
중국관제와는 다른 형태의 구조였다.

고려의 중앙관제는 성종대에 이르러 당제를 도입하여 3성6부제를 골
격으로 한 구조로 탈바꿈한다. 성종대 중앙관제의 개혁은 기존의 관료사
회를 근본적으로 뒤바꾸는 혁명적인 변화였지만 별다른 반발 없이 수용

---

293)『新唐書』卷58, 藝文2 職官類.

되었다. 이러한 개혁이 수용된 것은 후삼국통일 이후 변화된 사회의 요구가 반영된 것으로 오랜 기간동안의 준비과정을 통해 이루어진 결과물이기 때문이다.

고려에서 광종대 성립된 과거제는 관제의 운영을 위한 기본적인 토대가 되었다. 이는 후주인 쌍기의 건의로 시행된 것으로 후주의 관제가 도입되었음을 알려준다.[294] 당시 후주에서 송으로 이어지는 중앙관제는 당제와는 성격이 다른 제도가 되어 있었지만 신진 관료를 선발하는 과거제는 커다란 변화 없이 지속적으로 이어진 제도였다.

성종대 도입한 3성6부제는 당나라 말기의 변형된 영외관체제令外官體制의 관제가 아니라 당나라 초기인 현종대玄宗代 완성한 『당육전』을 기본골격으로 한 것으로 파악된다. 하지만 『당육전』은 율령과 같이 반포되어 시행된 문서가 아니라 중국 황실의 서고에 비치되어 전장典章과 율령 편찬에 주요 참고 자료로 사용되던 문서였던 것으로 보인다.[295] 그렇

---

294) 과거제의 시행은 단순히 관원 혹은 예비관원의 선발만을 의미하지는 않는다. 과거제는 선발하려는 관원을 필요로 하는 관부와 그 정원이 선발 이전에 정해져야 있어야 한다. 따라서 관제의 운영 방식 내지 관부 자체의 정비를 전제로 한다. 과거제가 후주인 쌍기에 의해 시행되었기 때문에 과거제 이전의 관제정비에 어떠한 형식인지는 알 수 없지만 後周에서 통용된 관제가 도입되었음은 분명해 보인다. 이러한 정비에 대한 단서는 10성4부제를 통해 알 수 있다. 하지만 어떠한 편제로 어떠한 職掌을 가졌는지에 대해서는 향후 보다 진전된 연구가 있어야 할 것이다.

295) 內藤乾吉는 『開元禮』의 기사에 『당육전』이 반포되어 시행되지 않았다 기사와 『職源撮要』 등에 당육전을 참조했다는 사례를 들어 『당육전』이 완성된 후 배포된 것이 아니라는 점을 논증하였다(內藤乾吉, 1936, 「唐六典の行用に就いて」 『東方學報』 7 ; 1963, 『中國法制史考證』, 有斐閣, 재수록). 嚴耕望은 『당육전』이 당대에 行用되지 않았을 뿐만 아니라 開元시대의 실행된 제도가 아니라는 점을 밝혔다(嚴耕望, 1991, 「略論唐六典之性質與施行問題」 『嚴耕望史學論文選集』, 聯經出版事業公司, 臺灣). 『당육전』은 왕실 서고에 보존되다가 北宋 神宗 元豊 3년(1080)에 이르러서야 최초로 판각된 이후 典章制度의 전형으로서 자리잡았다.

다면 고려가 참고한 문서는 어떤 것이 있었을까? 당나라 제도의 구성과 조직편성을 상세하게 규정한 핵심적인 법전자료는 당령唐令과 『통전通典』, 『당회요唐會要』 정도이다. 당령은 국가의 주요 문서로서 지방관이 지참한 법전이다. 당말 오대의 혼란기에 당령이 국외로 유출될 가능성은 완전히 배제할 수는 없지만 그 가능성은 낮아 보인다. 『당회요』는 성종 즉위년인 981년에 북송에서 완성된 국가 기밀에 속하는 정서政書로 고려에 도입될 수는 없었다. 현실적으로『당육전』을 대체할 수 있는 문헌은『통전』밖에 없다.『통전』은 당 천보 연간(742~756)에 두우杜佑가 편찬한 중국 역대 전장제도의 대표적인 서적이다. 사찬문서私撰文書이지만 완성된 이후에도 여러 사람에 의해 증보되어『당육전』과『개원례開元禮』까지 포함한 고대 중국관제의 결정판이라 불리는 관제의 백과사전이다. 또한『통전』은 당말오대시기에 이르면 필사본 형태로 전파되었고, 송나라 초부터 청대까지 간행되어 동아시아사회에 널리 전파되었다. 고려의 관제에서 중국 역대 관제의 명칭이 두루 사용된 것이 보이는데, 이는『통전』을 그 기본 텍스트로 했기 때문으로 파악된다.[296]

그러나 이 문헌만으로 제도를 구성한다는 것은 현실적으로 불가능하다. 더욱이 3성·6부·9시·5감을 근간으로 당제는 대단히 복잡하고 치밀한 구조를 가진 이상적 법제였지만 현실이 반영된 제도는 아니었다. 이 때문에 이를 도입하는 쪽에서 현실에 구현하기 위해서는 실제의 운영 모델을 필요로 했다. 고려는 3성6부제를 구현하기 위해 당시 이러한 3성6부제가 가장 유사하게 시행된 나라를 비교 모델로 삼았을 것으로 보인다.

---

296) 대표적인 사례로 성종 2년에 처음으로 3성6주제가 시행될 때, 尙書吏部를 選官 御事라 불렀다. 고려의 選官이라는 명칭은『周禮』의 天官에서 '官'과 後漢의 靈帝 때 처음 보이는 選部의 '選'字를 채용한 것으로 보인다. 戶部에 해당하는 '民官'은 漢 武帝 때 '民曹', 唐 高宗의 '民部' 등에서 '民'字를 채용한 것으로 보이는데, 이들 명칭은 성종이 교서에서 밝힌 '周漢之儀'를 '考厥典常'하였다는 것과 부합한다. 당시 이러한 내용이 정리된 자료는『通典』이 유일했다.

중국에서 국가를 건국할 때, 국체國體의 모델을 국명으로 그대로 따르는 경우가 많다. 당제국唐帝國 멸망 이후 오대십국시기에 존재한 '당唐'나라는 2개였다. 이는 오대의 후당後唐과 십국의 남당南唐이었다. 후당과 남당 모두는 당唐의 부활을 명분으로 '당唐'이라는 국명을 내세웠다.[297) 하지만 후당이 황제독제체제를 강화한데 비해 남당은 당나라 초기의 관제를 복구하는 정책을 시행하였다.[298)

남당이 도입한 3성6부제도는 그 전모를 알 수 없지만 『십국춘추』의 백관표 등을 통해 그 구성과 기본 골격을 살펴볼 수 있다. 3성6부제는 상서성·문하성·중서성의 3성, 이부·예부·병부·호부·형부·공부의 6부, 태상시·광록시·위위시·종정시·태복시·대리시·사농시·태부시의 9시, 국자감·소부감·장작감·군기감·도수감의 5감의 중앙관부를 기본 골격으로 한 정무기구를 말한다. 여기에 삼사·삼공, 비서성·전중성·내시성의 내삼성內三省과 감찰기구인 어사대 등이 부가된다.

<표 5>는 『당육전』과 남당관제, 그리고 성종대관제를 비교한 것이다. 남당의 관제는 『당육전』의 구성인 3성·6부·9시·5감과 삼사·삼공, 내삼성, 어사대御史臺 등의 구성을 따르고 있고, 성종대 관제 역시 그러하다.

---

297) 五代의 後唐(923~936)은 唐帝國을 이은 後梁 멸망 후 唐나라를 계승한다는 명분으로 돌궐계의 李存勖이 唐이라는 국명으로 세운 나라이다. 후당은 明宗 때 三司使와 侍衛親軍 등 唐末 이후 절도사체제를 강화한 皇帝獨裁體制라는 새로운 형태의 관제개혁을 실시하였다. 이러한 관제는 五代를 거쳐 宋代 官制의 근간이 되었다. 후당의 관제는 六典制의 틀을 形骸化시킨 체제를 구축하여 고려 성종대 관제의 기본골격과는 상당한 거리가 있다.

298) 남당은 건국직후부터 양자강 하구의 吳越의 일부를 제외하고 양자강 중하류의 전역에서 淮水 이남의 대운하를 아우르는 五代十國 최고의 강국이었다. 따라서 경제적 안정을 바탕으로 3성6부제를 도입할 수 있었다.

〈표 5〉 당육전·남당관제·성종관제 비교표

	唐六典	南唐	成宗官制
三師· 三公	太師 太傅 太保 太尉 司徒 司空	太師 太傅 太保 太尉 司徒 司空 大司徒 左丞相 平章事	太師 太傅 太保 太尉 司徒 司空
中書省	中書令 中書侍郎 右散騎常侍 右補闕 右拾遺 中書舍人 起居舍人 通事舍人 集賢殿書院學士 直學士 侍講學士 修撰官 校理官 史館 史官	中書令 侍郎 右散騎常侍 右諫議大夫 右補闕 右拾遺 中書舍人 起居舍人 通事舍人 集賢殿學士 直學士 侍讀學士 侍講 學士 校理 史館修撰	內史令 內史侍郎平章事 內史舍人
門下省	侍中 黃門侍郎 給事中 左散騎常侍 諫議大夫 左補闕 左拾遺 起居郎 弘文館學 校書郎	侍中 侍郎 給事中 左散騎常侍 左諫議大夫 左補闕 左拾遺 起居郎 弘文館 校書郎	門下侍中 門下侍郎平章事
尙書都省	**尙書都省** 尙書令 左丞相 右丞相 左丞 右丞 左司郎中 員外郎 右司郎中 員外郎	 尙書令 參判尙書都省 知尙書都省事 判尙書二省 左僕射 右僕射 左丞 右丞 左司郎中 員外郎 右司郎中 員外郎	御事都省/尙書都省 (尙書都省事) (知都省事)

尙書6部	**吏部尙書** 侍郞 郞中 員外郞 司封郞中 員外郞 司勳郞中 員外郞 考功郞中 員外郞 **戶部尙書** 侍郞 郞中 員外郞 度支郞中 員外郞 金部郞中 員外郞 倉部郞中 員外郞 **禮部尙書** 侍郞 郞中 員外郞 祠部郞中 員外郞 膳部郞中 員外郞 主客郞中 員外郞 **兵部尙書** 侍郞 郞中 員外郞 職方郞中 員外郞 駕部郞中 員外郞 庫部郞中 員外郞 **刑部尙書** 侍郞 郞中 員外郞 都官郞中 員外郞 比部郞中 員外郞 司門郞中 員外郞 **工部尙書** 侍郞 郞中 員外郞 屯田郞中 員外郞 虞部郞中 員外郞 水部郞中 員外郞	**吏部尙書** 侍郞 郞中 員外郞 司封郞中 員外郞 司勳郞中 員外郞 考功郞中 員外郞 **戶部尙書** 侍郞 郞中 員外郞 度支郞中 員外郞 金部郞中 員外郞 倉部郞中 員外郞 **禮部尙書** 侍郞 郞中 員外郞 祠部郞中 員外郞 膳部郞中 員外郞 主客郞中 員外郞 **兵部尙書** 侍郞 郞中 員外郞 職方郞中 員外郞 駕部郞中 員外郞 庫部郞中 員外郞 **刑部尙書** 侍郞 郞中 員外郞 都官郞中 員外郞 比部郞中 員外郞 司門郞中 員外郞 **工部尙書** 侍郞 郞中 員外郞 屯田郞中 員外郞 虞部郞中 員外郞 水部郞中 員外郞	①選官御事/**尙書吏部** 侍郞 郞中 員外郞 /尙書考功 ③民官御事/**尙書戶部** 侍郞 郞中 員外郞 司度/尙書度支 金曹/尙書金部 倉曹/尙書庫部 ⑤禮官御事/**尙書禮部** 侍郞 郞中 員外郞 祠曹/尙書祠部 ②兵官御事/**尙書兵部** 侍郞 郞中 員外郞 庫曹/尙書庫部 ④刑官御事/**尙書刑部** 侍郞 郞中 員外郞 都官郞中 員外郞 ⑥工官御事/**尙書工部** 侍郞 郞中 員外郞 虞曹/尙書虞部 水曹/尙書水部
內三省	**秘書省** 監 少監 丞 秘書郞 校書郞 正字 著作局 著作郞 著作佐郞 太史局 令 丞 **殿中省**	**秘書省** 監 少監 丞 秘書郞 校 書郞 正字 著作局郞 著作佐郞 司天臺 監 少監 **殿中省**	(內書省)/**秘書省** 監 少監 丞 秘書郞 校書 郞 正字 <太卜監·太史局> <監 少監·令 丞>

	監 少監 丞 主事	監 少監	
	內侍省	**內侍省**	
	內侍 內常侍 內給事	監	
御史臺	**御史臺**	**御史臺**	(司憲臺)/**御史臺**
	大夫	御史大夫	大夫
	中丞	中丞	中丞
	侍御史	侍御史	侍御史
	殿中侍御史	殿中侍御史	殿中侍御史
	監察御史	監察御史	監察御史
9寺	**太常寺**	**太常寺**	
	卿 少卿 丞	卿 少卿 丞	
	博士	博士	
	奉禮郎	奉禮郎	
	光祿寺	**光祿寺**	
	卿 少卿 丞	卿 少卿	
	衛尉寺	**衛尉寺**	(司衛寺)/**衛尉寺**
	卿 少卿 丞	卿 少卿 丞	卿 少卿 丞
	宗正寺	**宗正寺**	
	卿 少卿 丞	卿	
	宗正郎	宗正郎	
	太僕寺	**太僕寺**	
	卿 少卿 丞	卿 少卿	
	大理寺	**大理寺**	
	卿 少卿 丞	卿 少卿	
	司直	司直	
	評事	評事	
	鴻臚寺	客省使	
	卿 少卿 丞	引進使	客省
	司農寺	**司農寺**	
	卿 少卿 丞	卿 少卿	
	太府寺		
	卿 少卿 丞	太府卿	
5監	**國子監**	**國子監**	**國子監**
	祭酒 司業 丞	司業	國子司業
	國子·大學·四門博士	博士	國子·大學·四門博士
	小府監	**小府監**	(寶泉/光宗)**小府監**
	監 少監 丞	少監	監 少監 丞

			中樞院
	將作監 大匠 少匠 丞 (軍器監) (監 丞) **都水監** 使者 丞		
令外官		樞密院使 副使 宣徽院使 副使	副使 (宣徽諸使) (副使)

 우선 남당관제와 『당육전』을 비교하면, 남당관제는 기본적으로 『당육전』과 거의 유사한 구조를 갖고 있다. 3성에서 중서성과 문하성·상서도성의 주요 관직은 거의 같으나 『당육전』이 초기의 관제라면 남당의 관제는 당나라 중기의 관제라는 점에서 약간의 차이가 있다.[299] 『당육전』에서 변경된 사항을 찾자면, 9시의 홍려시가 객성사客省使로 바뀐 것과 5감에서 장작감·군기감·도수감이 찾아지지 않는 정도이다.

 하지만 남당의 관제는 당제의 기본 골격을 수용했지만, 『당육전』을 원형대로 채용한 것은 아니었다. 이는 당나라는 중기 이후 당령唐令에 입각하여 제도화된 『당육전』의 틀에서 벗어나 새롭게 생긴 관직인 영외관이 부각되면서 기존의 관직체제가 유명무실해져 갔고, 오대와 송대에 이르면 3성6부제는 기본 골격조차 거의 대부분 사라지고 영외관으로 대체된 상황에서 원형으로 복귀하기는 불가능했기 때문이다. 따라서 남당의 관제는 당나라 멸망 이후 당나라 관제를 가장 원형에 가깝게 복원한 것

299) 『唐六典』에서 門下省의 諫議大夫가 南唐官制에서는 門下省의 左諫議大夫와 中書省의 右諫議大夫로 나누어졌다. 諫議大夫는 唐 德宗 貞元 4년(788)에 左·右로 분리되었고, 右諫議大夫는 中書省의 관직에 포함되었다. 左右丞相은 唐 玄宗의 開元 元年(713)에서 天寶 元年(742) 左右僕射로 변경되기 이전까지 사용된 職名이다.

이었지만, 여기에는 당말의 대표적인 영외관인 추밀원과 선휘원을 비롯하여 상서도성의 참판상서도성參判尙書都省·지상서도성사知尙書都省事·판상서이성判尙書二省 등의 요소도 포함되어 있었다.

남당의 관제는 율령의 제정방식에 입각하여 제정되었다. 즉 남당南唐 승원昇元 6년(942)에 반포된『승원산정조』라는 영令이라는 현대의 헌법에 해당하는 기본법전에 의거하여 제정되었다. 이는 당령唐令 자체가 아니라 당중기의 관제에 따라 기본 골격을 계승하여 수정한 남당의 영令이었다. 당시 당의 멸망 이후 유일한 율령은 남당에서 반포된 사례가 유일하다. 당시 남당에서 반포한 새로운 율령체제는『승원격』과『승원산정조』에 의거한 것이었다.[300] 고려는 성종 즉위 초에 3성6부제를 도입하여 시행하였다. 이는 고려가 당시 유일한 율령체제를 도입하였음을 의미한다고 판단된다.

이러한 기본 법전의 도입은 3성6부제를 이해하고 제도를 새로 만들 수 있는 바탕이 되었던 것으로 보인다. 성종 14년 교서에 제시되어 있는 '금이제관사令以諸官司 사체수준어예전事體雖遵於禮典 … 고궐전상考厥典常' 에 나오는 기본 텍스트인 '전典'은 앞서 언급했듯이『통전』이 분명하다. 그리고 그 시행 모델은 남당의『승원산정조』로 여겨진다. 현재『승원산정조』는 전하지 않아 그 내용은 확인할 수 없다. 하지만 <표 5>에 보이는 것과 같이 당중기의 제도를 모범으로 구성 것으로 보인다.

성종대는 3성·6부·9시·5감과 삼사·삼공, 내삼성, 어사대 등 관부를 기본으로 한 당의 육전제도의 기본 골격을 대부분 갖추었다. 하지만 현존하는 자료만으로 그 완전한 모습을 확인할 수 없다. 백관지를 통해 확인되는 것은 <표 5>의 성종대 관제 정도이다. 그리고 중서성의 관제에 내사령, 내사시랑평장사, 내사사인 정도, 문하성은 문하시중과 문하시랑평장사 정도가 확인될 뿐이다. 목종대에 있었던 좌우산기상시, 좌우간의

---

300) 任爽, 1995,「修正律令」『南唐史』, 東北師範大學出版社, 53～55쪽.

대부 등도 성종대 설치된 것이 분명해 보이는데, 이를 포함하면 그 구조
상으로 『당육전』에서 크게 벗어나지 않는다.

성종대 도입된 3성6부제가 남당관제에 직간접적인 영향을 받았음을
보여주는 사례로 남당에서 홍려시를 변형한 객성사와 고려의 객성은 유
사한 관부로 이해된다. 또한 전시과에서 찾아지는 선휘원과 인진사 등은
남당의 관제에서 찾아진다. 이는 남당의 관제의 영향이 있었음을 알려주
는 것으로 보인다.

이상은 성종대 3성6부제가 시행될 수 있었던 자료적 근거를 남당의
관제와 『통전』과 같은 전장서의 도입이라는 것으로 살펴보았다. 당시의
상황을 알려줄 수 있는 사료가 전무한 상황에서 이러한 도입이 실재했는
가를 증명할 수는 없지만 당시 고려가 멸망한지 80년이나 지난 당나라
의 전장서를 구한다는 것은 현실적으로 어려웠다고 판단된다. 하지만 교
류를 가졌던 남당이 당제를 수정하여 반포한 『승원산정조』라는 전장서
가 있었다. 전장서를 필요로 하는 고려의 입장에서는 당연히 이러한 것
들을 받아들였을 것이다. 이와 관련된 자료가 발견되고 있고 이에 대한
연구가 활발해지고 있어 향후 이에 대한 보다 정치한 연구가 이루어지기
를 기대한다. 또한 고려에서 성종대 3성6부제가 도입되었듯이 거란의 남
면제도와 금의 관제 역시 고려와 유사한 3성6부의 형식 갖는 관제가 출
현하였다. 이는 앞서 고려의 관제와 당제 등 주변 여러 나라들의 관제와
의 비교를 통해 당시 동아시아세계의 중앙관제가 어떠한 양상을 갖는가
에 대해 살펴보았다. 즉 동아시아사회는 새로운 열린 정치적 사회적 지
평에서 공통분모로서 당제唐制로 대표되는 중국식 제도를 채용하였다.
하지만 단순한 모방이나 이식이 아니라 각국의 사정에 맞게 용해시켜 흡
수하고 있음을 확인하였다.

고려 성종대 당제에 입각한 3성6부제를 채용했을 때는 당이 멸망한지
거의 80년이 지났고 북송이 건국한지도 20년이 지난 시점이었다. 당시

북송은 중국 제도사에서 가장 복잡한 관제를 운영한 사회였다. 당대는 12번이 넘는 율령 반포가 있었고, 중앙정치제도의 개편도 30차례 이상이 확인된다. 따라서 일반적인 견해와 같이 「개원 7년령」과 「개원 25년령」이 습합된 『당육전』을 당제의 기준으로 삼았다. 그리고 당제가 도입된 광종대에서 성종대의 연구는 상당히 축적되어 있고, 고려 중앙관제의 독자성 문제는 재론의 여지가 없다. 따라서 본 연구는 대외적인 면에 초점을 맞추어 제도의 도입에 필요한 전장서 가운데 당시 고려가 구할 수 있었던 것이 어떠한 것들이었고, 실제 고려의 외교적 교섭을 통해 이를 어떻게 들여올 수 있었는가 하는 점에 주목하였다.

이 검토는 국초의 독자적인 중앙관제가 성종대에 새로 수용된 중국제도[唐制] 속에 용해되어 흡수된 연유를 밝히기 위해 고려 건국 직후의 12관부가 어떠한 구조였으며, 성종대 3성6부제의 시행 이전까지의 변화과정을 고찰한 것이다. 그 내용을 다음과 같이 정리할 수 있다.

우선, 태조대에 성립된 고려의 중앙정치기구는 건국직후 인사개편에 보이는 12개의 관부 외에도 원봉성·내의성·예부·예빈성 등 최소한 16개 이상의 관부로 구성되어 있었다 것을 밝혔다. 그 기능면에서 광평성·내봉성·내의성 등의 정무기구, 순군부·병부·내군 등의 군사기구, 창부·도항사·물장성·내천부·진각성 등의 재정기구, 의형대·백서성 외에도 예부[春部]·예빈성 등의 외교를 담당하는 기구로 나누어져 있었음을 검토하였다.

다음은 광종대 중앙관제에 대해 검토하였다. 태조대의 관부는 업무의 상당부분이 중복되었던 것으로 보이는데, 이는 후삼국통일 이후 춘부의 업무가 예빈성으로 대체된 사례를 통해 확인된다. 당시 고려사회는 변화된 사회에 맞는 기구의 효율적인 재배치를 필요하였다. 이는 태조대의 16개 이상의 관부가 광종대의 10성4부제로 통폐합된 것을 통해 알 수 있다. 광종이 기존의 관제를 10성4부제로 정비한 것은 당제를 수용하기

위한 사전 조치로 파악된다. 태조대의 광평성·내봉성·내의성이 광종대
에 내의성·내봉성·광평성으로 서열이 변화된 것은 단순히 관부의 서열
변화만을 의미하는 것이 아니라 그 내부의 기능에서도 3성제를 전망하
는 변화가 있었을 것으로 판단된다. 하지만 그 배경에는 과거제를 필두
로 관제개편, 공복의 제정 등이 시행되었기 때문으로 보인다. 이러한 개
혁은 이후 3성6부제를 도입하게 한 기반이 되었다.

그리고 고려가 3성6부제를 시행할 수 있었던 요인을 당말 이후 오대
시기에 성립된 유일한 율령체제인 남당의 『승원산정조』와 『통전』 등의
전장서 도입으로 파악하였다. 이러한 문물의 도입은 광종대 진행된 활발
한 대외교류의 결과였음을 살펴보았다. 성종대 도입된 3성6부제와 남당
관제와의 비교를 통해 홍려시에 해당하는 객성사가 고려의 객성客省으로
도입한 것으로 파악하였다. 또한 전시과에 보이는 선휘원宣徽院과 인진
사引進使 등도 남당의 관제와의 관련이 있음을 검토하였다. 국초의 독자
적인 중앙관제가 성종대에 새로 수용된 중국제도[唐制] 속에 용해되어 흡
수되는 추이를 밝혔다. 현재의 사료적 여건에서 구체적인 이유와 방법을
구명하기는 불가능하지만, 보다 중요한 문제는 이러한 정치제도가 고려
의 역사적 진행과정 속에서 실제적 운영과정을 검토하는 것이다. 고려초
기 정치제도의 구명이 한국 중세사회의 근간을 이룬 고려사회의 운영원
리를 밝히는 주요한 문제이기 때문이다.

결 론

　지금까지 고려 초기에 이루어진 정치제도 정비를 동아시아사회의 보편성과 특수성의 시각으로 검토하였다. 고려 초기 정치제도에 대한 재검토는 새로운 정리된 자료를 바탕으로 이루어졌다. 앞서 검토한 주제는 다음과 같은 문제의식으로 출발하였다.

　우선 제도 운영의 '독자성'에 대한 인식문제이다. 당의 중앙관제는 정책기구와 정무기구를 계서화한 조직이다. 이러한 당제는 이후 역대왕조의 기준으로 주변의 여러 나라에 영향을 끼쳤다. 당제를 도입한 어떤 나라도 중국과는 정치적·사회적·문화적·지리적 환경이 다르기 때문에 중앙관제를 수용할 때도 원형대로 운영할 수는 없다. 또한 수용하는 나라들 역시 그대로 운영하려고도 하지 않았다. 제도는 시행하는 나라마다 운영원리가 다르고, 집권세력 혹은 집권자의 성격에 따라서 시행되는 양상이 달리 나타난다. 전근대의 제도 역시 도입하는 나라마다 그 나라의 역사적·지리적 환경으로 인해 독자적인 모습을 나타난다. 어떠한 제도도 독자적으로 운영되지 않을 수 없다.

　고려의 경우 성종대 3성6부제를 중심으로 한 중앙관제를 도입할 때부터 당의 3성6부제의 기본 골격은 유지하였지만, 명칭이나 조직구성에서 다른 형식으로 수용하였다. 즉 고려의 3성6부제는 고려에 맞는 형식과 운영방식으로 시행되었다. 이러한 것은 고려가 운영한 정치제도의 '특징'이지 '독자성'은 아니라는 것이다. 따라서 그동안 강조되어온 제도의 독자적 운영론은 더 이상 강조할 필요성이 없다는 것이다.

　다음으로 도입導入된 제도의 실체에 대한 문제이다. 고려는 태조 23년 주州와 군郡의 명칭을 중국식 지명으로 바꾸었고, 성종대 3성6부제의 중국식 중앙관제로 개편했다. 이러한 제도의 도입은 당시 중국의 외압에 의한 수용收用이나 이식移植이 아니었다. 태조대의 후진後晉은 후한後漢과 함께 오대의 왕조 가운데 가장 혼란한 시기였고, 성종대는 북송이 979년 태원太原의 북한北漢 정복으로 통일을 완성한 직후로 대내외의 혼란을 수습하기도 힘겨운 시기였다. 후삼국을 통일한 고려는 사회 내부의 필요에 의해 중국식의 지명과 정치제도를 자발적으로 도입했다. 성종대는 건국 후 60여 년 후삼국통일 후 40여 년이 지난 시점이었고, 이러한 때 당제를 수용한 것은 고려사회 내부에서 제도개혁을 위한 사회적인 필요성이 있었기 때문이다.

성종대에 성립된 고려의 3성6부제는 당 멸망 이후 그 어떤 역대왕조의 관제보다 당제의 원형과 가장 유사한 제도이다. 뿐만 아니라 고려가 도입한 관제는 중당시기 이후 변화된 영외관 또한 포함되어 있고, 이후의 정비과정에서 점차 송제의 영향을 받고 있다는 사실이 주목된다. 그런데 여기서 유의하여야 할 점은 고려가 처음에 수용한 중국의 당제는 오대五代시기의 제도와 유사하다는 점이다. 오대시기는 중국 전역에 번진체제에서 독립하여 새로운 왕조를 지향하는 정권들이 난립한 시기이다. 이들 왕조는 군인들이 정권을 쥐었지만, 통치를 위해서는 '사士'계급들을 포섭하여야 했다. 사士계급들은 새로운 형태의 권력구조보다는 이전의 당대唐代 초기의 권력구조를 선호하였다. 사회적 혼란으로 새로운 제도를 만든다는 것은 불가능한 상황에서 '당제唐制로의 복고復古'는 불가피한 상황이었다. 이는 특히 정치제도 부분에서 두드러졌다. 하지만 중당시기 이후 변화된 제도를 200년 이전의 제도로 돌아가 현실에서 적용하는 것은 사실상 불가능했다. 오대시기 각국은 외형적으로 전성기의 당제를 복구하였지만, 실제는 중당시기 이후부터 구축된 영외관令外官의 '사司'체제로 운영되었다. 이러한 경향은 이후 역대왕조에서도 동일한 양상이 보인다.

또한 당제를 비롯한 중국의 고려제도에 어떠한 양상으로 적용되었고, 실제로 어떻게 운영되었는가에 대한 새로운 접근이 필요하다. 불행하게

도 고려 때 제정된 전장서典章書는 하나도 남아있지 않다. 현존하는 자료는 『고려사』 백관지가 유일하다. 백관지에는 중앙관제의 명칭과 수행업무[職掌], 조직의 구성과 정원 등이 기록되어 있지만 체제와 구성에서 많은 문제점이 있다. 백관지는 구성에서도 계서적인 정리가 이루어져 있지 않고, 수행업무에 해당하는 직장職掌이 극도로 간소하거나 내용자체가 없는 경우가 대부분이다. 또한 초기의 기사는 '국초國初'와 같이 모호한 표현이 많고, 편년상의 차이나 조직 구성 등도 실제의 운영된 사례와 차이를 보이기도 한다. 이로 인해 고려정치제도에 대한 연구는 처음부터 당제를 비롯한 중국의 제도와 백관지의 비교 검토를 바탕으로 실제 운영 사례를 통해 중앙관제의 구성과 운영원리를 구명하고자 하였다. 그 결과, 관제의 구성과 운영원리에 대한 기본적인 골격을 갖추었다.

이후 초기 연구의 전제인 당제에 대한 이해가 중국사 연구에서 완전히 바뀌었다. 그 기본적인 이해는 당의 중앙관제를 대표하는 3성6제가 당 현종때 완성되지만, 현종대 안사의 난 이후에 그 원래의 의미를 상실했고, 이후 전혀 다른 제도로 변질되었다는 점이다. 상서성은 시감寺監과 새로 만들어지는 사司로 직무를 이관했고, 중서성과 문하성은 정사당政事堂으로 기능이 통합되었다. 또한 3성6부제의 의미는 3성의 장관을 재상으로 하는 구조이지만, 중서령中書令·시중侍中·상서령尚書令은 명목상의 재상이고 실제의 재상은 평장사平章事·참지정사參知政事 등의 직함을 가진 관인官人이 재상의 기능을 하는 구조로 변질되었다. 즉 중당시기부터 3성6부제는 정치기구로서 조직과 구성은 존재하지만, 실제로는 기능하지 않는 이름뿐인 제도로 이해된다.

당제는 당나라가 존속하는 동안 10여 차례나 바뀔 정도로 끊임없이 지속적으로 변화한 제도를 말한다. 이러한 당제를 주목하는 이유는 당이 멸망한 10세기 이후 동아시아의 보편적 관제의 전형典型으로 자리잡았기 때문이다. 동아시아 사회는 사막·고원·평원·산악지역 등의 다양한 지리적 여건과 한대에서 아열대에 이르는 기후를 비롯한 다양한 자연적 조건을 가지고 있다. 중국 주변의 나라들은 각기 다른 정치·경제·사회·문화를 가지고 있었다. 하지만 중국은 진·한과 수·당의 통일 왕조가 성립되면서 막강한 경제력과 군사력을 보유하는 한편으로 주변의 문물을 수용하여 거대한 문화적 용광로로서 문화적 번성을 이룩하였다. 중국은 이를 바탕으로 스스로가 세계의 중심임을 자부하는 '중화中華'라는 관념의 세계관을 표방하면서 동아시아의 맹주를 자임하게 되었다. 중국은 정치·군사·경제·문화 등 각 방면에서 주변의 나라들에 대한 영향력을 확대하려 하였다. 그 바탕에는 시간[曆]과 공간, 뿐만 아니라 율령律令에 의한 지배질서인 율령체제가 있었다. 이러한 중국식 세계 질서는 전근대 동아시아 세계의 표준으로서 동아시아 각국에 자연스럽게 전파되었다. 주변국들은 중국의 각종문물을 적극적으로 수입했고, 나아가 그 제도와 체제를 수용하여 중국식 제도를 모방하였다.

10세기 초에 결정적인 변화가 일어났다. 중국적 천하天下의 상징으로 여겨졌던 당제국이 멸망한 것이다. 물론 당은 8세기 말부터 혼란에 빠져들어 9세기 내내 국내적인 분열이 지속되고, 이로 인해 대외적 영향력이 축소되었지만 멸망 이전까지 당제국이 가진 관념적 권위는 완전히 사라지지 않았다. 하지만 당의 멸망으로 '중화中華'의 권위를 대표하는 세력이 사라진 상황에서 이를 대체할 권위와 힘을 가진 세력이 존재하지 않았지만, 흥기하는 새로운 세력들은 대부분 자신이 이러한 권위를 계승한다고 표방하였다. 이로 인해 동아시아 세계는 새로운 국변의 변화를 맞는다. 즉 당제국 멸망 이후 일어난 동아시아 각국의 건국세력은 모두 스스로가 새로운 천하의 중심인 천자天子이고, 새로운 건국한 나라를 천자국으로 표방하였다.

당 멸망 이후 화북지역에서 일어난 5대의 왕조는 당의 정당한 계승자임을 자부하였다. 또한 중국 각지의 절도사들이 건국한 10국 역시 계승자임을 표방하였다. 이러한 방식은 중국에서만 일어난 현상이 아니었다. 중국 북방의 거란의 요遼, 위그루의 서하西夏, 여진의 금金, 그리고 남방의 베트남왕조와 동방의 고려 등 10세기 이후 동아시아에서 건국한 나라들은 모두 건국과 함께 스스로 황제임을 자임하고, 연호를 반포하고 조종朝宗의 묘호를 제정했다. 즉 당대唐代에 확립된 '중화'로 대표되는 동아시아적 세계질서는 10세기 이후 중국만이 가진 고유의 관념이나 제도가 아니라 중국적인 세계관을 지향하는 세력이라는 의미로 변화되었다. 이로 인해 중국적 천하관天下觀은 10세기 이후 동아시아 세계 어디에서나 사용되는 보편적인 관념으로 바뀌었다.

10세기 이후 동아시아 사회는 이러한 중국적 천하관의 확산과 함께 이를 뒷받침할 제도적 장치로서 당제를 적극적으로 수용하였다. 동아시아 각국에 수용된 당제는 고정된 하나의 제도를 의미하는 것이 아니라 당제국 내내 수많은 변화를 겪어 5대10국과 송으로 승습承襲되는 당대唐代에 확립된 제도를 포괄한다. 또한 동아시아 각국은 각자의 고유한 제도와 각기 다른 사회적 여건을 가지고 있어 각기 다른 사회적 발전단계와 정치적 상황이 달랐다. 이러한 여건에서 각국이 수용한 제도가 달랐으며 제도에 대한 여건도 다를 수밖에 없었다. 따라서 수용한 나라들 모두는 각자의 현실에서 명분상이건 실제로 적용되었던 간에 자국의 눈높이에 맞추어 각자에 맞는 당제를 수용하였다. 이를 당제의 확산으로 불러도 될 것이다.

10세기 이후 중국 내에서 다양한 변화를 겪었지만, 송나라 신종의 원풍관제로 복구된 사례와 같이 그 이념적 위상을 유지하였다. 그 가운데 정치제도는 시대와 사회적 환경에 맞게 상시적으로 변화한다. 당제는 5대·10국과 송대는 물론 중국 역대왕조 관제의 전형으로 채택되어 각각의 상황에 맞게 변용되었다.

여진과 거란은 앞선 나라를 계승한 것이 아니라 새로 제도를 만들어야 했기 때문에 당시 존재하는 가장 적합한 제도를 수용할 수밖에 없는 상황이었다. 이로 인해 거란은 거란족의 통치에 당말의 관제를 적용하고, 한족의 통치에 3성6부제를 수용하여 운영하였다. 여진은 당제를 수용하여 자신들의 방식으로 재구성한 중앙통치기구를 만들었다. 각기 방식은 다르지만, 당제를 적극적으로 수용한 것은 당제가 권력구조상의 합리적 운영이 가능한 체제를 갖고 있었고, 유교적 통치이념을 가장 적절히 구현한 제도로 별다른 저항 없이 수용이 가능했기 때문이다.

고려초기 중앙관제의 형성에 대해 간단히 요약하면 다음과 같다. 고려 국초의 관제는 기본적으로 골품제를 전제로 하여 형성된 신라관제의 변형이었다. 이러한 관제는 후삼국통일로 기존의 지배질서인 골품제가 해체된 이후 새로운 사회에 걸맞는 관제의 제정이 필요로 하고 있었다. 광종·경종대의 정치적 변동은 국왕과 신료 모두에게 커다란 희생이 됨을 고려사회에 인식시켰다. 즉 성종대 고려에 필요한 제도는 국왕에게 국정주도권을 부여함과 동시에 이를 견제할 수 있어야 하며, 또한 신료들 상호간의 견제가 가능한 관제였다. 고려의 당제 수용은 당나라 초기의 정국과 유사한 상황으로 집단지도체제 형식의 관제운영이 불가피했기 때문이다. 고려는 여타의 동아시아 국가들과 마찬가지로 칭제, 연호의 반포, 조종의 묘호를 사용하였다. 당제는 당이 멸망한 10세기부터 동아시아에 확산되어 동아시아 사회의 공통된 통치이념으로 자리잡았고, 성종대의 관제정비는 이러한 추세 속에서 이루어졌다.

태조대에 성립된 고려의 중앙관제는 건국직후 인사개편에 보이는 12개의 관부 외에도 앞서 언급한 원봉성·내의성·예부·예빈성 등 최소한 16개 이상의 관부로 구성되어 있었던 것으로 보인다. 그 기능면에서 광평성·내봉성·내의성 등의 정무기구, 순군부·병부·내군 등의 군사기구, 창부·도항사·물장성·내천부·진각성 등의 재정기구, 의형대·백서성 등의 기구 외에도 예부[春部]·예빈성 등의 외교를 담당하는 기구 등도 갖추고 있었다. 하지만 이들 관부는 업무의 상당부분이 중복되었던 것으로 이해된다. 이로 인해 통일 이후 춘부의 업무가 예빈성으로 대체된 사례와 같이 기구의 효율적인 재배치가 필요하게 되었다.

광종대의 제도개혁은 과거제의 실시와 공복의 제정으로 대표된다. 광종대 중앙관제 편제 혹은 개편과 관련된 내용은 『해외사정광기』에 나타난 '10성4부'라는 기술이 유일하다. 이외의 사례와 기록은 아직까지 발견되지 않고 있다. 이러한 10성4부는 남당의 사신 장료가 광종 12년 무렵에 고려에서 본 고려의 중앙관제를 말한다. 그 구조는 기존의 조직을 개편하여 내의성·내봉성·광평성·진각성·보천·예빈성·내서성·원봉성·의형대·도항사 등 10개의 성省과 군부·병부·장위부·창부 등 4개의 부部로 편제한 것으로 추정된다.

10개의 성省은 내의성·내봉성·광평성과 같이 이후 삼성三省을 지향하는 정무기구와 함께 진각성·보천·도항사와 같이 재정기구, 예빈성 혹은 춘부와 같이 외교기구, 내서성·원봉성과 같이 학술자문기구, 의형대와 같이 형정기구 등으로 태조대에 성립된 기구를 개편하여 정비한 형태였을 것으로 생각된다.

4개의 부部는 광종대 순군부가 군부로 내군이 장위부로 개편된 점에서 볼 때, 여기에 병부를 포함시킬 경우 군사관계의 3개 관부를 말하는 것으로 보인다. 그리고 태조대 대표적인 '부部' 명칭의 관부가 창부倉部였던 점을 감안한다면 여기에 포함시킬 수 있을 것이다. 이들 4개의 '부部'는 군사와 경제를 총괄하는 기구로 추정된다. 광종대는 개혁과 관련하여 여러 차례의 반란과 숙청이 있었고 특히 노비안건법의 시행에 대한 반발이 컸던 것으로 보인다. 이들 관부는 이러한 배경에서 나온 구조로 추정된다.

태조대의 관부가 최소한 16개 이상이었음을 감안한다면, 광종대의 10성4부제는 태조대 성립된 주요 관부를 14개로 재편한 조치로 보인다. 하지만 이것이 16개의 관부가 14개로 축소된 것을 의미하는 것은 아니다. 이후 성종대 3성6부제라는 복잡한 기구로 재편하기 위해 상위기구를 재편하고 하위기구를 세분화 한 것으로 보인다.

이러한 변화는 그 저변에 후주와 남당 제도의 영향이 있었던 것으로 보인다. 3성6부제를 복원한 남당은 논외로 하더라도 후주의 경우도 해체된 형태였지만 3성6부제의 요소를 어느 정도 갖추고 있었다. 3성6부제는 당의 대표적인 유산으로 『당육전』이 완성된 이후에도 지속적으로 치세治世를 대표하는 제도로 인식되었다. 광종대는 그 역사적인 비중에 비해 잔존하는 사료가 적다. 이러한 광종대 기사 가운데 광종 스스로가 항상 『정관정요』를 읽었다는 내용이 전한다. 이는 당제가 당시 동아시아의 세계에서 차지하는 위상의 단면을 보여준다. 광종이 기존의 관제를 10성4부제로 정비한 것은 당제를 도입하기 위한 사전 조치로 파악된다. 태조대 광평성·내봉성·내의성에서 광종대에 내의성·내봉성·광평성으로의 서열이 변화된 것은 단순히 서열의 변화만을 의미하는 것이 아니라 그 내부의 기능에서도 3성제를 전망하는 변화가 있었을 것으로 판단된다. 하지만 그 배경에는 과거제를 필두로 관제개편, 공복의 제정 등이 시행되었기 때문으로 보인다. 이러한 개혁은 이후 3성6부제를 도입하게 한 기반이 되었다.

성종 원년에 도입된 3성6부제는 집권체제執權體制 내부에서 삼성三省의 위상과 운영방식을 놓고 상당한 진통을 겪으면서 고려에 적합한 구조로 형성되었다. 그 결과 당唐·오대五代·거란契丹의 삼성三省은 모두 중서성中書省 중심으로 중서령中書令이 수상首相이 되는 구조로 운영되었던데 반해 고려의 삼성三省은 내사문하성內史門下省으로 통합되어 문하시중門下侍中이 수상首相인 구조로 운영되었다. 고려의 내사문하성內史門下省과 같이 양성兩省이 통합적으로 운영되는 구조는 중당시기中唐時期 이래 오대五代·거란契丹 등에서 일반적으로 운영되는 방식이다. 단지 북송의 중서문하中書門下는 삼성三省과는 별도로 독립된 구조였다. 성종 원년의 내사문하성內史門下省은 형식적으로 내사성內史省과 문하성門下省이 독립된 것이었으나 실제에서는 통합되었고, 또한 상서판사尙書判事를 재상宰相이 맡음으로써 결국 고려의 삼성三省은 서로 융합된 단일한 기구로 정착된 것으로 판단된다.

성종 14년의 관제개혁은 성종 원년의 어사도성기구御事都省機構를 보완하는 한편, 중앙의 각종 관부官府를 재편하거나 새로 설치하여 중앙관제의 체제를 변화시켰다. 성종 원년의 관제가 역대 중국의 외피를 씌운 원형에 가까운 3성6부제인데 반해, 14년의 관제는 외형이 당의 3성6부제에와 보다 흡사해졌지만 내용상으로는 고려의 실정에 맞추어 변형된 3성6부제였다. 또한 원년의 관제는 당육전唐六典의 필요부분을 제한적으로 수용한데 반해, 14년의 관제는 당唐의 역대歷代 관제는 물론이고 북송·오대·거란의 관제까지 선택적으로 수용하여 융합시켰다.

지금까지 검토의 가장 기본적인 문제의식은 한반도에서 국가의 성립 이후 지속적으로 이어져온 제도가 특정한 한 시기에 별다른 저항없이 당제로 전면적인 전환을 이루었는가의 문제였다. 성종 원년에 3성6부제의 도입을 이해하기 위해 10여년간 중국의 전장서典章書를 검토하면서 고려의 관제와 비교작업을 진행하였다. 이상의 내용을 통해 고려의 3성6부제는 당제 뿐만 아니라 중국의 역대관제, 나아가 주변 나라들의 관제까지 수용범위를 넓혔음을 알 수 있다. 이후 고려사회는 이들 관제를 고려의 실정에 맞게 지속적으로 변화시켜 나갔다. 특히 송과의 교류를 통해 송제宋制를 지속적으로 도입하였다. 향후 연구는 도입한 중국식 관제를 고려사회에서 어떠한 방식으로 이해하고 운영하였는가에 촛점이 맞추어질 것이다. 현재의 우리의 사회에서도 문제가 발생할 때마다 선진국의 제도를 참고로 개선책을 마련한다. 제도사 연구는 과거의 제도를 대상으로 하지만 이는 화석화된 옛날 제도의 복원을 주제로 삼는 것이 아니다. 건전한 사회는 새로운 제도를 도입하여 그 사회를 변화시켜 나아간다. 제도사 연구의 목적은 과거의 사례를 통해 사회적 문제의 해결방안을 모색하는 기초를 제공하기 때문이다.

부 록

동아시아 官制變遷의 推移 整理表

1. 三師三公

1) 三老五更

	數字의 意味	職務의 意味
三老五更	3 : 道成於三, 天·地·人	老 : 舊, 壽
	5 : 訓於五品	更 : 善道改更己

〈임명사례〉		三老	五更
後漢	明帝	李躬	桓榮
	安帝	魯丕·李充	
	靈帝	袁逢	
魏	高貴鄕公	王祥	鄭小同
後魏	孝文	尉元	游明根
後周	武帝	太傅 燕國公謹	

2) 四輔·四鄰

	四輔·四鄰의 의미	典據
四輔	師·保·疑·丞	四輔(虞夏商周)
四鄰	前疑·後丞·左輔·右弼	四鄰(『尙書大傳』)

3) 周代·漢代 三公

	三公의 種類	三公의 意味
周代三公	太師·太傅·太保	論道經邦, 燮理陰陽
	師	天子所**師法**
	傅	傅相天子
	保	**保安**天子於**德義**者
	公 : 八命	九命則分陝爲二伯
	尊公 : 曰宰	言於海內無不宰統焉
	少師·少傅·少保	貳公弘化, 寅亮天地(**三孤**)
	孤 : 特	言卑於公, 尊於卿

漢代三公	司馬·司徒·司空	
	司馬	主天
	司徒	主人
	司空	主土

4) 歷代 三師·三公

歷代三師三公	三師				三公			
	太師	太傅	太保	太宰	太尉	司徒	司空	司馬
太甲/少皥			**伊尹**	<冢宰>		祝鳩	祝鳩	祝鳩
堯						**舜**		**后稷**
舜						命禼	**禹**/咎單	
周武王	**太公**			**周公**		<地官>	<冬官>	<夏官>
周成王	周公 畢公	**畢公**	召公					
秦	×			×	<秦官>	丞相	**御史大夫**	
漢	孔光	王莽 孔光	王莽	×	0		大司空	×
後漢	董卓	卓茂 鄧禹		×	0	禮義 相國	大司空 御史大夫	大司馬
魏	×	鍾繇	末 鄭沖	×	0	0	0	大司馬
晉	齊王冏	0	王祥	獻王孚	0	丞相		大司馬 =大將軍
宋				義恭	武官	丞相	掌治水土	贈職
齊					九旒	戶口 簿籍	<冬官>	贈職
梁		0	0	0		0	<冬官>	0
後魏	0	0	0	義恭	大將軍	地官	<冬官>	大司馬 =大將軍
北齊	0	0	0	×	0	地官	<冬官>	大司馬 =大將軍
後周	0	0	0	0	×	地官	<冬官>	<夏官>
隋	0		0	×	0	0	0	0
唐	0	0	0	× 貞觀11 년 復置	0	0	0	×
五代	#	#	#	×	#	#	#	#
十國	吳·南唐 前蜀·	吳·南唐 前蜀·	吳·南唐 前蜀·	×	吳·南唐 前蜀·	吳·南唐 前蜀·	吳·南唐 前蜀·	前蜀

	後蜀 南漢·楚 × 吳越·閩 荊南×	後蜀 南漢·楚 × 吳越·閩 荊南×	後蜀 南漢·楚 × 吳越·閩 荊南×		後蜀 南漢·楚 吳越·閩 荊南×	後蜀 南漢·楚 吳越·閩 荊南× #南唐大司徒	後蜀 南漢·楚 吳越·閩 荊南×	
宋	3 蔡京 童貫 鄭紳	4 王黼 燕王俁 越王偲 鄆王楷	11 蔡攸 蕭王樞 至 儀王㮙	×	贈致仕	辭相位	辭相位	×
西夏				『宋史』	三公	寧令(大王), 謨寧令(天大王)		
遼	穆宗應曆三年 唐骨德	太宗會同元年 馮道守太傅	會同元年 劉昫守太保	×	太宗天顯11年 趙思溫	世祖天祿元年 劃設	聖宗統和30年 邢抱質	×
金	正一品	正一品	正一品	×	正一品	正一品	正一品	×
高麗	**大師**	**大傅**	**大保**	文宗 正一品	**大衛**	司徒	司空	※新羅·朝鮮 없음
베트남 前黎王朝 李王朝	三太				三少			
	太師	太傅	太尉		少師	少傅	少尉	
	國政 討議	×	民政· 軍政		×	×	×	
	仁宗 (1089)	仁宗 (1089)	仁宗 (1089)		仁宗 (1089)	仁宗 (1089)	仁宗 (1089)	宰相
※ 三師三公 뒤바뀜.	**三公**				**三師**			
	太師	**太傅**	**太保**		**太尉**	**司徒**	**司空**	
元	太祖12 太師	太宗 三公	成宗 太保	# 成宗· 武宗 正一品, 銀印	太尉	司徒 大司徒	×	
明	正一品	正一品	正一品	兼·加· 贈職	×	×	×	
清	正一品	正一品	正一品	兼·加· 贈職	×	×	×	

2. 宰相

1) 黃帝 六相

	六相	職掌	典據
黃帝 六相	蚩尤	明天道	# 黃帝得六相 而天地治, 神明至
	太常	察地理	
	蒼龍	辨東方	
	祝融	辨南方	
	風后	辨西方	
	后土	辨北方	

2) 虞舜十六相, 八愷·八元

		十六相	職掌
虞舜十六相	八愷	蒼舒	# 使主后土, 以揆百事, 莫不 時敍, 地平天成.
		隤敳	
		檮戭	
		大臨	
		尨降	
		庭堅<皐陶>	
		仲容	
		叔達	
	八元	伯奮	# 使布五敎於四方, 內平外 成
		仲堪	
		叔獻	
		季仲	
		伯虎	
		仲熊	
		叔豹	
		季貍	

3) 歷代 宰相① 殷~唐

王朝	時期	임명사례	宰相 명칭	비고
殷	成湯	伊尹·仲虺	二相	
	武丁	傅說	佐相[左右相]	
周	成王	召公(保), 周公(師)	左相[相]	
秦	悼武王	樗里疾(左)·甘茂(右)	左右丞相官	丞相
	莊襄王	呂不韋	左右丞相	
	始皇	呂不韋	左右相國	相國
漢	高帝	蕭何	一丞相	
	孝惠/高后		左右相國	
	文帝 2年		一丞相	
	成帝 綏和元年	王根 大司馬 何武 御史大夫→大司空	大司馬 大司空	
	哀帝	罷大司空	御史大夫(丞相)	
	元壽二年	丞相→大司徒	大司徒	
後漢	初	丞相·御史大夫→三公	太尉·司徒·司空	三公
	中年以後	尙書官(機衡之任)	尙書官	
	獻帝建安13年	曹公居(丞相)	相國	
吳			左右相國/丞相	
蜀			丞相/尙書令	
魏	黃初元年	相國→司徒	司徒	
	文帝	樞機之任(掌機密)	中書監·令	
	其後(定制)	第一品	大丞相	
晉	景帝	齊王	司馬師	
	文帝	高貴鄕公	司馬昭	
	惠帝永寧元年	罷丞相	司徒	
	永昌元年	罷司徒·丞相	中書監·令	丞相·相國
	元帝渡江	王敦丞相→司徒	丞相	敦不受
	成帝	丞相→司徒府	司徒	
宋	孝武帝初	義宣	丞相	(司徒府, 相國)
齊		贈官	丞相	
梁		相國→丞相→司徒	相國·丞相·司徒	
陳		贈官	①相國②丞相	
後魏			大將軍○ 太尉× 丞相○ 司徒×	
		門下官	侍中	樞密之任
北齊	乾明中	丞相	丞相 <實>侍中	
	河淸中	左右[丞相]	左右[丞相] <實>侍中	
後周			大冢宰	
			左右丞相	

隋	大象二年	楊堅 大丞相	左右丞相	
			中書令·侍中 **內史·納言**	
唐		納言·內史·左相·右相· 黃門監·紫微令	**侍中, 中書令[眞宰相]**	尙書左右僕射
	貞觀二年	平章事·知政事·參知機務·參與政事·平章軍國重事		
	貞觀十七年	兵部尙書 李勣	[加]**同中書門下三品**	

4) 歷代 宰相② 五代~高麗

		使相	諸道節度使 帶平章事, 兼侍中·中書令	側書『使』字
五代	後唐 長興四年	同平章事→同中書門下二品	同中書門下二品	
	後周 顯德中	樞密使 加同中書門下二品	加同中書門下二品	
十國	吳		大丞相, 同平章事, 參政事(參知政事)	
	南唐		大司徒, 左丞相, 平章事(同平章事)	
	前蜀		大司馬 **宰相** 同平章事	
	後蜀		同平章事	
	南漢		平章事(同平章事) 知政事 參知政事	
	楚		左·右相, 左·右丞相 同平章事	
	吳越		左丞相 右丞相 同參相府事 進侍	
	閩		平章事(同平章事) 參政事 判三司(侍判三司) 錄軍國事	
	北漢		宰相平章事(同平章事) 參議中書	
	宋承唐制	不專任三省長官 同平章事爲眞相之任	眞相	二人
		三相	昭文館大學士·監修國史·集賢殿大學士	三大館皆宰臣兼
	乾德二年	趙普 相	宰相/副宰相	使相

		樞密直學士薛居正·兵部侍郎呂餘慶		參知政事
	開寶六年	居正·餘慶於都堂	宰相/副宰相	與宰相同議政事
	至道元年	宰相與參政輪班知印	宰相/副宰相	同升政事堂
宋	神宗 新官制	**左僕射**兼門下侍郎 **右僕射**兼中書侍郎	左·右僕射	行侍中之職 行中書令之職
	元祐中	文彥博/呂公著 其後, 蔡京·王黼	**平章軍國重事**	宰相丞相上
	政和中	左·右僕射→太宰·少宰	太宰·少宰	兼兩省侍郎
	靖康中	太宰·少宰→左·右僕射	左·右僕射 門下·中書侍郎	
	建炎三年	左·右僕射→加同中書門下平章事 門下·中書二侍郎→參知政事	加同中書門下平章事 參知政事	同中書門下平章事 參知政事
	乾道八年	左·右僕射→左·右丞相	左·右丞相	侍中·中書·尚書令之位
	嘉泰三年		丞相	除三貝
西夏	顯道元年 (1033)	中書(政務)·樞密(軍務) 三司(財務)·御史臺(監察)	**中書·樞密** **三司·御史臺**	
			中書令·宰相·樞密使 **御史大夫·侍中·太尉**	党項人· 漢人區別
	西夏文書	宰相 副宰相	**僕射** 參知政事	
베트남	前黎 黎桓 (984)		太師·太尉	唐制
	前黎 龍鋌 (1008)	宰相(國政)·樞密使(兵權)	宰相·樞密使	宋制
	李 仁宗乾德 (1089)	三太(太師·太傅·太尉) 三少(少師·少傅·少尉)	三太(宰相) 三少(副宰相)	9品
高麗		宰相	門下侍中·中書令·門下侍郎平章事·門下平章事 中書侍郎平章事·中書平章事·叅知政事·政堂文學·知門下省事	

5) 歷代 宰相③ 遼~金

遼	太宗	北府左宰相 北府右宰相 總知軍國事 知國事 南府左宰相 南府右宰相 總知軍國事 知國事	北府左右宰相 南府左右宰相	北面 宰相府
	太祖	韓延徽 政事令	政事令	南面 中書省
	天顯初	韓知古 中書令	中書令	南面 中書省
	會同五年	趙延壽 政事令	政事令	南面 中書省
	太宗大同元年	趙延壽 大丞相	大丞相	南面 中書省
	聖宗太平四年	張儉 左丞相	左丞相	南面 中書省
	聖宗開泰元年	馬保忠 右丞相	右丞相	南面 中書省
	興宗重熙十年	蕭孝友 知中書省事	知中書省事	南面 中書省
	太祖	加王郁同政事門下平章事	同中書門下平章事	南面 中書省
	太宗大同元年	平章事 張礪	同中書門下平章事	南面 中書省
	聖宗統和十二年	邢抱朴 參知政事	參知政事	南面 中書省
	太宗會同中	趙思忠 侍中	侍中	南面 門下省
	景宗保寧初	蕭思溫 尚書令	尚書令	南面 尚書省
	太祖初	康默記 左尚書	左尚書	南面 尚書省
	太祖三年	韓知古 左僕射	左僕射	南面 尚書省
	太宗會同元年	烈束 右僕射	右僕射	南面 尚書省
金		一員, 正一品	尚書令	
		左丞相·右丞相(各一員 從一品)	左右丞相	
		平章政事(二員 從一品)	平章政事	
		左丞·右丞(各一員, 正二品)	執政官(宰相之貳)	宰相之貳
		參知政事(二員 從二品)	執政官(宰相之貳)	宰相之貳
元		一員, 銀印	中書令	皇太子
	太宗	各一員 正一品	右丞相·左丞相	
	世祖中統元年	一員	丞相	
	世祖中統二年	各二員	右丞相·左丞相	
	至元二年	五員	丞相	
	至元七年	三員	丞相	立尚書省
	至元八年	二員	丞相	罷尚書省
	至元二十四年	中書省 丞相二員如故	丞相	復立尚書省
	至元二十九年	專任一相	丞相	尚書再罷
	武宗至大二年	尚書丞相二員 中書丞相二員	丞相	復置尚書省
	武宗至大四年	二員	丞相	尚書省歸中書
	文宗至順元年	專任右相	宰相	
	世祖中統元年	平章二員 從一品	平章政事	(貳丞相)
	世祖中統二年	平章四員	平章政事	(貳丞相)

至元七年	尙書平章二員	平章政事	置尙書省
至元八年	平章復設三員	平章政事	尙書倂入中書
至元二十三年	平章汰 二員	平章汰	
至元二十四年	中書·尙書兩省平章各二員	平章政事	復尙書省
至元二十九年	中書平章 五員(1商議省事)	平章政事	
至元三十年	平章 六員	平章政事	
成宗元貞元年	商議省事→平章軍國重事	平章政事	
武宗至大二年	平章三員 中書五員	平章政事	再立尙書省
武宗至大四年	平章五員	平章政事	罷尙書省歸中書
文宗至順元年	定置四員	平章政事	自後因之

6) 歷代 宰相④ 明遼~朝鮮

	太祖國初	**中書令**		**左右相國**	
	太祖元年			**左右丞相**	中書省
	洪武九年	汰平章事 參知政事		**丞相**	
明	洪武十三年	誅丞相 胡惟庸		**四輔官**	罷中書省
	洪武十五年	花蓋殿 武英殿 文淵閣 東閣		**內閣大學士**	內閣
	洪武二十八年	**丞相**再論者 極刑(永久廢止)		大學士	
		一員, 正二品		吏部尙書	冢宰之職
		左右 各一員, 正三品		吏部侍郎	之貳
淸		鈞國政 贊詔命		**內閣大學士**	內閣
朝鮮		領議政·左議政·右議政		**政丞**	

3. 門下省

王朝	時期	임명 사례	명칭변경	典據
後漢	嘉平六年	侍中寺	**侍中寺**	
晉		給事黃門侍郎·侍中	**門下省**	俱管門下衆事
齊		侍中·領給事黃門侍郎 令丞:公車·太學·太醫等 等官:內外殿中監·內外驛騶 廐·散騎常侍·給事中·奉朝 請·駙馬都尉	門下	
梁		侍中·給事黃門侍郎四	門下省	侍從儐相, 盡規 獻納, 糾正違闕,

				監合嘗御藥, 封璽書
後魏			門下省	尤重
北齊		侍中·給事黃門侍郎各六 統六局：左右局·尙食·尙藥· 尙衣·殿中	門下省	獻納諫正 司進御之職
隋		納言二, 給事黃門侍郎四, 散 騎常侍·諫議大夫	門下省	陪從朝直, 兼統 六局
	開皇三年	罷員外散騎常侍員	門下省	
	煬帝卽位	加給事員, 廢常侍·諫議等官. 又改殿內省隷門下省	門下省	
唐	龍朔二年		**東臺**	
	咸亨初		門下省	復舊
	武太后 光宅初		**鸞臺**	
	神龍初		門下省	復舊
	開元元年		**黃門省**	
	開元五年	侍中人, 黃門侍郎人, 給事中 人, 左散騎常侍人, 諫議大夫 人, 典儀人, 起居郎·左補闕· 左拾遺各郎二, 城門郎四, 符 寶郎四, 弘文館校書二	門下省	復舊
五代	晉天福七年	侍中·中書令正三品	**兩省**	
	大曆二年	正二品	兩省	
十國	吳		門下省	『十國春秋』
	南唐		門下省	『十國春秋』
	前蜀		門下省	『十國春秋』
	後蜀		門下省	『十國春秋』
	南漢		門下省	『十國春秋』
	閩		門下省	『十國春秋』
	北漢		門下省	『十國春秋』
宋		判門下省事 門下分房　吏房　戶房　禮房 兵房　刑房　工房	**中書門下**	虛設
金	天會四年	三省之制	中書門下	虛設
	正隆元年	罷中書·門下省	·	
베트남	李 仁宗乾德(1089)	左右諫議大夫		
高麗	成宗元年		**內史門下省**	
	文宗十五年		**中書門下省**	
	忠烈王	尙書省+中書門下省	**僉議府**	
	忠烈王十九年	尙書省+中書門下省	**都僉議使司**	
	恭愍王五年		中書門下省	

恭愍王十一年	尙書省＋中書門下省	僉議府	
恭愍王十八年		**門下府**	

※ 元·明·淸·西夏 門下省 없음.

1) 侍中① 周～五代十國

周公	成王立政	「常伯」·「常任」 以爲左右	**常伯·常任**	
秦		使五人往來殿內東廂奏事	**侍中**	丞相史
漢		凡侍中·左右曹·諸吏·散騎	侍中	加官
	武帝時	孔安國	侍中	
		秦漢以侍中功高者一人爲僕射	侍中(**僕射**)	秦漢無定員
後漢	光武	僕射→祭酒	**祭酒**	贊導衆事, 顧問應對
	桓帝末	問皇蟬, 地震 不知	侍中	左遷議郎
		舊在尙書令·僕射下, 尙書上	侍中	皆舊儒高德,
	王莽秉政	復入禁中	侍中	
	章帝元和中	郭擧 後宮通, 拔佩刀, 擧伏誅	侍中	復出外
魏晉		漢代爲親近之職 大意不異	侍中	來置四人
宋	文帝元嘉中	王華·王曇首·殷景仁	侍中	情任親密
齊		朝會, 多以美姿容者兼官	**侍中祭酒**	高功者
	永元三年		侍中	主璽陪乘
梁		散騎侍郎高功者一人對掌禁令	加侍中祭酒[宰相]	中高功者 在職一年
陳			[加侍中祭酒]	亦如梁制
後魏		宜都王穆壽·廣平公張黎	**侍中輔政**	置六人
北齊			[侍中]	亦六人
後周	初	出入侍從(中大夫二人)	**御伯**	屬天官府
	保定四年	御伯→納言	**納言**	斯侍中之職
	宣帝末	別置侍中爲加官	侍中	
隋		侍中→納言	納言	置二人
	煬帝 大業12年	納言→侍內	侍內	
唐	初		納言	復舊
	武德四年	納言→侍中	侍中	置二人
	龍朔二年	侍中→東臺左相	**東臺左相**	
	咸亨元年	東臺左相→侍中	侍中	復舊
	光宅元年	侍中→納言	納言	
	神龍元年	納言→侍中	侍中	復舊
	開元元年	侍中→黃門監	**黃門監**	

	開元五年	黃門監→侍中	侍中	
	天寶元年	侍中→左相	**左相**	
	至德二年	左相→侍中	侍中	三品
	大歷二年	中書令同	侍中	從二品
五代	後唐天成四年	諸道節度使帶平章事·兼侍中·中書令	**兼侍中**	
	長興四年	侍中·中書令	侍中	正三品
十國	吳		侍中	『十國春秋』
	南唐		侍中	『十國春秋』
	前蜀		侍中	『十國春秋』
	後蜀		侍中	『十國春秋』
	南漢		侍中	『十國春秋』
	楚		侍中	『十國春秋』
	吳越		侍中	『十國春秋』
	閩		侍中	『十國春秋』
	北漢		侍中	『十國春秋』

2) 侍中② 宋~高麗

宋		左僕射兼門下侍郎 行侍中職	左僕射兼門下侍中
遼	太宗會同中	趙思忠	侍中
高麗	成宗		**門下侍中**
	文宗	定一人秩從一品	門下侍中
	忠烈王	**門下侍中→僉議中贊→僉議侍中→政丞**	**→政丞**
	忠肅十七年		右左政丞
	恭愍王	**門下侍中守侍中→右左政丞→左右侍中→門下左右侍中**	→門下左右侍中
	昌王		侍中 守侍中

4. 中書省

王朝	時期	임명사례	명칭변경	典據
魏晋		中書之官	中書省	
梁陳		國之政事(分掌二十一局事)	**中書省**	中書舍人
後魏	宣武帝		**西臺**	
北齊		管司王言	中書省	

隋	初	令二人 侍郎四人 舍人八人	**内史省**	
唐	武德三年		中書省	
	龍朔二年		西臺	
	咸亨初	復舊	中書省	
	光宅元年		**鳳閣**	
	神龍初	復舊	中書省	
	開元元年		**紫微省**	
	開元五年	復舊	中書省	
	廣德二年	中書門下兩省直省	**中書門下省**	
	建中三年	中書門下兩省, 各置印一面	中書門下省	
五代	晉天福七年	侍中·中書令正三品	**兩省**	
	大曆二年	正二品	兩省	
十國	吳		中書省	『十國春秋』
	南唐		中書省	『十國春秋』
	前蜀		中書省	『十國春秋』
	後蜀		中書省	『十國春秋』
	閩		中書省	『十國春秋』
	北漢		中書省	『十國春秋』
宋		分房八 吏房 戶房 兵禮房 刑房 工房 主事房 班簿房 制敕庫房	中書門下	虛設
西夏	顯德元年	'酩腮'(명시 西夏語)	中書(省)	掌政務
遼	太祖		政事省	
	世宗天祿四年		政事省	
	興宗重熙十三年		中書省	
金	天會四年	三省之制	中書門下	虛設
	正隆元年	罷中書·門下省	·	
베트남	李 仁宗乾德(1089)	左右諫議大夫·中書侍郎	·	
元		中書令·左右丞相·平章政事·左右丞·祭政·參議中書省事·左右司	中書省	<政務의中心>
	太宗	丞相一員·左丞相一員	中書省	
	世祖中統元年	丞相一員	中書省	
	中統二年	復置右丞相二員·左丞相二員	中書省	
	至元二年	增置丞相五員	中書省	
	至元八年	罷尚書省, 乃置丞相二員	中書省	
	至元二十四年	復立尚書省(中書省丞相二員)	中書省	
	至元二十九年	以尚書再罷, 專任一相	中書省	
	武宗至大二年	復置尚書省, 中書丞相二員	中書省	
	至大四年	尚書省仍歸中書, 丞相二員	中書省	
	文宗至順元年	專任右相	中書省	

明	太祖		中書省	
	洪武十三年	罷中書省	內閣	
清		#從七品 中書舍人	※中書科	
高麗	成宗		**內史門下省**	
	文宗		中書門下省	

1) 中書令① 舜~遼

王朝	時期	임명사례	명칭변경	典據
舜	攝位		**納言**	
周官		王之八柄 爵祿廢置生殺與奪	**內史**	所置中書之名
漢	武帝	宦者典事尙書	**中書謁者**	置令·僕射
	元帝	令弘恭, 僕射石顯	**中書謁者令**	中書政本
	成帝建始四年		中謁者令	皆屬少府
魏	武帝		秘書令	典尙書奏事
	文帝 黃初	秘書左丞 劉放→中書監 秘書右丞 孫資→中書令	中書監·令	
	明帝	號爲專任 其權重矣	中書監·令	
晉		謂之鳳凰池	中書監·令	入朝
東晉			中書監·令	
宋			中書監·令	
梁			中書監·令	淸貴華重 大臣
後魏			中書監·令	
北齊			中書監·令	
後周			**內史中大夫**	掌王言
隋		尋廢監, 置令	**內史令**	
	煬帝大業十二年		內書令	
	煬帝後	復舊	內史令	
唐	武德元年		內史令	
	武德三年		中書令	二人
	龍朔二年		右相	
	咸亨元年	復舊	中書令	
	光宅二年		內史令	
	神龍元年	復舊	中書令	
	開元元年		**紫微令**	
	開元五年	復舊	中書令	
五代	後唐天成四年		中書令	虛設
十國	吳		中書令	『十國春秋』
	南唐		中書令	『十國春秋』
	前蜀		中書令	『十國春秋』

	後蜀		中書令	『十國春秋』
	南漢		中書令	『十國春秋』
	吳越	承制加檢校	中書令	『十國春秋』
	閩		中書令	『十國春秋』
	北漢		中書令	『十國春秋』
宋		右僕射兼中書侍郎行令之職	中書令	虛設 兼職
	中興後		左·右丞相	省令不置
西夏	顯德元年	'酩腮'(명시 西夏語)	中書令	掌政務
遼	太祖	韓延徽	政事令	
	天顯初	韓知古	中書令	
	會同五年	趙延壽	政事令	

2) 中書令 ② 元～高麗

元	太宗	相臣	行中書令	
	世祖至元十年	皇太子	行中書令	
	大德十一年	皇太子	領中書令	
	延祐三年	皇太子	行中書令	
	世祖中統		丞相	2人
高麗	成宗		內史令	
	文宗		中書令	
	忠烈王	都僉議令→判都僉議使司事 →領都僉議	→領都僉議	
	恭愍王	中書令→領都僉議→領門下	→領門下	
	禑王		判門下	

※ 明·淸·베트남은 없음.

5. 尙書省

1) 尙書都省 ① 周～西夏

王朝	時期	임명사례	명칭변경	典據
周			司會	
秦		少府遺吏四人在殿中, 主發書	尙書	

漢	武帝	司馬遷 遊宴後庭 主中書	**中書**	領尙書事
	成帝建始四年	尙書五人, 僕射 四曹	尙書	罷中書宦者
後漢		令左丞 僕射右丞	尙書	出納王命
	章帝	太傅趙熹·太尉牟融	尙書	錄尙書事
	靈帝	侍中梁鵠 選部尙書	**尙書臺(中臺)**	大事八座
晉		八座丞郎	尙書	
宋			**尙書寺(尙書省·內臺)**	
梁	天監元年	特贈右僕射	尙書	
後魏	天興元年	尙書三十六曹	尙書	
北齊		錄, 令·僕射, 總理六尙書事	**尙書省(都省, 北省)**	
後周			無尙書	
隋			尙書省	
唐	龍朔二年		中臺	
	咸亨初	復舊	尙書省	
	光宅元年		**文昌臺**	
	垂拱元年		**都臺**	
	長安三年		中臺	
	神龍初	復舊	尙書省	
五代	梁開平三年		都省	
	梁開平二年	左右丞→左右司侍郎	都省	
	後唐同光元年	左右司侍郎→左右丞		
	後唐長興元年	左右丞→左右司侍郎		
	後唐長興元年	左右丞→左右揆	**臺轄之司**	
十國	吳	左右僕射·左右司(郞中·員外郞)·六部(尙書·郞中·員外郞)·屬司	尙書省	
	南唐	尙書令(參判尙書都省/知尙書省事/判尙書二省/判三司)·左右僕射·左右司(丞·郞中·員外郞)·六部(尙書·郞中·員外郞)·屬司	尙書省	
	前蜀	左右僕射·六部(尙書·郞中·員外郞)	·	
	後蜀	左右僕射·六部(尙書·侍郞·郞中·員外郞)·屬司(職方·都官·水部)	·	
	南漢	尙書·左右僕射·左右丞·六部(尙書·侍郞·郞中·員外郞)	·	尙書<判三司> 吏部<判吏部三銓>
	楚	尙書·僕射·吏部/兵部(侍郞)	·	
	吳越	尙書左右僕射·左右丞·六部(尙書·侍	·	

		郎·郎中·員外郎)		
	閩	左右僕射·六部(尙書·侍郎·郎中·員外郎)	·	
	北漢	尙書左右僕射·六部(尙書·侍郎)	·	
宋		尙書令·左右僕射·左右司(丞·郎中·員外郎) 十房 : 吏房·戶房·禮房·兵房·刑房·工房·開折房·都知雜房·催驅房·制救庫房	尙書省	
	南渡後	不置	·	
西夏	奲都六年 (1062)	各部(尙書·侍郎)	·	

2) 尙書都省② 遼~高麗

遼	太祖	漢人樞密院兼尙書省 吏·兵·刑(承旨) 戶·工(主事)	尙書省	南面
		尙書令·左右僕射·左右丞·左右司 (郎中·員外郎)	尙書省	南面
		六部(尙書·郎中·員外郎)	·	
金	天會四年	尙書令·左右丞相·平章政事·左右丞·左右司(郎中·員外郎)·六部(尙書·郎中·員外郎)	尙書省	
베트남	李 仁宗乾德 (1089)	尙書	·	○部侍郎
元		六部(尙書·侍郎·郎中·員外郎)	·	<中書省>
明		六部(尙書·侍郎·郎中·員外郎)	·	<初 中書省>
淸		六部(尙書·侍郎·郎中·員外郎)	·	<內閣>
		尙書·左右侍郎·額外侍郎	(理藩院)	
高麗	太祖	侍中·侍郎·郎中·員外郎	廣評省(內奉省)	
	成宗元年		御事都省	
	成宗十四年		尙書都省	
	文宗	尙書令·左右僕射·知省事·左右丞·左右司(郎中·員外郎)	尙書都省	
	忠烈王元年	倂于中書門下→僉議府	僉議府	
	忠烈王二十四年	設左右僕射·左右司(郎中·員外郎·都事)	僉議府	
	恭愍王五年	革三司復置尙書省	尙書省	文宗舊制
	恭愍王十一年	罷尙書省復置三司	·	

3) 尙書令

王朝	時期	임명 사례	명칭변경	典據
殷	湯		冢宰	
周			冢宰	天官
秦			尙書令	尙, 主也
漢	武帝	用宦者	中書謁者令	
	成帝	去中書謁者令官	尙書令	
後漢		主贊奏事	尙書令	令·僕射
魏晉			令僕	
齊梁			尙書令	左僕射
梁陳			尙書令	左僕射
後魏	北齊	御史中丞更相廉察	尙書令	
隋			尙書令	
唐	武德初	太宗 秦王時	尙書令	
	龍朔三年		廢尙書令	
五代	梁開平三年	正一品	尙書令	虛設
十國	南唐	參判尙書都省·知尙書省事·判尙書二省·判三司	尙書令	
宋	政和二年	廢止<相蔡京不學之過>	尙書令	
	宣和七年	復置	尙書令	虛設
	南渡後	並省不置	·	
遼	景宗保寧初	蕭思溫	尙書令	
金	天會四年		尙書令	
高麗	文宗		尙書令	

4) 尙書左右僕射

王朝	時期	임명 사례	명칭변경	典據
秦		古者重武官, 有主射以督課	僕射	
漢	成帝建始元年	尙書 主封門 授廩假錢穀	尙書僕射	
後漢		署尙書事	尙書僕射	
		令左丞 僕射右丞	僕射	
	獻帝建安四年	榮邵左僕射 衛臻右僕射	左右僕射	

魏晉			左右僕射	
齊梁		右僕射遷左僕射	左右僕射	
隋	文帝開皇三年		左右僕射	從二品
唐	尙書令廢闕	同中書門下平章事 參知機務	左右僕射	宰相
	龍朔二年		**左右匡政**	
	武太后		**文昌左右相**	
	神龍初	復舊	左右僕射	
	開元元年		左右丞相	
	天寶元年	復舊	左右僕射	
五代	後唐淸泰二年	劉昫又以罷相爲僕射	僕射	
十國	吳		左右僕射	
	南唐		左右僕射	
	前蜀		左右僕射	
	後蜀		左右僕射	
	南漢		左右僕射	
	楚		僕射	
	吳越		左右僕射	
	閩		左右僕射	
	北漢		左右僕射	
宋		○掌佐天子議大政 貳令之職 與三省長官皆爲宰相之任 ○不置侍中·中書令 以左僕射兼門下侍郎 右僕射兼中書侍郎 行侍中·中書令職事	左右僕射	
	政和中	左僕射爲太宰 右僕射爲少宰	太宰(左僕射) 少宰(右僕射)	充宰相之任
	靖康元年		左右僕射	元豊舊制
	南渡後	左右僕射→左·右丞相	·	
遼		二黃室韋闥林 改爲僕射	僕射	
	太祖初	康默記爲左尙書	左僕射	
	太祖三年	左尙書韓知古	左僕射	
	太宗會同元年	右僕射烈束	右僕射	
	聖宗開泰九年	漢兒行宮都部署院 改左僕射	左僕射	
高麗	文宗	左右僕射 各一人 正二品	左右僕射	
	忠烈王二十四年	設左右僕射	左右僕射	

6. 御史臺

1) 御史臺① 周~淸

王朝	時機	임명 사례	명칭변경	典據
周		御史之名 周官有之	御史	掌贊書而授法令
戰國			御史	記事之職
秦漢		置御史大夫 以貳於相	御史	糾察之任
漢		御史府, 御史大夫寺, 憲臺	御史府	
	成帝	御史大夫→大司空	·	
後漢		御史臺, 蘭臺寺	御史臺·蘭臺寺	
	『晉書』	漢尙書爲中臺 御史爲憲臺 謁者爲外臺	憲臺	
梁		梁 後魏 北齊 謂之南臺	南臺	
後魏		公事 百官朝會 名簿 自尙書令僕以下 悉送南臺	南臺	
北齊		梁 後魏 北齊 謂之南臺	南臺	
後周		屬秋官府	司憲	
隋			御史臺	
唐	國初		御史臺	
	龍朔二年		憲臺	
	咸亨元年	門北闕 主陰殺 故御史爲風霜之任 彈糾不法 百僚震恐	御史臺	復舊
	貞觀末	御史中丞李乾祐 大理來往 臺中置東西二獄 以自繫劾	御史臺	
	武太后	左右肅政 二臺	肅政臺	
	神龍	左右肅政臺→左右御史臺	左右御史臺	
	睿宗卽位	並察京師	二臺	
	太極元年	廢右臺 御史臺官復舊	御史臺	
五代	後唐天成元年	李琪爲御史大夫	御史臺	
	晉天福五年	御史中丞爲淸望正四品	御史臺	
	開運二年	郎中·員外郎一人兼侍御史 知雜事	御史臺	
十國	吳	御史大憲·侍御史知雜事	御史臺	
	南唐	御史大夫·中丞·侍御史·殿中寺御史·監察御史	御史臺	
	前蜀	中丞·侍御史	御史臺	
	後蜀	中丞·侍御史·監察御史	御史臺	

	南漢	御史大夫·中丞	·	
	吳越	御史大夫·中丞·侍御史·監察御史	·	
	閩	御史大夫·中丞·侍御史·殿中寺御史·監察御史	·	
宋		御史大夫·中丞·侍御史·殿中寺御史·監察御史	御史臺	
西夏	顯德元年	尼卒訛(御史 西夏語)	御史臺	
遼	太宗會同元年	御史大夫·中丞·侍御	御史臺	
金		御史大夫·中丞·侍御史·治書侍御史·監察御史	御史臺	
元		大夫·中丞·侍御史·治書侍御史	御史臺	
明		左右都御史·左右副都御史·左右僉都御史	**都察院**	
清		左都御史·左副都御史	都察院	

1) 御史臺② 高麗

高麗	國初		**司憲臺**	
	成宗十四年	大夫·中丞·侍御史·殿中侍御史·監察御史	**御史臺**	
	顯宗五年	金訓 請罷御史臺 置金吾臺 使·副使·錄事	**金吾臺**	
	顯宗六年	罷金吾臺→司憲臺 大夫·中丞·雜端·侍御司憲·殿中侍御司憲·監察司憲	司憲臺	
	顯宗十四年	復改御史臺	御史臺	
	靖宗十一年	陞權知監察御史 閤門祗候上	御史臺	
	文宗	判事·大夫·知事·中丞·雜端·侍御史·殿中侍御史·監察御史	御史臺	
	睿宗十一年	知事雜端立本品行頭	御史臺	
	神宗五年	御史二人陞爲叅秩	御史臺	
	忠烈王元年	大夫→提憲 中丞→侍丞 侍御史→侍史監察御史→監察史	**監察司**	
	忠烈王二十四年	提憲→大夫 侍丞→中丞 侍史→內侍史 殿中侍御史→殿中內侍史 監察史→監察內史 減知事雜端	**司憲府**	
	忠烈王 後	內侍史→侍御史 殿中內侍史→殿中侍御史 監察內史→監察御史	監察司	

忠烈王三十四年	大夫→大司憲 中丞→執義 侍御史→掌令 殿中侍御史→持平 監察御史→糾正	司憲府	
忠宣王三年	降大司憲正三品執義從三品	司憲府	
忠宣王 後	大司憲→大夫	監察司	
恭愍王五年	大夫如故 執義→中丞 掌令→侍御史 持平→殿中侍御史 糾正→監察御史	御史臺	
恭愍王十一年	中丞→執義 侍御史→掌令 殿中侍御史→持平 監察御史→糾正	監察司	
恭愍王十八年	大夫→大司憲 革執義 置知事·兼知事 掌令→侍史 持平→雜端 置兼糾正	司憲府	
恭愍王二十一年	革知事 復置執義 侍史→掌令 雜端→持平	司憲府	

7. 樞密院

王朝	時期	임명사례	명칭변경	典據
唐	唐末	昔唐朝擇中官一人爲樞密使 以出納帝命	樞密院(?)	
	天祐元年廢	唐樞密使 兩軍中尉 謂之四貴	樞密使	職官分紀
五代	梁開平元年	樞密院→崇政院 敬翔爲院使 副使·判官	崇政院	
	後唐同光元年	宰臣郭崇韜兼樞密使	樞密院	
	晉祖	宰臣桑維翰兼樞密使	樞密院	
	晉天福四年	樞密副使張從恩 爲宣徽使	廢	
	開運元年六月	宰臣桑維翰兼樞密使	樞密院	
	周顯德六年	司徒平章事范質·禮部尙書平章事王溥 並參知樞密院事	樞密院	
	周顯德中	樞密使吳廷祚加同中書門下二品	樞密院	
十國	吳	內樞使·承宣院使	·	
	南唐	樞密院使·副使	樞密院	
	南唐 後	(光政院使·副使)	光政院	
	前蜀	內樞密使·判樞密院·樞密使	·	
	後蜀	樞密使·知權樞密院·副使	·	

	南漢	簽書點檢司事·知承宣院	·	
	楚	左右機要司	·	
	閩	內樞密使(樞密使)	·	
	北漢	樞密使·副使·樞密直學士	·	
宋	初	循唐·五代之制, 置樞密院 與中書對持文武二柄 二府 在中書之北 印有東院·西院	樞密院	
		樞密使 知院事 同知院事 樞密副使 簽書院事 同簽書院事	樞密院	佐天子執兵政
西夏	顯道元年(1033)	令[領]盧(西夏語)	樞密院	掌軍務
베트남	前黎龍鋌(1008)	樞密使	·	兵權掌握
	李 仁宗乾德(1089)	樞密使 左右樞密使	·	
遼		南北院樞密使·知南北院樞密使事·知南北院樞密院事·南北院樞密副使·知南北院樞密副使事·同知南北院樞密使事·簽書南北樞密院事	契丹南北樞密院	行樞密院東征行樞密院
		樞密使·知樞密使事·知樞密院事·樞密副使·同知樞密院事·知樞密院副使事·樞密直學士	漢人樞密院	
金	泰和六年	嘗改爲元帥府	樞密院	
		樞密使·樞密副使·簽書樞密院事·同簽樞密院事	樞密院	
元	世祖中統四年	樞密副使·僉書樞密事 同知樞密院事·院判·中書平章商量院事	樞密院	
		西川·江南·甘肅·河南·嶺北樞密院	行樞密院	
高麗	成宗十年	兵官侍郞韓彦恭 宋樞密院 我朝直宿貟吏之職	中樞院	
	顯宗初卽位	罷中樞院及銀臺南北院 使·副使·直中臺·兼直中臺	中臺省	
	顯宗二年		中樞院	
	顯宗十四年	中樞院日直員爲左右承宣	樞密院	
	文宗	判院事·院使·知院事·同知院事·副使·簽書院事·直學士·知奏事·左右承宣·左右副承宣	樞密院	
	獻宗元年		樞密院	
	忠宣王二年		密直司	

*侍中爲樞密之任 以中書地切樞密

8. 宣徽院

王朝	時期	임명 사례	명칭변경	典據
唐		舊制, 以檢校爲使	(宣徽使)	
五代	晉	宣徽使劉處讓代之	宣徽使	
	晉 天福四年	樞密副使張從恩爲宣徽使	宣徽使	
	長興元年	張延朗行工部尙書 充三司使 班在宣徽使之下	宣徽使	
十國	吳	宣徽院使	宣徽院使	
	南唐	宣徽院使・副使	宣徽院使・副使	
	前蜀	宣徽南院使・宣徽北院使	宣徽南北院使	
	後蜀	宣徽南院使・宣徽北院使	宣徽南北院使	
	閩	內宣徽院使・宣徽使	內宣徽院使・宣徽使	
	北漢	宣徽使・宣徽北院使	宣徽使・宣徽北院使	
宋		樞密・宣徽・三司使副・學士・諸司而下 謂之「內職」分掌四案：兵案・騎案・倉案・冑案	宣徽院	內職
	神宗熙寧元年	檢校太傅 改宣徽北院使 尋遷南院	宣徽南北院	
	哲宗卽位/元祐三年	罷→復置南・北院使	宣徽南北院	宣徽, 武官也
	紹聖三年	罷, 南渡以後, 不復再置		
西夏	奲都六年(1062)	南北宣徽使	宣徽院	『天盛舊改新定律令』
遼	太宗會同元年	宣徽使・知宣徽院事・宣徽副使・同知宣徽使事・同知宣徽院事	宣徽院	
	道宗壽隆元年	南京宣徽使・知南京宣徽院使事・知南京宣徽院事・南京宣徽副使・同知南京宣徽院事	南京宣徽院	
金		左宣徽使・右宣徽使・同知宣徽院事・同簽宣徽院事・宣徽判官	宣徽院	屬司 27
		掌朝會・燕享 凡殿庭禮儀及監知御膳		
元	至元十五年	院使・同知・同僉・主事・照磨	宣徽院	
	皇慶元年	院使・同知・副使・僉院・同僉・院判・經歷・都事・照磨・承發架閣庫	宣徽院	屬司 25

		掾史·蒙古必闍赤·回回掾史·怯里 馬赤·知印·典吏·蒙古書寫	

| | 元 | 掌供玉食. 凡稻粱牲牢酒醴蔬菓果庶品之物, 燕享宗戚賓客之事, 及諸王宿衛·怯憐口糧食, 蒙古萬戶·千戶合納差發, 係官抽分, 牧養孳畜, 歲支芻草粟菽, 羊馬價直, 收受闌遺等事, 與尙食·尙藥·尙醞三局, 皆隷焉. 所轄內外司屬, 用人則自爲選 | | |

| 高麗 | 穆宗元年 | 9科 宣徽諸使 宣徽判事
11科 宣徽諸使使
12科 散宣徽諸使使
13科 宣徽諸使副使
14科 散宣徽諸使副使
16科 宣徽諸使判官 宣徽別駕 | 宣徽諸使·宣徽判事·宣徽諸使使·散宣徽諸使使·宣徽諸使副使·散宣徽諸使副使·宣徽諸使判官·宣徽別駕 | 實職6 散職2 |
| | 避馬式 | 南班宣徽使 | 宣徽使 | |

9. 兵部

1) 兵部尙書

王朝	時期	임명 사례	명칭변경	典據
周	『周禮』	大司馬之職 領校人·牧師·職方·司兵	夏官	
	周官	五兵 : 戈·殳·戟·酋矛·夷矛	司兵	
魏		五兵 : 中兵·外兵·騎兵·別兵·都兵	五兵尙書	
晉	太康中	左右中兵·左右外兵	五兵尙書	五兵爲七曹
宋		中兵·外兵二曹	五兵尙書	
齊梁陳			五兵尙書	
後魏			七兵尙書	
北齊		五曹 : 左中兵 右中兵 左外兵 右外兵 都兵	五兵(尙書)	
後周		兵部中大夫 小兵部下大夫	大司馬	
隋		四曹 : 兵部·職方·駕部·庫部	兵部尙書	
唐	龍朔二年		司戎太常伯	
	咸亨元年		兵部尙書	復舊
	光宅元年		夏官尙書	
	神龍元年		兵部尙書	復舊
	天寶十一年		武部尙書	
	至德初		兵部尙書	復舊
五代			兵部尙書	

十國		吳·南唐·後蜀·南漢·閩·北漢	兵部尙書	
宋			兵部尙書	
西夏	奲都六年 (1062)		兵部尙書	
베트남	李 仁宗乾 德(1089)		兵部尙書	
遼		契丹北樞密院	兵部尙書	虛說
金			兵部尙書	
元			兵部尙書	
高麗	太祖元年		兵部令	
	成宗元年		兵官御事	
	成宗十四年		兵部尙書	
	文宗		兵部尙書	

2) 兵部侍郎

왕조	時期	임명사례	명칭변경	典據
隋	煬帝	置	兵部侍郎	
唐	初		兵部侍郎	
	龍朔二年		司戎太常伯	
	咸亨元年		兵部侍郎	復舊
五代			兵部侍郎	
十國		吳·南唐·後蜀·南漢·楚·閩·北漢	兵部侍郎	
宋			兵部侍郎	
西夏	奲都六年(1062)		兵部侍郎	
베트남	李 仁宗乾德(1089)		兵部侍郎	
遼		契丹北樞密院	兵部侍郎	虛說
金			兵部侍郎	
元			兵部侍郎	
高麗	太祖元年		兵部卿	
	成宗元年		兵官侍郎	
	成宗十四年		兵部侍郎	
	文宗		兵部侍郎	

3) 兵部郎中

왕조	時期	임명사례	명칭변경	典據
隋	煬帝	煬帝除「侍」字, 改爲兵部曹郎	兵部曹郎	
唐	武德三年		兵部郎中	

	龍朔二年		司戎大夫	
	咸亨元年		兵部郎中	復舊
五代			兵部郎中	
十國		吳·南唐·後蜀·南漢·閩	兵部郎中	
宋			兵部郎中	
金			兵部郎中	
元			兵部郎中	
高麗	太祖元年		兵部郎中	
	成宗元年		兵官郎中	
	成宗十四年		兵部郎中	
	文宗		兵部郎中	

4) 兵部員外郎

왕조	時期	임명 사례	명칭변경	典據
隋	文帝	置	兵部員外郎	
	煬帝		兵曹承務郎	
唐	武德三年		兵部員外郎	復舊
五代			兵部員外郎	
十國		吳·南唐·後蜀·閩	兵部員外郎	
宋			兵部員外郎	
金			兵部員外郎	
元			兵部員外郎	
高麗	文宗		兵部員外郎	

5) 職方郎中

왕조	時期	임명 사례	명칭변경	典據
周	『周禮』	夏官有職方氏	職方氏	
隋	初		職方侍郎	
	煬帝	除「侍」字	職方郎	
唐	武德 中	加「中」字	職方郎中	
	龍朔二年		司城大夫	
	咸亨元年		職方郎中	復舊
五代			職方郎中	
十國		吳·南唐·後蜀	職方郎中	
宋			職方郎中	

6) 駕部郎中

왕조	時期	임명사례	명칭변경	典據
周	『周禮』	夏官有職方氏	輿司馬	
魏晋			駕部郎	
宋		駕部屬左民尙書	駕部	
後魏		後魏與北齊	駕部郎中	
後周		屬夏官	駕部中大夫	
隋	初		駕部侍郎	
	煬帝	除「侍」字	駕部郎	
唐	武德 中	加「中」字	駕部郎中	
	龍朔二年		司輿大夫	
	咸亨元年		駕部郎中	復舊
	天寶中		司駕郎中	
	至德 初		駕部郎中	復舊
五代			駕部郎中	
十國		吳·南唐	駕部郎中	
宋			駕部郎中	

7) 庫部郎中

왕조	時期	임명사례	명칭변경	典據
周	周官		司甲	
魏			庫部郎	
宋		主兵仗	庫部	
後魏		後魏, 北齊庫部屬度支尙書,	庫部	掌凡戎仗器用
後周			武藏中大夫	
隋	初		庫部侍郎	
	煬帝	除「侍」字	庫部郎	
唐	武德 中	加「中」字	庫部郎中	
	龍朔二年		司庫大夫	
	咸亨元年		庫部郎中	復舊
	天寶十一年		司庫郎中	
	至德 初		庫部郎中	復舊
五代			庫部郎中	
十國		吳·南唐	庫部郎中	
宋			庫部郎中	
遼			庫部郎中	
高麗	太祖元年		庫曹(郎中)	
	成宗十四年		庫部(郎中)	
	顯宗二年		罷	

참고문헌

1. 史料

1) 國內史料

(1) 歷史書

『三國史記』(韓國精神文化研究院, 1996, 點校·譯註)

『三國遺事』(韓國精神文化研究院, 2002, 點校·譯註)

『高麗史』(亞細亞文化社, 1972, 影印本)

『高麗史節要』(亞細亞文化社, 1973, 影印本)

『高麗史中中韓關係史料彙編』(金渭顯, 1983, 食貨出版社)

『譯註『高麗史』食貨志』(權寧國 외, 1996, 韓國精神文化研究院)

『『고려사』 백관지 역주』(朴龍雲, 2009, 신서원)

『『고려사』 형법지 역주』(蔡雄錫, 2009, 신서원)

(2) 金石文

『韓國金石文大系』(趙東元, 1979～1998, 圓光大出版部, 全7卷)

『朝鮮金石總覽』(朝鮮總督府, 1919, 日韓印刷所, 上·下 2卷)

『韓國金石遺文』(黃壽永, 1976, 一志社)

『韓國金石全文』(許興植, 1984, 亞細亞文化社)

『高麗墓地銘集成』(金龍善, 1993, 翰林大出版部) ;『譯註高麗墓誌銘集成』(金龍善, 2001, 翰林大出版部)

(3) 古文書

『韓國上代古文書資料集成』(李基白, 1986, 一志社)

『韓國中世社會史資料集』(許興植, 1975, 亞細亞文化社)

『韓國古代中世古文書研究』(盧明鎬 외, 2000, 서울대학교출판부)

2. 中國사료

(1) 歷史書

『漢書』(後漢 班固, 中華書局, 標點校勘)

『後漢書』(南北朝/宋 范曄, 中華書局, 標點校勘)

『隋書』(唐 魏徵·長孫無忌, 中華書局, 標點校勘)

『舊唐書』(後晉 劉昫, 中華書局, 標點校勘)

『新唐書』(宋 歐陽脩, 中華書局, 標點校勘)

『舊五代史』(宋 薛居正, 中華書局, 標點校勘)

『新五代史』(宋 歐陽脩, 中華書局, 標點校勘)

『南唐書』(宋 陸游, 四庫全書 影印)

『吳越備史』(宋 錢儼, 四庫全書 影印)

『十國春秋』(淸 吳任臣, 四庫全書 影印)

『宋史』(元 脫脫, 中華書局, 標點校勘) ; 『宋史職官志索引』(左伯富, 1974, 同
　　　朋舍)

『遼史』(元 脫脫, 中華書局, 標點校勘)

『金史』(元 脫脫, 中華書局, 標點校勘)

『元史』(明 宋濂, 中華書局, 標點校勘)

『資治通鑑』(宋 司馬光, 中華書局, 標點校勘)

『續資治通鑑長編』(宋 李燾, 中華書局, 標點校勘)

『通鑑紀事本末』(宋 袁樞, 中華書局, 標點校勘)

『續資治通鑑』(淸 畢沅, 中華書局, 四庫全書 影印)

『宋代麗史資料集成』(張東翼, 2000, 서울대학교출판부)

(2) 其他

『高麗圖經』(宋 徐兢, 宋乾道本 - 梨花史學影印) ; 『譯註宣和奉使高麗圖經』
　　　(趙東元 외, 2005, 황소자리)

『唐六典』(唐 李林甫, 1992, 中華書局, 標點校勘本) ; 『譯註唐六典』金鐸敏 외,
　　　2003·2005·2008, 신서원, 全3卷)

『初學記』(唐 徐堅, 1962, 中華書局, 標點校勘本, 全3卷)

『職官分紀』(宋 孫逢吉, 1988, 中華書局, 四庫全書本 影印)

『通典』(唐 杜佑, 1988, 中華書局, 標點校勘本, 全5卷)
『文獻通考』(元 馬端臨, 1986, 中華書局, 四庫全書本 影印)
『通志』(宋 鄭樵, 1995, 中華書局, 標點校勘, 上·下 2卷)
『册府元龜』(宋 王欽若, 2006, 鳳凰出版社, 標點校勘, 全12卷)
『唐會要』(宋 王溥, 1991, 上海古籍出版社, 標點校勘, 上·下 2卷)
『五代會要』(宋 王溥, 2006, 上海古籍出版社, 標點校勘)
『遼會要』(陳述·朱子方編, 2009, 上海古籍出版社, 標點校勘)
『宋會要輯稿』(淸 徐松, 1957, 中華書局, 影印)
『玉海』(宋 王應麟, 1983, 商務印書館, 影印, 全5卷)
『江南通志』(淸 靳輔, 1983, 四庫全書本 影印)
『歷代職官表』(淸 紀昀, 上海古籍出版社, 影印本)
『唐律疏議』(唐 長孫無忌, 1986, 中華書局 ; 1996, 劉俊文 標點校勘, 上·下 2
　　　　卷) ;『譯註唐律疏議』(金鐸敏·任大熙, 1994·1997·1998, 한국법제연
　　　　구원, 全3卷)
『宋刑統』(宋 竇儀, 1984, 中華書局, 點校)

2. 硏究論著

1) 著書

姜晉哲, 1980,『高麗土地制度史硏究』, 高麗大出版部
姜晉哲, 1989,『韓國中世土地所有硏究』, 一潮閣
龔延明, 1997,『宋代官制辭典』, 中華書局
具山祐, 2003,『高麗前期 鄕村支配體制 硏究』, 혜안
堀敏一 외, 1970,『岩波講座 世界歷史 5 - 古代5, 東アジア世界の形成Ⅱ-』,
　　　　岩波書店
宮崎市定, 1966,『九品官人法の硏究-科擧前史-』, 同朋舍
旗田巍, 1972,『朝鮮中世社會史の硏究』, 法政大學出版局
金甲童, 1990,『羅末麗初의 豪族과 社會變動 硏究』, 高大民族文化硏究所
金光哲, 1991,『高麗後期世族層硏究』, 東亞大出版部

金基德, 1998, 『高麗時代 封爵制 研究』, 청년사
金南奎, 1989, 『高麗兩界地方史研究』, 새문사
金塘澤, 1987, 『高麗武人政權研究』, 새문사
金杜珍, 1981, 『均如華嚴思想研究』, 한국연구원
金庠基, 1961 『高麗時代史』, 東國文化社
金庠基, 1974, 『東方史論叢』, 서울大學校出版社
金成俊, 1985, 『韓國中世政治法制史研究』, 一潮閣
金龍善, 1991, 『高麗蔭敍制度研究』, 一潮閣
金日宇, 1998, 『고려 초기 국가의 地方支配體系 연구』, 一志社
金在滿, 1974, 『契丹民族 發展史의 研究』, 讀書新聞社出版局
金在滿, 1999, 『契丹·高麗關係史研究』, 國學資料院
金哲埈, 1975, 『韓國古代社會研究』, 知識産業社
那波利貞, 1974, 『唐代社會文化史研究』, 創文社
南仁國, 1999, 『高麗中期 政治勢力研究』, 신서원
盧明鎬, 1988, 『高麗社會의 兩側的 親屬組織 研究』, 서울大博士學位論文
樓勁, 1992, 『中國古代文官制度』, 甘肅人民出版社
島田正郞, 1978, 『遼朝官制の研究』, 創文社
都賢喆, 1999, 『高麗末 士大夫의 政治思想研究』, 一潮閣
梅原郁, 1985, 『宋代官僚制度研究』, 同朋舍
梅原郁, 2006, 『宋代司法制度研究』, 創文社
文炯萬, 1985, 『高麗 諸司都監各色 研究』, 東亞大博士學位論文
閔丙河, 1980, 『高麗武臣政權研究』, 成均館大學校出版部
朴龍雲, 1980, 『高麗時代 臺諫制度研究』, 一志社
朴龍雲, 1987, 『高麗時代史』, 一志社
朴龍雲, 1990, 『高麗時代 蔭敍制와 科擧制 研究』, 一志社
朴龍雲, 1996, 『高麗時代 開京研究』, 一志社
朴龍雲, 1996, 『高麗時代 官職·官階研究』, 高麗大出版部
朴龍雲, 2000, 『高麗時代 尙書省 研究』, 景仁文化社
朴龍雲, 2000, 『고려시대 中書門下省宰臣 연구』, 一志社
朴宰佑, 2005, 『고려 국정운영의 체계와 왕권』, 신구문화사
朴宗基, 1990, 『高麗時代 部曲制研究』, 서울大出版部

朴鍾進, 2000, 『고려시기 재정운영과 조세제도』, 서울大出版部

朴菖熙, 1984, 『韓國史의 視角』, 永信文化社

白鋼, 1991, 『中國政治制度史』, 中國天津人民出版社

邊太燮, 1971, 『高麗政治制度史硏究』, 一潮閣

邊太燮, 1982, 『『高麗史』의 硏究』, 三英社

山本隆義, 1968, 『中國政治制度史の硏究』, 同朋舍

孫文良, 1993, 『中國官制史』, 文律出版社

矢木毅, 2008, 『高麗官僚制度硏究』, 京都大學學術出版會

申千湜, 1995, 『高麗敎育史硏究』, 景仁文化社

辛虎雄, 1995, 『高麗法制史硏究』, 國學資料院

申虎澈, 1993, 『後百濟 甄萱政權硏究』, 一潮閣

安秉佑, 2002, 『高麗前期의 財政構造』, 서울大出版部

愛宕元 외, 1997, 『中國史3 - 五代～元 - 』, 山川出版社

嚴耕望, 1991, 『嚴耕望史學論文集』, 聯經出版事業公司

窪添慶文 외, 1996, 『中國史2 - 三國～唐 - 』, 山川出版社

尹龍二, 1993, 『韓國陶瓷史硏究』, 문예출판사

尹龍爀, 1991, 『高麗對蒙抗爭史硏究』, 一志社

李基白, 1968, 『高麗兵制史硏究』, 一潮閣

李基白 외, 1981, 『高麗光宗硏究』, 一潮閣

李基白, 1990, 『高麗貴族社會의 形成』, 一潮閣

李基白 외, 1993, 『崔承老上書文硏究』, 一潮閣

李範稷, 1991, 『韓國中世禮思想硏究』, 一潮閣

李丙燾, 1947, 『高麗時代의 硏究』, 乙酉文化社

李成茂, 1980, 『朝鮮初期兩班硏究』, 一潮閣

李樹健, 1984, 『韓國中世社會史硏究』, 一潮閣

李純根, 1992, 『新羅末 地方勢力의 構成에 관한 연구』, 서울大博士學位論文

李佑成, 1991, 『韓國中世社會硏究』, 一潮閣

李仁哲, 1993, 『新羅政治制度史硏究』, 一志社

李在範, 1991, 『後三國時代 弓裔政權의 硏究』, 成均館大博士學位論文

李載浩, 1995, 『朝鮮政治制度硏究』, 一潮閣

李貞薰, 2007, 『高麗前期 政治制度 硏究』, 혜안

李鎭漢, 1999, 『고려전기 官職과 祿俸의 관계연구』, 一志社

李熙德, 1984, 『高麗儒教政治思想의 研究』, 一潮閣

滋賀秀三, 1993, 『中國法制史』, 東京大學出版會

滋賀秀三, 2003, 『中國法制史論集 - 法典과 刑罰 - 』, 創文社

全基雄, 1993, 『羅末麗初의 文人知識層 研究』, 釜山大博士學位論文

鄭容淑, 1992, 『高麗時代의 后妃』, 民音社

左伯富 외, 1970, 『岩波講座 世界歷史9 - 中世3, 東アジア世界의 展開Ⅰ - 』, 岩波書店

左言東, 1986, 『中國政治制度史』, 浙江古籍出版社

佐竹靖彦 외, 1966, 『宋元時代史의 基本問題』, 汲古書院

周藤吉之 외, 1974, 『中國의 歷史 4·5』, 講談社

周藤吉之, 1980, 『高麗朝官僚制의 研究』, 法政大學出版局

周藤吉之, 1992, 『宋高麗制度史研究』, 汲古書院

曾繁康, 1981, 『中國政治制度史』, 華岡出版有限公司

陳茂同, 1988, 『歷代職官沿革史』, 華東師範大學出版社

陳仲安·王素, 1993, 『漢唐職官制度研究』, 中華書局

蔡雄錫, 2000, 『高麗時代의 國家와 地方社會』, 서울大出版部

崔貞煥, 1991, 『高麗·朝鮮時代 祿俸制 研究』, 慶北大出版部

崔貞煥, 2002, 『高麗 政治制度와 祿俸制 研究』, 신서원

崔貞煥, 2006, 『『高麗史』百官志의 연구, 譯註『高麗史』百官志』, 景仁文化社

築山治三郎, 1967, 『唐代政治制度의 研究』, 創元社

布目潮渢 외, 1974, 『中國의 歷史4 - 隋唐帝國 - 』, 講談社

河炫綱, 1989, 『韓國中世史論』, 新丘文化社

한정수, 2007, 『한국 중세 유교정치사상과 농업』, 혜안

韓忠熙, 1998, 『朝鮮初期 六曹와 統治體系』, 啓明大出版部

許興植, 1981, 『高麗科擧制度史研究』, 一潮閣

許興植, 1986, 『高麗佛教史研究』, 一潮閣

許興植, 1986, 『高麗社會史研究』, 亞細亞文化社

洪承基, 1983, 『高麗 貴族社會와 奴婢』, 一潮閣

洪承基, 1996, 『高麗 太祖의 國家經營』, 서울大出版部

洪承基, 2002, 『高麗政治史研究』, 一潮閣

洪榮義, 2005, 『高麗末 政治史 研究』, 혜안

洪元基, 2001, 『高麗前期軍制研究』, 혜안

黃善榮, 1987, 『高麗初期 王權研究』, 東亞大出版部

黃善榮, 2002, 『나말여초 정치제도사 연구』, 국학자료원

2) 研究論文

具山祐, 1988, 「高麗前期 鄕村支配體制의 形成」 『韓國史論』 20

具山祐, 1992, 「高麗 成宗代 對外關係의 展開와 그 政治的 性格」 『韓國史研究』 78

權寧國, 2005, 「고려전기의 戶部와 三司 – 당·송제도와의비교 – 」 『歷史學報』 188

權寧國, 2006, 「고려 초 徇軍部의 설치와 기능의 변화」 『韓國史研究』 135

권영국, 2009, 「고려전기 군정·군령기구의 정비」 『역사와 현실』 73

旗田巍, 1961, 「高麗의 武散階」 『朝鮮學報』 21·22合

金甲童, 1985, 「高麗 建國期의 淸州勢力과 王建」 『韓國史研究』 48

金甲童, 1988, 「高麗 太祖代 郡縣의 來屬關係 形成」 『韓國學報』 52

金甲童, 1988, 「高麗初期 官階의 成立과 그 意義」 『歷史學報』 117

金甲童, 1992, 「高麗王朝의 成立과 郡縣制의 變化」 『國史館論叢』 35

金甲童, 1994, 「高麗時代의 都兵馬使」 『歷史學報』 141

金甲童, 1994, 「金審言의 生涯와 思想」 『史學研究』 48

金甲童, 1994, 「新羅의 滅亡과 慶州勢力의 動向」 『新羅文化』 10·11合

金炅希, 1989, 「高麗前期 中樞院 承宣研究」 『梨大史苑』 24·25合

金光洙, 1969, 「高麗時代의 權務職」 『韓國史研究』 30

金光洙, 1969, 「高麗時代의 同正職」 『歷史學報』 11·12合

金光洙, 1969, 「高麗時代의 胥吏職」 『韓國史研究』 4

金光洙, 1972, 「羅末麗初의 地方學校問題」 『韓國史研究』 7

金光洙, 1973, 「高麗太祖의 三韓功臣」 『史學志』 7

金光洙, 1979, 「羅末麗初의 豪族과 官班」 『韓國史研究』 23

金光洙, 1986, 「高麗 太祖의 官僚制」 『白山學報』 33

金光植, 1989, 「高麗 肅宗代의 王權과 寺院勢力 – 鑄錢政策의 배경을 中心으로 – 」 『白山學報』 36

金基德, 1992,「高麗光宗代 王權强化와 太子冊封」『朴永錫敎授華甲紀念韓國
　　　史學論叢』上, 探究堂

金南奎, 1969,「高麗의 兩界兵馬使에 대하여」『李弘稙博士回甲紀念韓國史學
　　　論叢』

金南奎, 1973,「高麗兩界의 監倉使에 대하여」『史叢』17·18合

金南奎, 1991,「高麗前期 兩界 鎭城 移住民에 대하여」『慶大史論』6

金塘澤, 1981,「崔承老의 上書文에 보이는 光宗代의 '後生'과 景宗 元年 田柴
　　　科」『高麗光宗研究』, 一潮閣

金大植, 2000,「高麗 成宗代 三省六部制의 導入過程」『史林』14

金大植, 2005,「『海外使程廣記』에 나타난 高麗 光宗代 10省 4部」『史林』24

金大植, 2005,「고려초기 使行 기록의 검토 -『海外使程廣記』를 중심으로 -」
　　　『역사와 현실』58

金大植, 2007,「羅末麗初 知識人의 正體性 - 崔彦撝를 중심으로 -」『新羅史學
　　　報』9

김대식, 2007,「智光國師碑에 나타난 高麗의 龍華世界」『古文化』70

김대식, 2008,「高麗 光宗代의 對外關係」『史林』29

김대식, 2008,「총론 : 고려 정치제도사의 재검토」『역사와 현실』68

김대식, 2008,「고려 초기 중앙관제의 성립과 변화」『역사와 현실』68

김대식, 2009,「10~12세기 동아시아의 당제 수용」『역사와 현실』73

金大植, 2009,「고려 行頭·班首의 검토」『역사와 담론』53

金大中, 1995,「高麗前期 重房體制의 成立」『國史館論叢』61

金東洙, 1984,「高麗時代의 相避制」『歷史學報』102

金東洙, 1989,「고려 중·후기의 監務 파견」『全南史學』3

金杜珍, 1979,「高麗 光宗代의 專制王權과 豪族」『韓國學報』15

金杜珍, 1992,「弓裔의 彌勒世界」『韓國史市民講座』10

金福順, 1992,「崔致遠과 崔承老」『慶州史學』11

金福姬, 1990,「高麗初期 官階의 成立基盤 - 浿西豪族의 動向과 관련하여 -」
　　　『釜大史學』14

金成俊, 1958,「其人에 性格에 對한 考察」『歷史學報』10·11合

金壽泰, 1989,「高麗初 別籍異財에 관한 法律의 制定」『東亞研究』17

金壽泰, 1989,「高麗初 忠州地方의 豪族 - 忠州劉氏를 중심으로 -」『忠淸文化

硏究』1, 한남대

金鎔坤, 1989, 「高麗時期 儒教官人層의 思想動向 - 文宗～忠肅王期를 中心으로 - 」『國史館論叢』6

金龍德, 1959, 「高麗 光宗朝의 科擧制度 問題」『中央大論文集』4

金龍德, 1971, 「高麗時代의 署經에 대하여」『李丙燾博士華甲紀念論叢』

金龍善, 1981, 「光宗의 改革과 歸法寺」『高麗光宗硏究』, 一潮閣

金龍善, 1989, 「高麗 支配層의 埋葬地에 대한 고찰」『東亞硏究』17

金龍善, 1992, 「高麗 貴族社會成立論」『韓國社會發展史論』, 一潮閣

金容燮, 1975, 「高麗時期의 量田制」『東方學志』16

金潤坤, 1978, 「高麗 武臣政權時代의 敎定都監」『文理大學報』11, 嶺南大

金毅圭, 1971, 「高麗朝蔭敍職考」『柳洪烈博士華甲紀念論叢』

金毅圭, 1973, 「高麗官人社會의 性格에 對한 試考」『歷史學報』58

金毅圭, 1981, 「高麗前期의 政治制度」『韓國史論』2

김인호, 2002, 「여말선초 육전체제의 성립과 전개」『東方學志』118

金日宇, 1989, 「高麗初期 郡縣의 主屬關係 形成과 地方統治」『民族文化』12

金載名, 1998, 「高麗時代 御史臺의 監察御史」『조선시대의 사회와 사상』

金周成, 1988, 「高麗初 淸州地方의 豪族」『韓國史硏究』61·62合

金昌謙, 1992, 「高麗 太祖代 對流移民政策의 性格」『國史館論叢』35

金昌賢, 1992, 「高麗時代 日官에 관한 一考察 - 日官의 役割과 그 地位를 중심으로 - 」『史學硏究』45

金昌賢, 1997, 「高麗後期 都評議使司 體制의 성립과 발전」『史學硏究』54

金哲埈, 1965, 「崔承老의 時務 28條」『趙明基華甲紀念佛教史學論叢』

金泰旭, 1994, 「高麗 顯宗代의 宰樞」『歷史學報』144

金翰奎, 1977, 「高麗時代의 薦擧制에 대하여」『歷史學報』73

羅恪淳, 1988, 「高麗時代의 監務에 대한 硏究」『閔丙河先生停年紀念論叢』

羅恪淳, 1990, 「高麗 鄕吏의 身分變化」『國史館論叢』13

羅恪淳, 1992, 「高麗 鄕吏의 身分的 特性과 그 變化」『史學硏究』45

南仁國, 1990, 「高麗 睿宗代 支配勢力의 構成과 動向」『歷史教育論集』13·14合

南仁國, 1990, 「高麗 仁宗代 政治支配勢力의 成分과 動向」『歷史教育論集』15

內藤乾吉, 1930, 「唐の三省」『史林』15 - 4

內藤雋輔, 1955, 「高麗時代の鷹坊について」『朝鮮學報』8

盧明鎬, 1981,「高麗의 五服親과 親族關係法制」『韓國史研究』 33

盧明鎬, 1987,「高麗時代 親族組織의 研究狀況」『中央史論』 5

盧明鎬, 1988,「高麗時代 鄕村社會의 親族關係網과 家族」『韓國史論』 19

盧明鎬, 1988,「羅末麗初 親族組織의 變動」『金龍德敎授停年紀念論叢』

盧明鎬, 1989,「高麗時代의 親族組織」『國史館論叢』 3

盧明鎬, 1989,「高麗時代의 土地相續」『中央史論』 6

盧明鎬, 1990,「高麗後期의 族黨勢力」『李載龒敎授華甲紀念論叢』

盧鏞弼, 1989,「光宗 末年 太子 伷의 정치적 역할 」『震檀學報』 68

류주희, 2009,「고려전기 중추원의 설치와 그 성격」『역사와 현실』 73

馬宗樂, 1995,「高麗前期 政治勢力과 儒學思想－顯宗代의 金訓·崔質의 軍人
　　　亂을 중심으로－」『震檀學報』 80

武田幸男, 1966,「高麗初期の官階」『朝鮮學報』 41

文秀鎭, 1992,「王建의 高麗建國과 後三國 統一」『國史館論叢』 35

文喆永, 1991,「高麗末 朝鮮初 白丁의 身分과 差役」『韓國史論』 26

文炯萬, 1964,「麗代歸鄕考」『歷史學報』 23

閔丙河, 1963,「高麗時代의 地方制度와 土豪勢力」『成大論文集』 8

閔賢九, 1992,「韓國史에 있어서 高麗의 後三國 統一」『歷史上의 分裂과 再統
　　　一』上, 一潮閣

朴敬子, 1986,「淸州豪族의 吏族化」『院友論叢』 4, 숙대대학원

朴玉杰, 1990,「高麗의 軍事力 확충에 관한 研究」『軍史』 21

朴龍雲, 1971,「高麗朝의 臺諫制度」『歷史學報』 52

朴龍雲, 1973,「高麗時代 臺諫機能의 變遷」『史叢』 17·18合

朴龍雲, 1976,「高麗의 中樞院研究」『韓國史研究』 12

朴龍雲, 1976,「臺諫制度의 성립」『韓國史論叢』 1

朴龍雲, 1981,「高麗時代의 文散階」『震檀學報』 52

朴龍雲, 1990,「高麗時代의 紅牌에 관한 一考察」『李佑成定年紀念論叢, 民族
　　　史의 展開와 그 文化』上

朴龍雲, 1995,「高麗時代 官員의 陞黜과 考課」『歷史學報』 145

朴龍雲, 1995,「高麗時代의 尙書都省에 대한 檢討」『國史館論叢』 61

朴龍雲, 1997,「高麗時期 中書令에 대한 검토」『金容燮停年紀念論叢』

朴龍雲, 1998,「高麗時代의 門下侍中에 대한 검토」『震檀學報』 85

朴龍雲, 1999, 「고려시대의 政堂文學에 대한 검토」 『韓國史學報』 7

朴龍雲, 2000, 「고려시대의 知門下省事」 『고려시대 中書門下省宰臣 연구』, 一志社

朴龍雲, 2000, 「고려시대의 叅知政事」 『고려시대 中書門下省宰臣 연구』, 一志社

朴龍雲, 2000, 「고려시대의 平章事」 『고려시대 中書門下省宰臣 연구』, 一志社

朴龍雲, 2000, 『高麗時代 尙書省 硏究』, 景仁文化社

朴恩卿, 1990, 「高麗前期 移住硏究」 『歷史學報』 128

朴恩卿, 1992, 「高麗時代 歸鄕刑에 대한 재검토」 『韓國史硏究』 79

朴宰佑, 1996, 「高麗 恭愍王代 官制改革과 權力構造」 『震檀學報』 81

朴宰佑, 1997, 「高麗前期 國政運營體系와 宰樞」 『歷史學報』 154

박재우, 1997, 「고려전기 재추의 운영원리와 권력구조」 『역사와 현실』 26

朴宰佑, 2002, 「高麗前期 國政의 決定과 會議」 『韓國文化』 30

박재우, 2003, 「고려전기 國政의 결정과 시행」 『韓國史硏究』 121

박재우, 2004, 「고려전기 宰相의 임용 방식과 성격」 『韓國史硏究』 125

박재우, 2008, 「고려 초기의 대간 제도」 『역사와 현실』 68

박재우, 2009, 「고려전기 정치제도사의 평가와 모색」 『역사와 현실』 73

朴宗基, 1987, 「『高麗史』 地理志의 高麗初 年紀實證」 『斗溪李丙燾博士九旬紀念論叢』

朴宗基, 1988, 「高麗 太祖 23년 郡縣改編에 관한 硏究」 『韓國史論』 18

朴宗基, 1989, 「高麗時代 郡縣 支配體制와 構造」 『國史館論叢』 4

朴宗基, 1990, 「12, 13세기 農民抗爭의 原因에 대한 고찰」 『東方學志』 69

朴宗基, 1990, 「고려전기 향촌지배구조의 성립과 그 성격」 『역사와 현실』 3

朴宗基, 1991, 「高麗 部曲人의 身分과 身分制 運營原理」 『韓國學論叢』 13

朴宗基, 1992, 「12세기 高麗政治史 硏究論」 『許善道停年紀念 韓國史學論叢』

朴宗基, 1992, 「고려시대 민의 존재형태와 사회의식의 성장」 『역사비평』 가을

朴宗基, 1992, 「高麗時代 外官 屬官制 硏究」 『震檀學報』 72

朴宗基, 1998, 「11세기 고려의 대외관계와 정국운영론의 추이」 『역사와 현실』 30

박진훈, 2003, 「고려시대 監獄의 설치와 그 체계」 『역사와 현실』 47

朴菖熙, 1973, 「高麗時代 官僚制에 대한 考察」 『歷史學報』 58

朴菖熙, 1989,「高麗後期의 身分制 動搖」『國史館論叢』4

朴天植, 1991,「高麗士族의 形成·發展과 階層構造」下『國史館論叢』29

朴漢卨, 1977,「高麗王室의 起源」『史叢』21·22合

배종도, 1991,「『고려사』지리지의 일고찰 - 영속관계의 기준연대 추정을 중
　　　심으로 - 」『역사와 현실』6

邊太燮, 1961,「高麗朝 文班과 武班」『史學研究』11

邊太燮, 1965,「高麗武班研究」『亞細亞研究』8 - 1

邊太燮, 1967,「高麗의 中書門下省에 對하여」『歷史敎育』10

邊太燮, 1967,「高麗宰相考」『歷史學報』35·36合

邊太燮, 1968,「高麗按察使考」『歷史學報』40

邊太燮, 1968,「高麗前期의 外官制 - 地方機構의 行政體系 - 」『韓國史研究』2

邊太燮, 1970,「高麗時代 中央政治機構의 行政體系 - 尙書省機構를 中心으로
　　　 - 」『歷史學報』47

邊太燮, 1971,「高麗朝의 文班과 武班」『高麗政治史研究』, 一潮閣

邊太燮, 1973,「高麗의 式目都監」『歷史敎育』15

邊太燮, 1975,「高麗의 三司」『歷史敎育』17

邊太燮, 1976,「高麗의 政治體制와 權力構造」『韓國學報』4

邊太燮, 1976,「高麗의 中樞院」『震檀學報』41

邊太燮, 1981,「高麗初期의 政治制度」『韓㳛劢停年紀念史學論叢』

邊太燮, 1983,「高麗의 文翰官」『金哲埈博士華甲紀念史學論叢』, 知識產業社

邊太燮, 1989,「高麗時代 地方制度의 構造」『國史館論叢』1

邊太燮, 1995,「高麗의 會議都監」『國史館論叢』61

浜中昇, 1990,「신라 말기·고려 초기 城主·將軍에 대해서」『李佑成停年紀
　　　念論叢, 民族史의 展開와 그 文化』上, 창작과 비평사

서성호, 1993,「숙종대 정국의 추이와 정치세력」『역사와 현실』9

宋春永, 1971,「高麗 御史臺에 관한 一研究」『大丘史學』3

신수정, 2008,「고려 초기 宰相官府의 성립과 변화」『역사와 현실』68

신수정, 2009,「고려전기 內史門下省체제 하의 宰臣」『역사와 현실』73

辛虎雄, 1989,「高麗律의 制定에 대한 研究」『東國史學』22

辛虎雄, 1992,「高麗時代의 赦免制度」『金昌洙華甲紀念 史學論叢』

辛虎雄, 1992,「高麗律에 있어서 閏刑의 시행문제」『趙恒來華甲紀念 韓國史

『學論叢』

申虎澈, 1992,「新羅末・高麗初 昧谷城(懷仁)將軍 龔直 - 지방호족의 존재양태의 일단 - 」『湖西文化研究』 10

申虎澈, 1993,「後三國時代 豪族聯合政治」『韓國史上의 政治形態』, 一潮閣

심재석, 1989,「高麗國家의 成立 - 太祖의 王權에 關한 研究 - 」『里門論叢』 9

심재석, 1990,「高麗時代 武臣亂에 관한 一考 - 신분제의 변질설과 관련하여 - 」『外大史學』 3

安永根, 1992,「羅末麗初 淸州勢力의 動向」『朴永錫敎授華甲紀念韓國史學論叢』 上, 探究堂

梁寧祚, 1989,「高麗時代 賤者隨母法에 대한 再檢討」『淸溪史學』 6

嚴耕望, 1951,「唐代六部與九寺諸監之關係」『大陸雜誌』 2 - 11

嚴成鎔, 1986,「高麗 初期 王權과 地方豪族의 身分變化」『高麗史의 諸問題』, 三英社

呂恩映, 1989,「高麗時代의 動制」『慶尙史學』 4・5合

吳星, 1981,「高麗光宗代의 科擧合格者」『高麗光宗研究』, 一潮閣

오영선, 1993,「인종대 정치세력의 변동과 정책의 성격」『역사와 현실』 9

吳宗祿, 1991,「高麗後期의 軍事 指揮體系」『國史館論叢』 24

禹太連, 1988,「高麗初 地方別號의 制定과 그 運用」『慶北史學』 10・11・12合

魏恩淑, 1985,「羅末麗初 農業生產力 發展과 그 主導勢力」『釜大史學』 9

柳浩錫, 1989,「高麗時代 進士의 槪念에 대한 檢討」『歷史學報』 121

尹京鎭, 1991,「朝鮮初期 郡縣體制의 改編과 運營體系의 變化」『韓國史論』 25

尹武炳, 1962,「高麗時代 州府郡縣의 領屬關係와 界首官」『歷史學報』 17・18合

이경록, 2007,「고려 전기의 대민의료체제」『韓國史研究』 139

이경록, 2008,「고려초기 구료제도의 형성 - 광종대와 성종대를 중심으로 - 」『大東文化研究』 61

李光麟, 1954,「其人制度의 變遷에 對하여」『學林』 3

李基東, 1980,「新羅下代의 王位繼承과 政治過程」『歷史學報』 85

李基白, 1958,「高麗太祖時代의 鎭」『歷史學報』 10

李基白, 1966,「高麗地方制度의 整備와 州縣軍의 成立」『趙明基博士紀念佛敎史學論叢』

李基白, 1970,「新羅統一期 및 高麗初期의 儒敎的 政治理念」『大同文化研究』

6·7合

李基白, 1974,「高麗成宗代의 政治的 支配勢力」『湖南文化研究』 6

이상국, 2005,「고려시대 兩班田 분급의 一樣相」『韓國史研究』 128

이상국, 2005,「고려시대 호구파악 양상과 그 의미 - 호구자료를 중심으로 -」
　　　『大東文化研究』 52

이상국, 2006,「고려시대 兩班田의 구성과 경작인」『史林』 26

이상국, 2009,「고려 정종 5년(1039) '賤者隨母之法'의 제정과 그 의의」『史林』
　　　34

이상필, 1975,「高麗時代의 服制의 研究」『韓國史論』 2

李樹健, 1989,「高麗時代 「邑司」 研究」『國史館論叢』 3

李純根, 1987,「羅末麗初 「豪族」용어에 대한 연구사적 검토」『聖心女大論文
　　　集』 19

李純根, 1989,「羅末麗初 地方勢力의 構成形態에관한 一研究」『韓國史研究』
　　　67

李昇漢, 1993,「高麗 肅宗代 降魔軍 組織의 政治的 背景」『歷史學報』 137

李佑成, 1964,「高麗朝의 吏에 對하여」『歷史學報』 23

李在範, 1988,「弓裔政權의 政治的性格에 關한 考察 - 新羅와의 關係를 中心
　　　으로 -」『溪村閔丙河教授 停年紀念 史學論叢』

李在範, 1990,「高麗 奴婢의 法制的 地位」『國史館論叢』 17

李在範, 1995,「高麗 太祖 卽位時의 社會動向에 관한 一考察」『阜村申延澈教
　　　授 停年退任紀念 史學論叢』

李在範, 1997,「高麗 太祖의 訓要十條에 대한 再檢討」『成大史林』 12·13合

李在範, 1998,「高麗前期의 軍事制度」『韓國軍事史研究』 1

李在云, 1989,「崔承老의 政治思想」『汕耘史學』 3

李貞薰, 1999,「高麗前期 三省制와 政事堂」『韓國史研究』 104

李重孝, 1990,「高麗時代의 國子監試」『全南史學』 4

李泰鎭, 1972,「高麗宰府의 成立 - 그 制度史的 考察 -」『歷史學報』 56

李惠玉, 1982,「高麗初期 西京勢力에 대한 一考察」『韓國學報』 26

李熙德, 1969,「高麗 祿俸制의 研究」『李弘稙回甲紀念論叢』 新丘文化社

張東翼, 1976,「高麗前期 兼職制에 대하여」上『大丘史學』 11

張東翼, 1977,「高麗時代의 官僚進出(其一) - 初仕職 -」『大丘史學』 12·13合

張東翼, 1979,「高麗前期 兼職制에 대하여」下『大丘史學』17

張炳仁, 1990,「高麗時代 婚姻制에 대한 再檢討」『韓國史研究』71

張日圭, 1992,「新羅末 慶州崔氏 儒學者와 그 活動」『史學研究』45

全基雄, 1990,「羅末麗初 地方出身 文士層과 그 역할」『釜山史學』18

全基雄, 1993,「高麗初期의 新羅系勢力과 그 動向」『釜大史學』, 17

鄭景鉉, 1987,「高麗太祖代의 徇軍部에 대하여」『韓國學報』48

鄭景鉉, 1990,「高麗 太祖의 一利川 戰役」『韓國史研究』68

鄭景鉉, 1990,「高麗前期 京軍의 軍營」『韓國史論』23

鄭景鉉, 1991,「高麗初期 京軍의 統帥體系 - 徇軍部의 兵權에 대한 再解釋을 겸하여 -」『韓國學報』62

鄭景鉉, 1991,「韓國 軍事史研究의 方法論的 反省 - 高麗前期 中央軍制를 中心으로 -」『軍史』23

鄭景鉉, 1992,「高麗太祖의 王權 - 특히 그 權威의 측면을 중심으로 -」『許善道停年紀念 韓國史學論叢』

鄭景鉉, 1992,「諸衛의 保勝·精勇軍과 「軍人田」」『高麗前期 二軍六衛制 研究』

鄭修芽, 1992,「高麗中期 改革政策과 그 思想的 배경 - 北宋 '新法'의 수용에 관한 一試論 -」『朴永錫華甲紀念 韓國史學論叢』上

정요근, 2001,「高麗前期 驛制의 整備와 22驛道」『韓國史論』45, 서울대

鄭淸柱, 1988,「新羅末 高麗初 豪族의 形成과 變化에 대한 一考察 - 平山朴氏의 實例 檢討 -」『歷史學報』118

鄭淸柱, 1991,「新羅末·高麗初의 羅州豪族」『全北史學』14

趙凡煥, 1991,「新羅末 朴氏王의 登場과 그 政治的 性格」『歷史學報』129

趙仁成, 1990,『泰封의 弓裔政權研究』, 서강대 박사학위논문

蔡雄錫, 1986,「高麗前期 社會構造와 本貫制」『高麗史의 諸問題』, 三英社

蔡雄錫, 1989,「高麗時代 香徒의 社會的 性格과 變化」『國史館論叢』2

蔡雄錫, 1993,「고려전기 향촌 지배질서와 신분제」『한국사』6, 한길사

蔡雄錫, 1998,「고려 문종대 관료의 사회적 위상과 정치운영」『역사와 현실』27

千寬宇, 1958,「閑人考 - 高麗初期 地方統制에 관한 一考察 -」『社會科學』2

崔圭成, 1992,「廣評省考 - 高麗 太祖代 廣評省의 性格을 중심으로 -」『金昌

洙華甲紀念 史學論叢』

崔圭成, 1993, 「徇軍部考」『祥明史學』 創刊號

崔柄憲, 1978, 「新羅末 金海地方의 豪族勢力과 禪宗」『韓國史論』 4

최연식, 1999, 「高麗時代 國王文書의 種類와 機能」『國史館論叢』 87

崔貞煥, 1991, 「權務官祿을 통해 본 高麗時代의 權務職」『國史館論叢』 26

崔貞煥, 2006, 「高麗 初期의 政治制度와 3省 6部의 成立 및 變遷」『歷史學報』 192

河泰奎, 1990, 「高麗時代 百姓의 槪念과 그 存在形態」『國史館論叢』 20

河炫綱, 1962, 「高麗地方制度의 一硏究 – 道制를 中心으로 – 」『史學硏究』 13·14合

河炫綱, 1967, 「高麗西京考」『歷史學報』 35·36合

河炫綱, 1968, 「高麗前期의 王室婚姻에 對하여」『梨大史苑』 7

河炫綱, 1968, 「高麗惠宗代의 政變」『歷史硏究』 20

河炫綱, 1969, 「高麗太祖와 開城」『李弘稙博士回甲紀念韓國史學論叢』

河炫綱, 1970, 「高麗西京의 行政構造」『韓國史硏究』 5

河炫綱, 1975, 「高麗初期 崔承老의 政治思想硏究」『梨大史苑』 12

韓容根, 1991, 「高麗律 成立에 관한 一考察」『國史館論叢』 21

韓沽劢, 1961, 「麗初의 其人選上規制」『歷史學報』 14

韓忠熙, 1982, 「高麗前期社會의 性格에 대하여」『韓國學論叢』 9

홍기표, 2002, 「高麗時代 '遺詔' 分析」『史林』 17

홍기표, 2007, 「고려 전기 조서 현황과 분류」『韓國史學報』 26

홍기표, 2007, 「高麗前期 知制誥와 詔書의 반포·전달」『史林』 27

洪承基, 1973, 「高麗時代의 雜類」『歷史學報』 57

洪承基, 1991, 「高麗 太祖 王建의 執權」『震檀學報』 71·72合

洪承基, 1992, 「弓裔王의 專制的 王權의 追求」『許善道停年紀念 韓國史學論叢』

洪元基, 1990, 「高麗 二軍·六衛制의 性格」『韓國史硏究』 68

黃仁奎, 1991, 「『高麗史』 地理志의 '高麗初' '高麗'의 時期比定 試考」『東國 歷史教育』 3

黃善榮, 1993, 「高麗初期 政治勢力의 動向과 3省6部制 成立 背景」『釜山女大 史學』 10·11合

찾아보기

경인한국학연구총서

76 日帝强占期 檀君陵修築運動　　　　　　　金成煥 / 500쪽 / 35,000원

77 고려전기 중앙관제의 성립　　　　　　　　김대식 / 300쪽 / 21,000원

*대한민국학술원 우수학술 도서　　　**문화체육관광부 우수학술 도서